U0603813

品读李白

安旗 阎琦／著

中华书局

图书在版编目(CIP)数据

品读李白/安旗,阎琦著. —北京:中华书局,2020.7
ISBN 978-7-101-14585-4

Ⅰ.品…　Ⅱ.①安…②阎…　Ⅲ.①李白(701~762)-人物研究②李白(701~762)-唐诗-诗歌研究　Ⅳ.①K825.6②I207.227.422

中国版本图书馆 CIP 数据核字(2020)第 094391 号

书　　名　品读李白
著　　者　安　旗　阎　琦
责任编辑　陈　虎
出版发行　中华书局
　　　　　(北京市丰台区太平桥西里 38 号　100073)
　　　　　http://www.zhbc.com.cn
　　　　　E-mail:zhbc@zhbc.com.cn
印　　刷　北京瑞古冠中印刷厂
版　　次　2020 年 7 月北京第 1 版
　　　　　2020 年 7 月北京第 1 次印刷
规　　格　开本/880×1230 毫米　1/32
　　　　　印张 12　插页 2　字数 259 千字
印　　数　1-6000 册
国际书号　ISBN 978-7-101-14585-4
定　　价　36.00 元

目录

上编：李白正传

家世和出生地 …… 3
生平及其诗歌创作 …… 11
正确评价其人其诗 …… 67
帝欲长吟哦，故遣起且僵 …… 76
——批判现实的个人抒情诗
追求一片净土，挥斥人生幽愤 …… 86
——道缘与游仙诗
高吟大醉三千首，留著人间伴月明 …… 95
——诗仙酒仙与饮酒诗
模拟创新与乐府民歌 …… 107
含蓄赜幽与比兴传统 …… 118

下编：李白诗选注析

对　雨 …… 129
访戴天山道士不遇 …… 130
登锦城散花楼 …… 131

上李邕 …… 132
冬日归旧山 …… 133
峨眉山月歌 …… 134
巴女词 …… 135
渡荆门送别 …… 135
荆州歌 …… 136
北溟有巨鱼(《古风五十九首》其三十三) …… 137
望庐山瀑布二首(其二) …… 138
望天门山 …… 139
金陵酒肆留别 …… 140
夜下征虏亭 …… 141
长干行二首(其一) …… 142
杨叛儿 …… 144
越女词五首(其一) …… 145
越女词五首(其三) …… 146
越女词五首(其五) …… 146
采莲曲 …… 147
淮南卧病书怀寄蜀中赵征君蕤 …… 147
山中问答 …… 149
静夜思 …… 150
黄鹤楼送孟浩然之广陵 …… 150
碧荷生幽泉(《古风五十九首》其二十六) …… 151
安州应城玉女汤作 …… 151
玉真公主别馆苦雨赠卫尉张卿二首(其一) …… 152
长相思三首(其一) …… 154
孤兰生幽园(《古风五十九首》其三十八) …… 154

赠裴十四 …… 155
豳歌行上新平长史兄粲 …… 156
少年行二首（其二）…… 157
燕昭延郭隗(《古风五十九首》其十五）…… 158
大车扬飞尘(《古风五十九首》其二十四）…… 159
行路难三首（其二）…… 160
送友人入蜀 …… 162
蜀道难 …… 162
幽涧泉 …… 166
梁园吟 …… 167
梁甫吟 …… 169
行路难三首（其一）…… 173
寄远十二首（其十二）…… 174
前有樽酒行二首（其一）…… 175
前有樽酒行二首（其二）…… 176
春夜洛城闻笛 …… 176
安陆白兆山桃花岩寄刘侍御绾 …… 177
山中与幽人对酌 …… 178
襄阳歌 …… 178
江夏别宋之悌 …… 181
太原早秋 …… 181
将进酒 …… 182
长歌行 …… 184
寄淮南友人 …… 185
夜泊牛渚怀古 …… 185
江上寄元六林宗 …… 186

赠孟浩然 …… 187
五月东鲁行答汶上翁 …… 188
赠范金乡二首（其一）…… 189
酬中都小吏携斗酒双鱼于逆旅见赠 …… 191
客中作 …… 192
嘲鲁儒 …… 192
送韩准、裴政、孔巢父还山 …… 193
赠从弟冽 …… 195
咏邻女东窗海石榴 …… 196
齐有倜傥生（《古风五十九首》其十）…… 196
秋日炼药院镊白发赠元六兄林宗 …… 197
黄河走东溟（《古风五十九首》其十一）…… 199
南陵别儿童入京 …… 200
驾去温泉后赠杨山人 …… 201
子夜吴歌四首（其三）…… 202
子夜吴歌四首（其四）…… 203
宫中行乐词八首（其一）…… 203
宫中行乐词八首（其六）…… 204
清平调词三首（其一）…… 206
清平调词三首（其二）…… 206
清平调词三首（其三）…… 207
关山月 …… 208
乌夜啼 …… 209
夜坐吟 …… 210
秋夜独坐怀故山 …… 210
忆东山二首（其一）…… 212

忆东山二首（其二） …… 213

翰林读书言怀呈集贤诸学士 …… 213

玉壶吟 …… 215

设辟邪伎鼓吹《雉子斑》曲辞 …… 216

绿萝纷葳蕤（《古风五十九首》其四十四） …… 217

郢客吟《白雪》（《古风五十九首》其二十一） …… 218

松柏本孤直（《古风五十九首》其十二） …… 219

宋玉事楚王（《感遇四首》其四） …… 219

玉阶怨 …… 220

妾薄命 …… 221

乌栖曲 …… 222

送贺宾客归越 …… 223

行路难三首（其三） …… 224

月下独酌四首（其一） …… 226

月下独酌四首（其二） …… 227

把酒问月 …… 228

东武吟 …… 228

赠崔侍御 …… 230

送蔡山人 …… 231

赠任城卢主簿 …… 233

怀仙歌 …… 233

鲁郡东石门送杜二甫 …… 234

单父东楼秋夜送族弟沈之秦 …… 235

金乡送韦八之西京 …… 237

长绳难系日（《拟古十二首》其三） …… 238

鲁郡尧祠送窦明府薄华还西京 …… 239

鲁东门观刈蒲 …… 242
梦游天姥吟留别 …… 242
留别广陵诸公 …… 244
登金陵凤凰台 …… 246
答湖州迦叶司马问白是何人 …… 247
越中览古 …… 248
对酒忆贺监二首并序（其一）…… 249
对酒忆贺监二首并序（其二）…… 249
登高丘而望远海 …… 250
日出入行 …… 252
野田黄雀行 …… 253
夷则格上《白鸠》《拂舞》辞 …… 254
苏台览古 …… 255
示金陵子 …… 256
金陵凤凰台置酒 …… 257
酬崔侍御 …… 258
玩月金陵城西孙楚酒楼，达曙歌吹，日晚乘醉著紫绮裘
乌纱巾，与酒客数人棹歌秦淮，往石头访崔四侍御 …… 258
闻王昌龄左迁龙标遥有此寄 …… 260
寄东鲁二稚子 …… 260
金陵城西楼月下吟 …… 262
答王十二寒夜独酌有怀 …… 262
战城南 …… 267
庐山东林寺夜怀 …… 268
雪谗诗赠友人 …… 269
《大雅》久不作（《古风五十九首》其一） …… 273

丑女来效颦(《古风五十九首》其三十五) …… 276
羽檄如流星(《古风五十九首》其三十四) …… 277
留别于十一兄逖、裴十三游塞垣 …… 279
登邯郸洪波台置酒观发兵 …… 281
幽州胡马客歌 …… 282
北风行 …… 283
公无渡河 …… 284
述德兼陈情上哥舒大夫 …… 286
一百四十年(《古风五十九首》其四十六) …… 288
殷后乱天纪(《古风五十九首》其五十一) …… 289
远别离 …… 290
横江词六首(其一) …… 291
横江词六首(其二) …… 292
横江词六首(其三) …… 292
横江词六首(其四) …… 293
横江词六首(其五) …… 293
横江词六首(其六) …… 294
秋登宣城谢朓北楼 …… 295
宣州谢朓楼饯别校书叔云 …… 295
独坐敬亭山 …… 297
哭晁卿衡 …… 297
秋浦歌十七首(其二) …… 298
秋浦歌十七首(其四) …… 299
秋浦歌十七首(其五) …… 299
秋浦歌十七首(其十二) …… 299
秋浦歌十七首(其十三) …… 300

秋浦歌十七首（其十四）…… 300
秋浦歌十七首（其十五）…… 301
秋浦歌十七首（其十六）…… 301
秋浦歌十七首（其十七）…… 301
赠汪伦 …… 302
宿五松山下荀媪家 …… 303
秋浦寄内 …… 304
北上行 …… 305
奔亡道中五首（其三）…… 306
奔亡道中五首（其四）…… 307
奔亡道中五首（其五）…… 308
西上莲花山（《古风五十九首》其十九）…… 308
经乱后将避地剡中留赠崔宣城 …… 309
扶风豪士歌 …… 312
赠王判官时余归隐居庐山屏风叠 …… 313
赠韦秘书子春二首 …… 315
别内赴征三首（其一）…… 317
别内赴征三首（其二）…… 318
别内赴征三首（其三）…… 318
永王东巡歌十一首（其一）…… 319
永王东巡歌十一首（其二）…… 320
永王东巡歌十一首（其五）…… 320
永王东巡歌十一首（其七）…… 321
永王东巡歌十一首（其八）…… 321
永王东巡歌十一首（其十一）…… 322
南奔书怀 …… 322

在浔阳非所寄内 …… 326
万愤词投魏郎中 …… 327
赠张相镐二首（其二）…… 329
上留田行 …… 331
独漉篇 …… 334
流夜郎闻酺不预 …… 335
流夜郎赠辛判官 …… 336
与史郎中钦听黄鹤楼上吹笛 …… 337
流夜郎题葵叶 …… 338
上三峡 …… 338
南流夜郎寄内 …… 339
早发白帝城 …… 340
自汉阳病酒归寄王明府 …… 341
巴陵赠贾舍人 …… 342
陪族叔刑部侍郎晔及中书贾舍人至游洞庭五首（其一）…… 343
陪族叔刑部侍郎晔及中书贾舍人至游洞庭五首（其二）…… 343
陪族叔刑部侍郎晔及中书贾舍人至游洞庭五首（其三）…… 344
陪族叔刑部侍郎晔及中书贾舍人至游洞庭五首（其四）…… 344
陪族叔刑部侍郎晔及中书贾舍人至游洞庭五首（其五）…… 345
陪侍郎叔游洞庭醉后三首（其三）…… 345
江夏赠韦南陵冰 …… 346
江上吟 …… 348
天马歌 …… 349
庐山谣寄卢侍御虚舟 …… 352
豫章行 …… 354
江上赠窦长史 …… 356

赠升州王使君忠臣 …… 357
对雪醉后赠王历阳 …… 358
宣城见杜鹃花 …… 359
闻李太尉大举秦兵百万出征东南，懦夫请缨，冀申一割之用，半道病还，留别金陵崔侍御十九韵 …… 360
献从叔当涂宰阳冰 …… 363
游谢氏山亭 …… 366
九日龙山饮 …… 367
临路歌 …… 368

上编：李白正传

家世和出生地

研究者们把许多注意力放在对诗人的家世和出生地的考察上，连篇累牍的文章，观点相左，争论不休，难以得出确定的结论。这种现象，在中国古代文学史上，李白恐怕是唯一的一位。这是因为，环绕在李白家世和出生地问题上的迷雾太浓厚了，而现有的资料又不足以揭开这些迷雾。

关于自己的家世，李白说：

> 白陇西布衣，流落楚汉。（《与韩荆州书》）
>
> 本家陇西人，先为汉边将。（《赠张相镐二首》其二）

陇西是秦汉时郡名，治所在狄道（今属甘肃临洮）。唐时，李、崔、郑、卢、王是所谓五大姓，而陇西是李姓郡望。唐人喜欢以郡望称其姓氏，所以研究者一般只承认陇西是李白的籍贯，与李白家世并无本质联系。但也不尽然，因为李白同时又说他的祖先是“汉边将”——西汉时号称飞将军的李广，这又明明与他的身世有关了。李广是陇西成纪（今甘肃秦安）人，所以李白自称陇西，实际上也就指陇西郡成纪。

李广距李白太遥远了，说李广是自己的祖先，也可能仅仅是因为郡望的关系而随便拉扯上他。但是李白又说他是东晋安帝时据河西五郡的凉武昭王李暠的九世孙。这个材料出自李阳冰的《草堂集序》和范传正《唐左拾遗翰林学士李公新墓碑》：

> 李白字太白，陇西成纪人。凉武昭王暠九世孙。蝉联珪组，世为显著……然自穷蝉至舜，五世为庶，累世不大曜，亦可叹焉。（李阳冰《唐李翰林草堂集序》）
>
> 公名白，字太白。其先陇西成纪人。绝嗣之家，难求谱牒，公之孙女搜于箱箧中，得公之亡子伯禽手疏十数行。纸坏字缺，不能详备，约而计之，凉武昭王九代孙也。（范传正《唐左拾遗翰林学士李公新墓碑》）

李阳冰与李白同时，李白称他为族叔。唐代宗宝应元年（762），阳冰在当涂县（今属安徽马鞍山）做县令，贫病交加、垂垂老矣的李白去投奔他，在病榻之上，李白将他的手稿付与，托其为自己编集作序（即《草堂集序》）。关于自己身世的说法，应出自李白之口述。范传正也是唐代人，年齿晚于李白五十岁左右。范传正的父亲范伦是李白的朋友，两人有诗酬答（诗今不传）。李白去世五十多年后，范传正做宣、歙、池等州观察使，寻访到了李白的两个孙女，关于李白系凉武昭王李暠九世孙的说法，得之于李白之子伯禽的亲笔手疏，也如同李白自述一般。可见以上两个材料的可信程度都是不容置疑的。而凉武昭王九世孙一说，与李白自称“陇西”又同出一源，并不矛盾。李暠正是西汉李广之后。唐朝天子也是李暠之后，李白既自称是李暠之后，则与唐天子为同宗。关于这一点，李白自己也不否认，他有许多与唐宗室赠答的诗，或称从兄、族弟，或称族叔、祖翁。然而问题的最大疑团也即在此。

唐开国皇帝李渊是李暠七世孙。按照辈分排下来，李白应是玄宗李隆基的族祖。唐玄宗时，曾下诏把李暠子孙"列入宗正寺，编入属籍"，即皇家族谱，李白并非湮没无闻之人，为什么并没有被编入属籍？据詹锳、郭沫若考证，李白在与唐宗室诗文交往中，凡标题中表示的祖孙、叔侄、兄弟关系，以李暠九世孙为准予以核对，世代多不相符。多数情况下，是把自己辈分降低了，降低一辈、两辈以至四辈，这说明李白对自己的身世也是自相矛盾、游移不定的（见詹锳《李白诗论丛》、郭沫若《李白与杜甫》）。所以郭老进一步得出结论，说"所谓李暠九世孙之说，看来是李白本人或其先人所捏造，目的就是抬高自己的门第"。

问题恐怕不是简单的一句批判就能了事。李白固然有其庸俗的一面，但以他一贯傲岸、蔑视权贵的性格看，他完全没有必要去捏造一个辉煌的远祖，何况与李唐天子认同宗，本身要担多大的风险！

李白家世中，从李暠到李白九代人的变迁，李白有这样的自述：

> 白本家金陵（按陵或为城之误。金城即今甘肃兰州，当秦汉时亦属陇西郡范围），世为右姓，遭沮渠蒙逊难，奔流咸秦，因官寓家。（《上安州裴长史书》）

“沮渠蒙逊难”，事在南朝宋武帝永初二年（421）。李暠死后，其子李歆、李恂继立，均为沮渠蒙逊所攻灭，歆、恂败死。歆子重耳等奔于江左，后归魏为官，即“奔流咸秦，因官寓家”。李氏这段经历与李暠称凉武昭王相距二十余年，见于《晋书》，距李白诞生约三百年。另外还有李阳冰《草堂集序》和范传正《唐左拾遗翰林学士李公新墓碑》的两段大致相近的叙述：

> 中叶非罪，谪居条支，易姓与名。……神龙之始，逃归于蜀，复指李树而生伯阳。（李阳冰《草堂集序》）
>
> 隋末多难，一房被窜于碎叶，流离散落，隐易姓名。故自国朝已来，漏于属籍。神龙初，潜还广汉，因侨为郡人。……公之生也，先府君指天枝以复姓，先夫人梦长庚而告祥。（范传正《唐左拾遗翰林学士李公新墓碑》）

“条支”和“碎叶”皆在西域。条支当是指唐时的“条支都督府”，所辖地域相当寥廓，具体位置今已难以确指，郭沫若以为其地望与葱河、天山等相接。碎叶为唐时镇名，应当包括在“条支”以内。李阳冰《草堂集序》中的“中叶”，是指自李暠至李白九世之间，即李白的四世祖时，其时正当范传正《新墓碑》所说的“隋末”（约605—618），上距李白诞生不足一百年，恰好是四代人。但是，所谓“非罪”“多难”，具体是什么罪、什么难，则不得而知了。虽然如此，从“易姓与名”“隐易姓名”看，罪名或者灾难是很可怕的。直到李白诞生时，才恢复了“李”这个本姓。“伯阳”即老聃李耳，“天枝”谓帝室之支脉。

关于李白的家世，可知的材料大致如上，真可谓神龙见首不见尾，扑朔迷离，且又充满了神秘的传奇色彩。李白的父亲名客，“客”显然不是名字，只是本地人对外乡人的称呼。李白排行十二，足见他同宗兄弟之多，但李白所有诗文中几乎没有语及父母兄弟之处（李白晚年因事下狱，自分必死，诗中曾高呼过高堂和兄弟一次）。李白对自己的家世绝少提及，有些陈述明显地矛盾不通（如自称“少长江汉”）。李白二十五岁离开蜀地出游，此后近四十年没有回归故乡。他的这一切离奇言行和举动，更增添了他家世问题上的神秘性和传奇性。正因为如此，近年有很多研究者做了多种大胆而有趣的探索。此处介绍两种说法：

国内有学者以为，李白是李广长房长孙李陵的后代。李陵降于匈奴，在匈奴娶妻生子，李氏一脉遂在北方繁衍、生活下来。5世纪初（北魏时）至7世纪初（隋末），李陵的后代均以骁勇善战而为官。隋炀帝时，李氏一门被诬为叛国罪，炀帝杀李氏宗族三十余人，其余无少无长，皆徙边徼（边徼即西域）。这个说法照应了“中叶非罪”“隋末多难”的话，然而李陵一系与李暠并非一房，其解释是，李白其所以称李暠为远祖而回避李陵，是因为李陵为变节分子，在汉族中声誉不好的缘故。

台湾有学者认为，李白是李世民之兄李建成后裔。李渊即位后，建成为太子，李世民发动“玄武门之变”，杀建成，得为太子。李建成妃子托孤于宫女，随商人入西域，这个遗孤就是李白的高祖或曾祖。台湾另一学者还据此认为李白《忆秦娥》词，即为李白怀念原本属于他的长安宫阙、宫中女娥而作。

此外还有一些说法。如上所述，认为李白乃李暠九世孙是“捏造”，未免失之简单；认真将李白与李陵或李建成联系起来，有些地方仍不免有“凭空虚拟”之嫌，尚不能处处服人。然而这些研究和探索都是有益的。

关于李白的出生地。

李白出生于701年，即唐武则天长安元年。根据是李白自己写的《为宋中丞自荐表》。《自荐表》云：“前翰林供奉李白，年五十有七。”《自荐表》作于757年，即唐肃宗至德二载，以此上推五十七年，其生年当如是。这一点，学术界无异议。但是关于李白的出生地，如同其家世，则众说纷纭、莫衷一是，最有代表性的是郭沫若的“中亚碎叶”说。中亚碎叶在今吉尔吉斯境内。碎叶是当时汉胡客商杂居之地，郭沫若又据此说李白的父祖辈是西域富商。李白一家是“神龙之初逃归于蜀”的，神龙元年即705年，李白已经五岁，所以李白出生于中亚碎叶。但是，唐时有两碎叶，一处是中亚碎叶，一处是焉耆碎叶。焉耆碎叶在今新疆境内博斯腾湖畔库尔勒和焉耆回族自治县一带，于是又有“焉耆碎叶”说。第三说以为李白出生于条支。如前所说，条支的地理位置十分宽泛，无论是中亚碎叶还是焉耆碎叶，都应包括在条支境内，此说与前二说无异而不如前二说具体。第四说以为李白出生于蜀地（昌明县，即今四川江油），根据是前引的李阳冰《草堂集序》和范传正《新墓碑》两段文字。这两段文字叙述的次序，都是先说逃归，再说李白出生。另有一个根据是魏颢的《李翰林集序》：

> 白本陇西，乃放形，因家于绵。身既生蜀，则江山英秀。

魏颢初名万，年龄晚于李白十岁左右。他是个狂热的李白崇拜者。天宝十三载（754），他曾不远万里寻访李白，东鲁、中原、长安，最后在扬州与李白相遇。盘桓一段时间后，分手时，李白将自己的诗稿交付魏万，托他代为编集。魏万既说李白“身既生蜀”，可信性是很大的。不能自圆的是“神龙之初逃归于蜀”，因为神龙元年（705）时李白已经五岁。持此说者的解释是“神龙”应为“神功（697）”之讹。“神功”也是武则天年号，在长安元年之前五年，也就是将李白父亲逃归于蜀的时间提前了将近十年，那么李白的出生地必在蜀无疑了。

此外还有李白生于长安之说。

李白的家世究竟怎样，出生地究竟在何处，并不妨碍李白作为一个诗人的伟大。但是，通过以上的叙述可以看出，揭开这一团迷雾，确实有助于了解李白思想的底蕴。李白的幽怨、悲愤和不平，仿佛总有一个神秘的内核存在。中国的古典诗歌，抒情言志是最基本的传统，作为主观性最强的李白来说，尤其是如此。李白诗歌的抒情，有时是明朗的，有时却包藏很严密，研究者在读到这些包藏很严密的诗的时候，脑子里总要闪现出诗人神秘的身世，难免要发挥种种带有“凭空虚拟”“捕风捉影”成分的想象。李白的身世之谜、出生地之谜，以及他生平经历中大大小小的谜团，都具有十分吊人胃口的性质。然而，就现有资料看，彻底揭开这些迷雾，几乎是不可能的。所以，以上的文字仅仅是叙述而已，还不能做出评断。

生平及其诗歌创作

李白，字太白，武则天长安元年（701）出生，“惊姜之夕，长庚入梦，故生而名白，以太白字之”（李阳冰《草堂集序》）。他一生经历了唐朝武周、中宗、睿宗、玄宗、肃宗、代宗六位帝王，大约在代宗广德元年（763）辞世，享年六十三岁。其一生的主要政治活动和诗歌创作，却在玄宗的开元、天宝时期，即历史上的“开天盛世”时期。李白一生名号甚多：天宝初，因奉诏入翰林院，为翰林学士（亦称翰林供奉），故世称“李翰林”“李供奉”；在长安时，太子宾客、秘书监贺知章奇其才华风标，呼为“谪仙”，故世称“李谪仙”；中年以后，李白屡自号“青莲居士”，故世称“李青莲”；晚年，代宗尝以左拾遗召之，虽然此时李白已殁世，但后世亦称他为“李拾遗”。

李白是我国自屈原以后最伟大、成就最杰出的浪漫主义诗人。终其一生，以其横溢的天才、“斗酒诗百篇”的敏捷，创作了大量诗歌。虽然大部分在当时即散佚无法寻觅，“流落人间者，泰山一毫芒”（韩愈《调张籍》），但传世的《李太白文集》仍保留了近千首诗作。这些诗作，绝大部分都具有很高的艺术价值，是当时社会，尤其是诗人悲剧一生的心灵写照，成为中华民族，乃至全世界各民族的宝贵文化遗产。

李白又是一位足迹最飘忽不定的诗人。二十五岁出蜀后，由着他“一生好入名山游”的个性，祖国的名山大川几乎都留下了他的足迹，其探幽访胜的兴致，不亚于中国历史上任何一位旅行家。当然，李白绝非纯粹的旅行家，他的漫游，大都带有功利的、政治的目的。李白的诗歌，既是他游历足迹的记录，也是他政治追求、实现理想抱负的心灵历程的记录。以“知人论世”而言，研究李白诗歌，第一步应先了解他的生平（也包括他的家世等），了解他的游历。其生平游历犹如一条线，其诗歌创作犹如线上的点，点和线编织成网络，诗人思想发展和诗歌创作的规律就反映在其中。

然而要勾画出李白的生平游历又何其难哉！作品的大量散佚，资料的缺乏，使我们以下的叙述，只能是一个简单的轮廓而已。

一、蜀中事迹和创作

（开元十三年，李白二十五岁以前）

蜀中是李白的故乡。具体说，李白故里在唐时的剑南道绵州昌明县青莲乡，今属四川江油。青莲乡名称依旧，李氏故宅宋时犹存，然已为僧人所居，后称“陇西院”。其间李白遗迹甚多，又有李白胞妹李月圆之墓在。李白尝云：“见乡人相如大夸云梦之事……遂来观焉。”（《上安州裴长史书》）司马相如是蜀人，认他为“乡人”，即认自己为蜀人。晚年居宣州，写有《宣城见杜鹃花》诗：“蜀国曾闻子规鸟，宣城还见杜鹃花。一叫一回肠一断，三春三月忆三巴。”子规鸟、杜鹃花，都是蜀地常见之物，故因之而转思故乡（三巴代指蜀地），是人之常情。李白这类思念故乡蜀地的诗很多，不必一一列举。

在蜀中，李白度过了他的青少年时代，直到开元十三年（725）他二十五岁时才离开了蜀地。

李白幼年事迹，多不可考知。据他《上安州裴长史书》所说“五岁诵六甲，十岁观百家”可知，他大约五岁时开始发蒙读书（“六甲”应是小孩启蒙识字一类读物），至十岁时读书已相当可观（“百家”指先秦诸子百家的学说）。李白的父亲虽然在西域度过了半生，却具相当的文化修养，李白后来曾回忆说：“余小时，大人令诵《子虚赋》，私心慕之”（《秋于敬亭送从侄耑游庐山序》）。《子虚赋》是司马相如的代表作。因为有父亲的指点督促，再加上李白的聪颖好学，到十五岁时，他基本上已学有所成了。李白后来的诗文中，多称其“十五”之年：

十五游神仙，仙游未曾歇。（《感兴八首》其五）
十五好剑术，遍干诸侯。（《与韩荆州书》）
十五观奇书，作赋凌相如。（《赠张相镐二首》其二）

“游神仙”是指道家之术，修身炼丹，这在唐代是社会风尚。“好剑术”是指防身武艺，兼有企慕游侠的味道。所谓“奇书”，大约犹今之杂书、杂学之类，可知李白少年时的学习，与当时多数知识分子耗时费力穷研一经（儒家经典著作）大不相同，反映了李白因长期生活在西域之家而表现出的文化传统上的开放性。

学习写诗作赋，大约也是他十五岁前后的事。《李太白全集》卷三十“诗文拾遗”部分有几首五律，即是此期的习作，如《对雨》：

卷帘聊举目，露湿草绵绵。古岫披云毳，空庭织碎烟。水红愁不起，风线重难牵。尽日扶犁叟，往来江树前。

《唐诗纪事》引宋人杨天惠《彰明逸事》（唐昌明县五代时改称彰明县）所云“时太白齿方少，英气溢发，诸为诗文甚多，微类《宫中行乐词》体。今邑人所藏百篇，大抵皆格律也。虽颇体弱，然短羽褵褷，已有凤雏态”，指的就是这几首诗。五律是唐代科举正式体裁，初作诗，多习五律，是科举的需要，也是当时社会习尚。这几首五律，对仗、格律谐调，但敷色较浓，体格较弱，颇似初唐“上官体”“沈宋体”。这些特色，既反映了少年李白“英气溢发”的才气，也反映了他的稚嫩。

集中《拟恨赋》与几首五律一样，也应当是此期所作。《恨赋》是齐梁间江淹所作，王琦《李太白全集》注谓“段落句法，盖全拟之，无少差异”。唐段成式《酉阳杂俎》有云：“李白前后三拟《文选》，不如意，辄焚之，惟留《恨》《别》赋。”《拟别赋》今亦不存。创作大约总免不了模仿期，模仿的东西便不具个性，所以李白少时虽三拟《文选》，创作量非常之庞大（《文选》为南朝梁萧统编，包括诗、骚、赋、颂、赞等文体，共六十卷），但终于都烧却了。这些习作今多不存，今天看来也没有太大的价值，但说明少年李白在文学创作上曾经付出过多么辛苦的劳动。

少年时期李白的任侠好剑术，其诗作中多有述及。《留别广陵诸公》有句云："忆昔作少年，结交赵与燕。金羁络骏马，锦带横龙泉。""龙泉"即宝剑的代称。《赠从兄襄阳少府皓》有句云："结发未识事，所效尽豪雄。却秦不受赏，击晋宁为功。"缪本（按：指缪曰芑影宋《李太白文集》本）此下尚有"托身白刃里，杀人红尘中"二句，"杀人"云云，或不至全是诳言，魏颢《李翰林集序》说白"少任侠，手刃数人"。李白后来的剑术、射术、骑术相当高明，其《赠宣城宇文太守兼呈崔侍御》诗云："怀恩欲报主，投佩向北燕。弯弓绿弦开，满月不惮坚。闲骑骏马猎，一射两虎穿。回旋若流光，转背落双鸢。胡虏三叹息，兼知五兵权。"精湛的剑术、射术和骑术，正是少年时代练就的身手。

李白少时的好神仙，与唐时尊崇道教有关。蜀中道风尤盛，李白故里昌明县西南四十里的紫云山，就是当时有名的道教圣地。成都附近的青城山、峨眉山亦如是。与李白一生关系甚为密切的道家流元丹丘，极有可能是李白蜀中就结识的朋友。《访戴天山道士不遇》可能作于李白弱冠之时（此诗显然已比《对雨》等五律成熟得多），正可以看出他与道士的密切交往：

> 犬吠水声中，桃花带露浓。树深时见鹿，溪午不闻钟。野竹分青霭，飞泉挂碧峰。无人知所去，愁倚两三松。

二十岁前后，李白曾去梓州（今四川三台县）从赵蕤学习一年有余。赵蕤隐于梓州郪县长平山之安昌岩，著有《长短经》十卷，明王霸大略，是个有经济之才的隐者。开元中朝廷屡征不就，故称“赵征君”。杨天惠《彰明遗事》称其“任侠有气，善为纵横学”，可见他与李白气味相投，与李白的关系在师友之间。《长短经》一书今犹存，共六十四篇。《新唐书·艺文志》归入“杂家类”，上自“君德”“臣行”“霸图”，下至“是非”“变通”“察相”，旁及“出军”“练士”“教战”……都是以六经为本，博采诸子百家，并结合历代史实，针对近代弊政而发。李白的许多思想，都可以看出赵蕤的影响。如他后来的政治理想和从政方式，即以布衣直抵卿相，匡君济世，然后功成身退。他的漫游四方，遍干诸侯，历抵卿相，正是这种从政方式的体现。赵蕤是对李白一生影响巨大的第一人。

开元八年（720）春，李白二十岁时有一次蜀中漫游。他先出游成都，并谒见了益州（即成都）大都督府长史苏颋。苏颋是玄宗朝有名的宰相，封许国公，又善文章，与张说齐名，并称“燕许大手笔”（张说封燕国公）。开元八年，苏颋罢为礼部尚书，不久出为益州大都督府长史。李白后来在《上安州裴长史书》中记其与苏相见之事云：“又前礼部尚书苏公出为益州长史，白于路中投刺，待以布衣之礼。因谓群僚曰：‘此子天才英丽，下笔不休，虽风力未成，且见专车之骨。若广之以学，可以相如比肩也。’”苏颋《荐西蜀人才疏》（杨慎《丹铅总录》卷十二引）亦云：“赵蕤术数，李白文章。”可知苏颋还向朝廷推荐了李白，但不知因何没有结果。《登锦城散花楼》一诗当作于此时：

日照锦城头，朝光散花楼。金窗夹绣户，珠箔悬银钩。飞梯绿云中，极目散我忧。暮雨向三峡，春江绕双流。今来一登望，如上九天游。

“极目散我忧”一句，使全诗在酣畅游兴中微露失意痕迹，或即因干谒无成之故。然而无论如何，能得到天下文宗苏颋的褒奖和揄扬，对李白无疑是个大兴奋、大刺激。

李白游成都后并未返回故里，乘兴有渝州（即今重庆）之行。当时的渝州刺史是书法、文章兼美的李邕。此行的目的即是为了干谒他，有名的《上李邕》诗即作于此时：

大鹏一日同风起，抟摇直上九万里。假令风歇时下来，犹能簸却沧溟水。时人见我恒殊调，见余大言皆冷笑。宣父犹能畏后生，丈夫未可轻年少。

李邕以“能文养士”在当时有“信陵”之称（《旧唐书·李邕传》），然而不知为何对李白有些轻慢？从诗中看，年轻气盛的李白不免有些狂傲之态（即殊调、大言），可能是他初谒李邕遭冷遇的原因。

游渝州后，李白又登峨眉，有《登峨眉山》一诗。诗末云：“烟容如在颜，尘累忽相失。倘逢骑羊子，携手凌白日。”骑羊子指仙人葛由。所谓“到什么山唱什么歌”，峨眉是道教圣地，说几句出世的话头是必然的。另外，此次漫游干谒俱无结果，也是李白油然而生出世念头的原因。

开元八年冬日，李白返回故里，有《冬日归旧山》诗：

> 未洗染尘缨，归来芳草平。一条藤径绿，万点雪峰晴。地冷叶先尽，谷寒云不行。嫩篁侵舍密，古树倒江横。白犬离村吠，苍苔上壁生。穿厨孤雉过，临屋旧猿鸣。木落禽巢在，篱疏兽路成。拂床苍鼠走，倒箧素鱼惊。洗砚修良策，敲松拟素贞。此时重一去，去合到三清。

诗中“洗砚修良策，敲松拟素贞”之语，当是听从苏颋“广之以学”的教诲，以山中之松自励，决心发愤读书，以图再起。诗末所云“此时重一去，去合到三清”，以天庭仙界喻朝廷、帝京，隐然有“一鸣惊人，一飞冲天”（范传正《新墓碑》语）之意。此后三年间，李白大概一直都在家乡附近的匡山大明寺发愤读书，以期大有用于世。李白《上安州裴长史书》述及蜀中行止时又有云：“又昔与逸人东严子隐于岷山之阳，白巢居数年，不迹城市。养奇禽千计，呼皆就掌取食，了无惊猜。广汉太守闻而异之，诣庐亲睹，因举二人以有道，并不起。”大约也是此数年间事。“有道”是唐时取士科目之一。唐时取士，有进士科、明经科，为常科（常年开设的科目）。又有制科，不定期举行，由皇帝亲自主持，名目繁多，“有道科”即其中一种。各科之中，最重进士一科。李白的从政方式，似不在历阶而升的应试，无论各科皆不屑参加。他的目的，还是要“一鸣惊人，一飞冲天”。地方长官推荐他，却推辞不去，看起来好像是失去了一次进身的机会，从另一方面讲，愈是推辞不起，愈能造成声誉。声誉自下而上，造得大了，直到上达天子，“一鸣惊人，一飞冲天”的局面才能造成。这种从政方式，李白是早在从赵蕤学习时就已经坚定了的。

开元十二年（724）春，李白二十四岁时，下定决心去蜀远游。辞别故乡时有《别匡山》一诗：

晓峰如画碧参差，藤影摇风拂槛垂。野径来多将犬伴，人间归晚带樵随。看云客倚啼猿树，洗钵僧临失鹤池。莫怪无心恋清境，已将书剑许明时。

此诗不见于李白文集，仅见于彰明、江油二县志。县志录自宋《匡山大明寺住持碑》，碑今藏江油李白纪念馆。根据诗的情调，应当看作是李白早期重要作品。李白青少年时代正是“开元之治”前期，唐玄宗励精图治，姚崇、宋璟、张说、苏颋都是辅佐他的名相，国家如日中天，欣欣向荣。尤其是开科取士制度的实行，使自汉以来形成门阀世胄盘踞上位的现象得到很大扭转，出身寒素的知识分子可以借科举之途旦夕间出人头地，出将入相，极大地鼓舞和刺激了普通士人参与政治、报效国家的欲望。李白《上安州裴长史书》述其出蜀目的云：“以为士生则桑弧蓬矢，射乎四方，故知大丈夫必有四方之志，乃仗剑去国，辞亲远游。”这就是《别匡山》诗中所说的“已将书剑许明时”。李白从小胸怀大志，将近二十年的读书学习，磨砺志向，目的即在于将自己的文才武艺献给大唐王朝。摆在他面前的理想之道如青天一样平坦如砥，他自信能干出一番惊天动地的大事业来。

他取道成都、峨眉，沿途流连至秋，始自嘉州（今四川乐山）买舟东下渝州。离开了故乡，又将离开蜀地，李白的心情是复杂而不能平静的。舟行途中，他有《峨眉山月歌》：

峨眉山月半轮秋，影入平羌江水流。夜发清溪向三峡，思君不见下渝州。

抵渝州后，李白又流连累月，遍游巴地，直到次年（开元十三年）春始出三峡，途中有《自巴东舟行经瞿塘峡登巫山最高峰晚还题壁》《宿巫山下》诸诗。船行至荆门，水天茫茫，眼前是开阔的江汉平原，李白不觉心神怡荡，胸襟为之宽舒，有《渡荆门送别》诗：

渡远荆门外，来从楚国游。山随平野尽，江入大荒流。月下飞天镜，云生结海楼。仍怜故乡水，万里送行舟。

属对工整，平仄协调，是最严格的五律。诗题曰“送别”，并无送别之人，送别者，其实就是故乡的水。

二、第一次漫游

（开元十三年到开元十五年，李白二十五到二十七岁）

开元十三年春夏间，出峡的船载着二十五岁的李白来到江陵，“江陵识遥火，应到渚宫城”。江陵是荆州所在地，扼守三峡下游出口，自古以来为兵家必争之地。这里曾是楚国的旧都，大诗人屈原和宋玉生活过的地方。在这里，李白遇见了对他一生影响巨大的第二个人物——司马承祯。司马承祯字子微，是当时首屈一指的道家名流，法号道隐。武则天、唐睿宗时，曾先后召他入宫，问以阴阳术数之事，备受朝廷优待。开元九年，唐玄宗又召他入宫，至次年才固辞出都，侍奉玄宗达一年之久。开元十三年的司马承祯，已七十八岁高龄，见到李白，不觉怦然心动，鼓励有加。李白为之作《大鹏遇希有鸟赋》，后改名《大鹏赋》，序中云：“余昔于江陵，见天台司马子微，谓余有仙风道骨，可与神游八极之表。因著《大鹏遇希有鸟赋》以自广。”所谓希有鸟，即司马承祯，而赋中的大鹏，就是李白自己的写照：

> 若乃足萦虹蜺，目耀日月。连轩沓拖，挥霍翕忽。喷气则六合生云，洒毛则千里飞雪。邈彼北荒，将穷南图。运逸翰以傍击，鼓奔飚而长驱。烛龙衔光以照物，列缺施鞭而启途。块视三山，杯观五湖。其动也神应，其行也道俱。……

开元八年李白初谒李邕时，曾用大鹏的形象描述、表白过自己。自与司马承祯相遇之后，庄子《逍遥游》中那个不知其几千里之大、之广，背负青天、翼若垂云、高飞九万里的大鹏形象再一次闪出，并牢固地置根于他脑海之中。大鹏的形象，一下子使李白的远大抱负明朗化、形象化了，是由外而内、由现象到本质的一次升华。对于李白来说，大鹏犹如他精神世界中的图腾，李白就是大鹏，大鹏就是李白。而点化李白的，则是司马承祯。

这篇赋，因其构思的宏伟和辞采的壮丽，加之出自一位二十五岁青年人之手，很快在江汉一带传开，蜀人李白的名声逐渐大起来了。

本年夏，李白游洞庭湖，又买舟沿江东下，次第游历了江夏（今湖北武昌）、金陵（今江苏南京）、扬州及越中一带。意欲在政治上大有作为却不径趋大唐的政治中心长安，正是李白特有的从政方式。他要以自己的诗名、才气，先在地方上造成声誉，然后上达天听，直接成为皇帝辅佐之臣。他坚信这条道路是存在的，自己一定能走得通。长安，固然是李白向往之地，但欲有所为而先不为，初出茅庐的李白并不急于先到长安，何况江夏、金陵、扬州以及越中之地，都是历史文化名城，沿途江山美景不可胜收，早在蜀中时就神往久之，自当一览为快，既广见识、增阅历，又可添诗料。长安，那是终极目的。

这一趟漫游，前后历时一年有余，对于李白来说，这是他一生最快意的漫游：从政不成的焦虑尚没有占据心头；行囊中川资丰厚，可以尽情挥霍；适值青春年少，风流倜傥。所以他观山则情满于山，观海则情溢于海。沿途广交朋友，散漫使钱，遇人辄有馈赠，“东游维扬，不逾一年，散金三十余万，有落魄公子，悉皆济之”（《上安州裴长史书》），如此丰厚的囊中赀财，如此挥霍成性，也证明郭沫若推断李白家庭为西域富商的正确。

此期虽不见他干谒地方官吏的诗，但与地方官吏的交往则肯定是有的。他结交了许多富贵、落魄的公子，与号称“六朝粉黛之都”的金陵歌舞伎女也有来往，请看他的《金陵酒肆留别》：

> 风吹柳花满店香，吴姬压酒唤客尝。金陵子弟来相送，欲行不行各尽觞。请君试问东流水，别意与之谁短长？

开元十四年（726）秋，李白自越州返回扬州，旋即卧病。此时囊中资斧告罄，门庭也顿时冷落起来。孤居逆旅，他不由想起蜀中故乡和亲人，有《淮南卧病书怀寄蜀中赵征君蕤》诗。有名的短诗《静夜思》，也是此时写的。

病愈后，李白溯江西上，于次年到达安州（今湖北安陆），并在安州停息下来。安州在唐时地理位置颇重要，它处在长安东南，东都洛阳西南，是由岭南、江南一带进入东西两京的门户，所以唐时以安州为中都督府。但安州并不如成都、江夏、扬州那样物阜民康。李白为什么要到安州来？李白自己说是因为“见乡人相如大夸云梦之事，云楚有七泽，遂来观焉”（《上安州裴长史书》）。云梦七泽只是传说中事，“观”一下是可以的，犯不着作长居久安计。估计李白的目的有两个：一是安州距两京较近，可以随时由此进发两京；二是安州有李白本家亲族，在资斧用尽后来这里投靠亲戚。这在李白诗文中也有所透露，例如他有名的《春夜宴从弟桃花园序》。序中说：“群季俊秀，皆为惠连；吾人咏歌，独惭康乐。”此处的“群季”（兄弟），恐非一般的李姓子弟的联宗。然而，诚如前所说，李白在涉及家世的地方，用语都较含混，所以也只能是猜度而已。

李白到安陆不久，就与唐高宗时故相许圉师的孙女结婚，许圉师高宗龙朔时（661—663）为相，后罢官居家。李白婚于许家时，许圉师当早已去世。李白的婚于安陆，是他在安陆确有本家亲族的有力旁证：以他一介游子（且几乎身无分文）的身份，恐不能与相国的孙女结婚。这一年，李白二十七岁。

从诗歌创作上看，李白出蜀后两年间，有两点颇值得注意。

一是一些乐府诗的出现。如作于巴中的《巴女词》、作于荆州的《荆州歌》、作于江夏的《江夏行》、作于金陵的《白纻辞》《杨叛儿》《长干行》和作于越中的《越女词》《采莲曲》《渌水曲》等。巴中和江南一带的民歌非常丰富，宋郭茂倩编辑的《乐府诗集》中的“吴声歌曲”“西曲歌”和“神弦曲”，就是在江南民歌基础上发展起来的南朝乐府歌曲。蜀中时期李白的创作，在经历了初步的模拟阶段后，已经有了很大的发展，但标志李白创作真正进入新的时期，则是在他吸取民歌精华，开始大量创作乐府诗之后。由于江南大城市商业经济的繁荣，江南民歌的内容多是反映商贾、商妇、舟子、采莲女的爱情生活，艺术上则以缠绵婉约、委曲细腻为其特色。李白此期的乐府诗创作，基调也是如此，其抒情主人公多是女性，也如同南朝乐府，但我们也常常可以看到诗人自己的形象也反映在内。如《采莲曲》

中那位“空断肠”的“岸上游冶郎”，《越女词》中“见客棹歌回”的“客”。与蜀中时期单纯模拟“上官体”“沈宋体”的五律不同，李白在学习乐府民歌的同时，常有所创造，有所发展。如《长干行》，古辞只是五言四句的小诗，稍前于李白的崔颢也不过把它扩展到四首共十六句，而李白的《长干行》，则是一篇叙事完整、人物形象鲜明的叙事诗，篇幅长到三十句、一百五十字。李白的《杨叛儿》，不但篇幅大了许多，又特意将古辞的隐化为显露，可以说是李白以北朝民歌的风味对南朝民歌进行了改造。

二是写景七言绝句的大量出现。李集中，初出蜀时的《峨眉山月歌》是他的第一首七绝，此后随时随地都有所作。如《秋下荆门》《望庐山瀑布（其二）》《望天门山》等。从李白的整个创作看，七绝是他最喜欢使用的诗歌体裁之一，也是他艺术上最成功的体裁之一。李白的七绝，长于登临游览、写景状物，艺术上则飘逸流荡、风神兼备。这些特色在此期的几首七绝中都已充分显示。如《望庐山瀑布》：

日照香炉生紫烟，遥看瀑布挂前川。飞流直下三千尺，疑是银河落九天。

三、“酒隐安陆，蹉跎十年”

（开元十六年到开元二十七年，李白二十八到三十九岁）

李白与安陆许氏结婚后，遂以安陆为中心，居留了十年有余。其间，他曾到过长安，经历了他从政活动的第一次大失败。还有一些小范围的漫游——其实也是为了从政而进行的干谒活动，而且均告失败。所以李白后来总结这一段生活是“酒隐安陆，蹉跎十年”（《送从侄耑游庐山序》）。

婚后三年，李白似乎是在平静、安宁中度过的，《集》中《赠内》诗，虽是戏谑之词，却可见夫妇相得之惬：

> 三百六十日，日日醉如泥。虽为李白妇，何异太常妻？

他还在安陆白兆山桃花岩筑屋读书，有《山中问答》诗：

> 问余何意栖碧山？笑而不答心自闲。桃花流水杳然去，别有天地非人间。

此诗题一作《山中答俗人》。细玩诗意，当是有人询问李白为何隐而不仕，而李白志不在小，故笑而不答，示以深远难测之境。

在此期间，李白去过襄阳，结识大诗人孟浩然，孟浩然高旷幽远的人格使李白钦羡不已。孟浩然游广陵，李白在江夏黄鹤楼送他，作有《黄鹤楼送孟浩然之广陵》。总之，表面上看李白的生活是优游安静的，但诗人内心其实难以安静，眼看年齿已近“而立”，出蜀已经五载，虽说声誉鹊起、名满江南，但毕竟一事无成，生活上仍寄人篱下，仰仗亲族和岳父家帮衬，因而此期诗中感叹年华流逝的句子很多：

> 坐看飞霜满，凋此红芳年。（《古风五十九首》其

二十六）

常恐碧草晚，坐泣秋风寒。（《古风五十九首》其二十七）

美人不我期，草木日零落。（《古风五十九首》其五十二）

坐愁群芳歇，白露凋华滋。（《秋思》）

所以，在开元十八年（730）春夏间，李白自安陆取道南阳，西入长安。李白此次入长安，具体情况已很难察知，其诗文当中也只是微露端倪而已，所以学术界长期以为李白平生只有天宝初待诏翰林时到过长安。事实上李白在开元中后期（郭沫若定在开元十八年）曾以“微贱者”的身份到过一次长安，这需要将他在长安所写的诗作一比较才能看出。故学术界有“一入长安”“二入长安”之说。应该说，发现李白开元间曾一入长安，是对李白行踪研究的重大突破。

在长安，李白经人介绍，结识了驸马都尉、时任卫尉卿的张垍。张垍是张说的次子，张说当时任左丞相，张家父子权倾天下，家世荣耀之极。张垍可能原先答应引荐李白与玉真公主（玄宗之妹，张垍妻宁亲公主之姑）相识，所以他把李白安顿在玉真公主别馆里。但张垍不久就冷落了李白，秋雨连绵，在空旷凄清的别馆里，李白有《玉真公主别馆苦雨赠卫尉张卿二首》：

秋坐金张馆，繁阴昼不开。空烟迷雨色，萧飒望中来。翳翳昏垫苦，沉沉忧恨催。……弹剑谢公子，无鱼良可

哀。(《其一》)

苦雨思白日，浮云何由卷？……园家逢秋蔬，藜藿不满眼。蟏蛸结思幽，蟋蟀伤褊浅。厨灶无青烟，刀机生绿藓。……(《其二》)

诗借苦雨之景，抒其受冷遇之情，所谓玉真公主别馆，实为一无人居住之荒园。李白一入长安遭遇，即此可见一斑。这对原先自视极高、以为取功名不过一蹴而就之间事的李白来说，该是多么大的失望和讽刺！

李白在长安自夏徂秋，徘徊于君门之下而不得入，遂于秋冬间往游岐州(今陕西凤翔)、邠州(今陕西彬县)。在岐、邠二州，他干谒地方长官，均无结果，复于次年春返回长安。由于干谒无门，遂与长安少年浪游，日以斗鸡走狗、饮酒赌博为事。以下诗句，就是他这一生活的写照：

细雨春风花落时，挥鞭直就胡姬饮。(《白鼻䯄》)

落花踏尽游何处？笑入胡姬酒肆中。(《少年行》其二)

羞逐长安社中儿，赤鸡白狗赌梨栗。(《行路难》其二)

又曾与“五陵豪”交往，任侠好斗。如《白马篇》：

龙马花雪毛，金鞍五陵豪。秋霜切玉剑，落日明珠袍。斗鸡事万乘，轩盖一何高？弓摧南山虎，手接太行猱。

> 酒后竟风采，三杯弄宝刀。杀人如剪草，剧孟同游遨。发愤去函谷，从军向临洮。叱咤经百战，匈奴尽奔逃。归来使酒气，未肯拜萧曹。羞入原宪室，荒径隐蓬蒿。

少年时代即培养的任侠击剑的好尚，被长安这个“花花世界”刺激得达到了顶点；另一方面，也是由于走投无路情绪激愤，索性自暴自弃。所以此期诗歌常对儒者表示轻视和嘲笑。如上引诗末二句，又如《少年子》末二句：“夷齐是何人，独守西山饿？”《侠客行》末二句：“谁能书阁下，白首《太玄经》？”从本质上讲，李白当时的思想应当主要是儒家的积极进取精神，其奈不能入于君门何？

与长安“五陵豪”交往，难免被彼等欺凌，李白后来有一首《叙旧赠江阳宰陆调》诗，回忆他当年遭凌辱，旋被陆调救出一事：

> 风流少年时，京洛事游遨。腰间延陵剑，玉带明珠袍。我昔斗鸡徒，连延五陵豪。邀遮相组织，呵吓来煎熬。君开万丛人，鞍马皆辟易。告急清宪台，脱余北门厄。

“北门”即长安玄武门。这场“打架斗殴”，最后惊动了长安司法机关（宪台即御史台）。

在与自身理想矛盾的狎游生活中，李白于沉沦、懊丧、失望中，也注意到社会许多不合理现象，并为之愤慨不平。如《古风五十九首》其十五（“燕昭延郭隗”）、《古风五十九首》其二十四（“大车扬飞尘”）就是，前篇写贤才不见用，后篇讽刺斗鸡徒、宦官豪侈，气焰熏天。

李白在长安遭遇如此，是他万没想到的。他心目中所谓“开元盛世”晴朗的天空里，出现了浓云迷雾，于是乃萌归志，并大抒其愤懑，《行路难三首》（其二）即作于此时：

> 大道如青天，我独不得出。羞逐长安社中儿，赤鸡白雉赌梨栗。弹剑作歌奏苦声，曳裾王门不称情。淮阴市井笑韩信，汉朝公卿忌贾生。君不见昔时燕家重郭隗，拥彗折节无嫌猜。剧辛乐毅感恩分，输肝剖胆效英才。昭王白骨萦蔓草，谁人更扫黄金台？行路难，归去来！

“大道如青天”就是开元盛世的广开才路，“我独不得出”就是个人理想与现实的尖锐矛盾。这两句既是诗人对当时社会深刻的体验，也是最好的归纳。

离开长安前，李白还有《蜀道难》诗。此诗因送友人王炎入蜀而触发，乃借蜀道之艰险，状世途之坎坷，以抒胸中之愤慨。此篇被后人称为“奇之又奇”之作，其旨众说纷纭，莫衷一是。联系李白一入长安遭遇，以及李诗深于比兴、长于比兴的艺术特点，《蜀道难》只有作如是解，才能探得其底蕴。

开元十九年春夏间，李白由黄河水路东去，经开封到宋城（今河南商丘），复自宋城到洛阳。李白是有家（安陆）而不得归，所以沿途多抒发愤慨之作，如《梁园吟》、《梁甫吟》、《行路难三首》其一（清酒金樽斗十千）、《拟古》其七（“世路今太行”）、《古风五十九首》其十六（“宝剑双蛟龙”）等，创作上表现了前所未有的新变化、新发展。其一是社会批判性加深了，其二是乐府诗题材、体裁俱得到扩大，其三是比兴手法的大量使用，其四是七言古体（“歌行体”）的大量出现，诗歌创作亦因此而形成高潮。例如乐府诗，不再如漫游吴越时多采用南朝乐府旧题，而是多采用汉乐府旧题（依郭茂倩《乐府诗集》所分，汉乐府主要是“相和歌辞”“杂曲歌辞”“鼓吹曲辞”几类，李白此期的《长相思》《秦女卷衣》《白马篇》《行路难三首》等属于“杂曲歌辞”，《蜀道难》属于“相和歌辞”，稍后的《将进酒》属于“鼓吹曲辞”）。汉乐府与南朝乐府的最大区别在于：汉乐府多叙事言志，而南朝乐府多儿女情歌；汉乐府多慷慨激昂，而南朝乐府多委曲缠绵。李白此期的乐府诗创作与前期比较，呈现出截然不同的两种风貌。

此期悲愤情绪的抒发，还有一个特点就是：失望而不绝望，失望之中又含有期望。如下面这些诗句：

> 长风破浪会有时，直挂云帆济沧海。（《行路难三首》其一）
>
> 张公两龙剑，神物合有时。风云感会起屠钓，大人𡵓屼当安之。（《梁甫吟》）
>
> 东山高卧时起来，欲济苍生未应晚。（《梁园吟》）

这种寄希望于将来风云再起的情绪，仍然是符合“开元盛世”的实际的。

开元二十年（732）春，李白在洛阳。离家已经二载，思家之情日见强烈，有《春夜洛城闻笛》诗：

谁家玉笛暗飞声，散入春风满洛城？此夜曲中闻《折柳》，何人不起故园情？

思亲情绪终于战胜了长安失意无颜归家的羞愧，李白回到了安陆。开元二十一到二十四年，他闲居安陆，其间到过随州（今属湖北）、襄阳、江夏等地，干谒过任荆州长史的韩朝宗，应友人元演之邀到过太原。二十四年以后，还有一些干谒性质的漫游，直到二十七年。李白这一段时间的情绪是颇为苍凉伤感的，诗中悲愁光阴虚度、年龄徒长的诗句越来越多：

谁识卧龙客，长吟愁鬓斑？（《南都行》）

东风吹愁来，白发坐相侵。（《独钓》）

白日何短短？百年苦易满。……富贵非所愿，为人驻颜光。（《短歌行》）

富贵与神仙，蹉跎成两失。……畏落日月后，强欢歌与酒。（《长歌行》）

尔恐碧草晚，我畏朱颜移。（《宴郑参卿山池》）

但恐光景晚，宿昔成秋颜。（《春日独酌二首》其二）

这种时而悲悼、颓废，时而激奋、昂扬的情绪，最集中地表现在开元二十二年所作的《襄阳歌》和开元二十四年所作的

《将进酒》两诗中。如《将进酒》：

君不见，黄河之水天上来，奔流到海不复回。君不见，高堂明镜悲白发，朝如青丝暮成雪。人生得意须尽欢，莫使金樽空对月。天生我材必有用，千金散尽还复来。烹羊宰牛且为乐，会须一饮三百杯。岑夫子，丹丘生，将进酒，杯莫停。与君歌一曲，请君为我倾耳听。钟鼓馔玉不足贵，但愿长醉不愿醒。古来圣贤皆寂寞，惟有饮者留其名。陈王昔时宴平乐，斗酒十千恣欢谑。主人何为言少钱？径须沽取对君酌。五花马，千金裘，呼儿将出换美酒，与尔同销万古愁。

四、移居东鲁和待诏翰林

（开元二十八年到天宝三载，李白四十至四十四岁）

开元二十八年（740），李白移家东鲁（今山东兖州、济宁一带）。移家东鲁的原因不可知，家庭发生了大变故——许氏夫人的去世可能是移家的重要原因之一。许氏夫人生有一女一子（女平阳，子伯禽），李白是带着一双儿女离开安陆的。另一个原因可能是安陆的本家亲族发生变故，使李白失去了倚靠。为什么要移家对李白来说完全陌生的东鲁而非其他地方？亦难以查找原因。最大的可能是与他落足安陆一样，那里有他的本宗亲属在。《旧唐书·李白传》说李白“父为任城（今属山东济宁）尉，因家焉”自然是不确的，但李白有一位本家叔父在做任城尉，却是真的。李白有《对雪奉饯任城六父秩满归京》诗，这个“任城六父”应就是他的本族叔父。李白最初寓居之地很可能是瑕丘县（兖州治所），他曾说“我家寄在沙丘旁”（《送萧三十一之鲁中兼问稚子伯禽》），沙丘旧址在今兖州城东二里（据《兖州府志》）。又，他写于东鲁的诗辄称“鲁东门”“东鲁门”，皆指瑕丘东门。李白后来置田产，也在瑕丘；又置酒楼，在任城，大致的情况如此。

初到东鲁不久，李白与韩准、裴政、孔巢父、张叔明、陶沔结伴隐于徂徕山，时号为“竹溪六逸”。次年，李白曾往嵩山访元丹丘，有《秋日炼药院镊白发赠元六兄林宗》诗，“元六兄林宗”就是元丹丘。元丹丘是道教中人，与李白蜀中即相识（诗云“弱龄接光景，矫翼攀鸿鸾。投分三十载，荣枯同所欢”）。元丹丘与李白关系至密，交往时间最久，赵蕤、司马承祯之外，他是影响李白生活最大的第三人。最迟在本年末，元丹丘即奉诏入朝，为西京大昭成观威仪，即朝廷聘任的道家顾问官。李白访元丹丘，正在元入京之前，赠诗中以“镊白发”为由，感叹年月蹉跎、老大无成，希冀元丹丘援引的用意很明显。不久，元丹丘入朝，李白又有《凤笙篇》，再托其引荐。果然，到天宝元年（742）秋天，朝廷便下达了征召李白入京的诏书。两《唐书》本传都说李白是因为道士吴筠的推荐入朝的，不确；魏颢《李翰林集序》谓白“与元丹丘因持盈法师达”，“持盈法师”即玄宗之妹玉真公主。玉真公主好道（持盈法师是她的道号），因好道而有元丹丘之入朝，再有李白的入朝，其间的来龙去脉再清楚不过。李阳冰《草堂集序》说:“天宝中,皇祖下诏,征就金马……谓曰:卿是布衣,名为朕知,非素蓄道义,何以及此?”可知朝廷下诏的另一个原因是李白名声大——他几十年的干谒、努力,终于没有白费力气。

天宝元年秋,李白自南陵(东鲁一个小地名,犹同村镇)启程往长安,行前有《南陵别儿童入京》诗:

> 白酒新熟山中归,黄鸡啄黍秋正肥。呼童烹鸡酌白酒,儿女嬉笑牵人衣。高歌取醉欲自慰,起舞落日争光辉。游说万乘苦不早,著鞭跨马涉远道。会稽愚妇轻买臣,余亦辞家西入秦。仰天大笑出门去,我辈岂是蓬蒿人?

郭沫若据诗题中只及儿童与诗中大骂“会稽愚妇”推断,许氏夫人早已辞世是肯定的,李白后来又与一位“刘氏”结合(据魏颢《李翰林集序》),但这位刘氏不能贫贱相守,与李白诀别了,如同汉代朱买臣的妻子厌弃朱买臣一样,所以李白在应诏“仰天大笑”之余,要大骂这位“愚妇”。

这一年,李白四十一岁。自二十五岁离家漫游,已有十六个年头。经历了一入长安的挫折,李白并未丧失信心,仍坚信“天生我材必有用”“长风破浪会有时,直挂云帆济沧海”,这个机会终于来到了。虽然“游说万乘苦不早”,的确太晚了,但毕竟有了建功立业的机会,所以他异常兴奋。

李白初至长安,见贺知章于紫极宫。知章时为太子宾客、秘书监,高龄八十有四。一见之下,许为知已。诵其《蜀道难》诗，叹嗟再三，谓其神思飘逸，非世间人可为，曰：“公非人世之人，可不是太白星精耶？”（《唐摭言》卷七）遂呼为“谪仙”。又读李白《乌栖曲》，叹赏苦吟，曰：“此诗可以泣鬼神矣。”（《本事诗·高逸》）贺知章是对李白一生影响巨大的第四人，他呼李白为“谪仙”，正与开元十三年司马承祯赞李白“仙风道骨，可与神游八极之表”暗合，使李白非常得意。“大鹏”“谪仙”是对李白的品评，反过来也使李白有意识地培植其大鹏的志向，积蓄其“谪仙”的风标。从这个意义讲，贺知章和司马承祯既是李白的知音，也是导夫前路、开化混沌的前辈。

玄宗召见李白于金銮殿。李阳冰《草堂集序》记其事云：

> 天宝中，皇祖下诏，征就金马，降辇步迎，如见绮、皓，以七宝床赐食，御手调羹以饭之。谓曰：“卿是布衣，名为朕知，非素蓄道义，何以及此？”置于金銮殿，出入翰林中，问以国政，潜草诏诰，人无知者。

接待异常隆重，几乎超越了君臣之礼。翰林院是朝廷专为文学之士设置的一个机构，并无固定的职分，只是随时听候皇帝差遣，或拟诏书，或备咨询，或侍出游宴会。翰林院文人大都有实职，“翰林学士”只是荣誉头衔。刚开始李白并无实职，但翰林学士的身份是很高贵的，因为他能得以接近皇帝。李白起初很可能参与了一些重大政策的决策，李阳冰说“潜草诏诰，人无知者”，范传正说“遂直翰林，专掌密命”（《新墓碑》），李白后来也有诗透露：“攀龙九天上，忝列岁星臣。布衣侍丹墀，密勿草丝纶”（《赠崔司户文昆季》）。“丝纶”就是帝王诏书。与李白同时的诗人任华曾写过一篇《杂言寄李白》，有句云：“见说往年在翰林，胸中矛戟何森森。新诗传在宫人口，佳句不离明主心。”“胸中矛戟”特指对军政事务的擘画才能。可惜今天我们所能依据者，只是以上间接的资料，并不能找出李白参与政务、专掌密命的实际资料了。

有一点可能是真实的，那就是李白曾替朝廷草拟过《和蕃书》。范传正《新墓碑》：“天宝初，召见于金銮殿……论当世务，草《答蕃书》，辩如悬河，笔不停缀。”刘全白《唐故翰林学士李君碣记》：“天宝初，玄宗辟翰林待诏，因为《和蕃书》，并上《宣唐鸿猷》一篇。”范、刘都是李白同代人，他们的记载应是有根据的。《和蕃书》（或《答蕃书》）等今俱不存，应是李白代表朝廷所写的对西域某“蕃”的书信。此事后来为小说家所敷衍，有“李谪仙醉草吓蛮书”那样的回目（《警世通言》）。这又可以作为李白的家世确与西域有某种联系的证明。

李白的待诏翰林，实际上多是侍从陪游之类，他的身份更近似于文学侍臣。李白集中如《侍从游宿温泉宫作》《宫中行乐词八首》《龙池柳色初青听新莺百啭歌》等，都是奉诏所作。有名的《清平调词三首》，是玄宗与贵妃在兴庆宫赏牡丹时李白为宫廷歌手写的新词。天宝二年夏，玄宗泛白莲池，诏白作《白莲花开序》，时白方大醉，宦官以冷水沃面使稍醒，大宦官高力士扶之以登舟。几乎玄宗所有的游宴活动，李白都曾侍从并有奉诏应制之作，唯作品未全保留而已。

当时的唐玄宗，已非往日宵衣旰食、励精图治的英明天子，他陶醉在天下太平、边境安定、物阜民康的所谓盛世之中，内宠宦官高力士，国事尽付于善阿谀的宰相李林甫和不学无术的贵妃族兄杨国忠，日与杨贵妃嬉游宴饮，安享太平日月。他诏李白入京，并非希求辅弼之才，而是为了点缀他的风流天子生活。宋黄彻《䂬溪诗话》老实不客气地说："愚观唐（玄）宗，渠渠于白，岂真乐道下贤者哉？其意急得艳词媟语以悦妇人耳。"

对于这种文学侍从的身份，李白的态度是矛盾的。一方面是满意的，因为多少满足了他建功业、求富贵的愿望，满足了他的某种虚荣心，他不止一次地津津乐道过这段生活：

> 凤凰初下紫泥诏，谒帝称觞登御筵。揄扬九重万乘主，谑浪赤墀青琐贤。朝天数换飞龙马，敕赐珊瑚白玉鞭。……（《玉壶吟》）
>
> 昔在长安醉花柳，五侯七贵同杯酒。气岸遥凌豪士前，风流肯落他人后？夫子红颜我少年，章台走马著金鞭。文章献纳麒麟殿，歌舞淹留玳瑁筵。……（《流夜郎赠辛判官》）

另一方面，他又是痛苦的，不堪这种"倡优"一般的宫廷文人地位，并渐渐对待诏翰林生活感到厌倦和不满，《望终南山寄紫阁隐者》《下终南山过斛斯山人宿置酒》《题东溪公幽居》等诗对隐士生活表示向往，《秋夜独坐怀故山》《夕霁杜陵登楼寄韦繇》《忆东山》等诗更进一步流露出有志莫展、欲还故山之意。李阳冰《草堂集序》称他“歌咏之际，屡称东山”，指的就是这些诗。

李白的这种情绪，因受到谗忌、诽谤，处境艰难而变得愈加强烈、愈加坚定。《翰林读书言怀呈集贤诸学士》说：“青蝇易相点，《白雪》难同调。本是疏散人，屡贻褊促诮。”疏懒散漫的个性被人抓住了把柄，《玉壶吟》说：“君王虽爱蛾眉好，无奈宫中妒杀人。”玄宗的宠信是遭到忌妒的根本原因。起初的谗忌并未影响到君王的信任，渐渐地谗忌愈演愈烈，李白明显感到玄宗的冷淡和疏远。李阳冰《草堂集序》云：“丑正同列，害能成谤，格言不入，帝用疏之。”谗忌者是谁？魏颢《李翰林集序》提到了张垍：“上皇豫游，召白，白时为贵门邀饮，比至，半醉。令制出师诏，不草而成。许中书舍人，以张垍谗逐。”张垍在李白一入长安时冷遇了李白，他没有想到十年后李白会卷土重来并受到玄宗隆重的礼遇，进谗言毁谤是必然的。张垍时以中书舍人供奉翰林，正是所谓“丑正同列”。除张垍外，还有高力士和杨贵妃。两《唐书》的《李白传》都提到白“尝沉醉殿上，引足令高力士脱靴”一事。高力士是唐玄宗最宠信的宦官，他以脱靴为深耻，遂寻觅机会报复。唐李濬《松窗杂录》载李白在兴庆宫沉香亭为杨贵妃作《清平调词三首》，其二云：“一枝红艳露凝香，云雨巫山枉断肠。借问汉宫谁得似？可怜飞燕倚新妆。”异日贵妃重吟此辞，高力士曰：

“始谓妃子怨李白深入骨髓，何拳拳如是？”妃惊曰：“何翰林学士能辱人如斯？”力士曰：“以飞燕指妃子，贱之甚矣。”妃颇深然之。于是，“上尝欲命李白官，卒为宫中所捍而止”。这段记载颇似小说家言，但有一定可信程度。总而言之，无论张垍，还是高力士、杨玉环，来自这三个人中任何一个的谗毁都是很有力的，而李白的被逐，则是无法避免的了。

经过多日踌躇、几番徘徊之后，天宝三载（744）春，李白决意请求还山（过隐士生活）。李白志在匡君济时，而玄宗意在点缀太平，君臣志趣相左，故玄宗不甚挽留，赐金，准其还山。临行，有《初出金门寻王侍御不遇咏壁上鹦鹉》、《东武吟》及《古风五十九首》其二十二（“秦水别陇首”）、其四十（“凤饥不啄粟”）等诗。这些诗，或愤懑不已，或恻怆难平，既有决绝之辞，亦有留恋之情，其痛苦更甚于一入长安离京之时。那时是望君门九重而不得入，未尝不寄希望于将来；此次却近为侍臣，终于无所作为而去，是预见到永无还归之日了。天宝四载，李白在东鲁有诗云：“狂风吹我心，西挂咸阳树。”（《金乡送韦八之西京》）天宝六载，在江南有诗云：“总为浮云能蔽日，长安不见使人愁。”（《登金陵凤凰台》）甚至十余年后，在流放夜郎途中，他还要说“西望长安不见家”（《与史郎中钦听黄鹤楼上吹笛》），都是他离京时痛苦心情的延续。

天宝三载春夏间，李白出长安，取道商州（今属陕西）东往洛阳。前后合计，李白待诏翰林，不足两年时间。

五、去朝漫游

（天宝三载到天宝九载，李白四十四至五十岁）

天宝三载（744）夏，李白到了洛阳，与三十三岁的诗人杜甫相遇。闻一多先生曾说，在“我国四千年的历史里，除了孔子见老子，没有比这两个人的会面更重大、更神圣、更可纪念的”（《唐诗杂论·杜甫》）。就杜甫来说，当时功名心正强，而诗歌创作则初露头角，而李白已是名满天下的大诗人，李、杜齐名是中唐以后的事。但是李、杜交谊一开始就留下中国文学史上的佳话，杜甫崇拜李白，李白爱护杜甫。洛阳初逢分手之后，二人又有秋天同游梁、宋的约会，诗人高适也加入这次游历。高适年龄与李白相仿佛，任侠使气，仕宦不达，隐迹于渔樵博徒之间。梁、宋之游后，李、杜、高又同游齐鲁，谒北海郡（今山东潍坊）太守李邕，结下了深厚的友谊。就中李、杜的友谊显然格外笃深，杜甫诗云：“余亦东蒙客，怜君如弟兄。醉眠秋共被，携手日同行。”（《与李十二白同寻范十隐居》）李、杜齐鲁分手后，李白有诗寄杜甫：“我来竟何事？高卧沙丘城。城边有古树，日夕连秋声。鲁酒不可醉，齐歌空复情。思君若汶水，浩荡寄南征。”（《沙丘城下寄杜甫》）而杜甫寄、赠或怀念李白的诗竟多达二十首以上。

不久，李白在齐州（今山东济南）请北海高天师如贵授道箓。授道箓犹如佛徒的受戒，标志李白正式成为一名道徒。此前，李白即好道，且与道家者流多有往来（如元丹丘、司马承祯等），但正式成为一名道徒，则标志他思想发生了某种大转折。其所以如此，与他待诏翰林的经历有关。愈是大追求，其失望就愈大，痛苦就愈深刻。狂饮、求仙以至授道箓，都是摆脱痛苦、麻醉神经的表现。

天宝四至五载，李白多在东鲁家居，“又于任城购酒楼，日与同志荒宴其上，少有醒时”（《本事诗》，《太平广记》卷二〇一引）。又常往来于东鲁与宋城之间，其与宗氏夫人的结婚，约在此时。宗氏夫人也是相国孙女，其祖宗楚客，武后、中宗时尝三为相。自此之后，李白有两个家：一为宗氏夫人所居之地宋城（今河南商丘），一为儿女居留之地东鲁。五载冬，欲南游吴越，行前有《梦游天姥吟留别》诗，以与东鲁的朋友告别。此诗之扑朔迷离，不亚于《蜀道难》，倘纯粹作山水诗解，则大失其旨。诗借梦游天姥象征他待诏长安的经历：初则明媚如画，终则阴森可怖，而梦醒即是他对朝廷幻想的破灭，“世间行乐亦如此，古来万事东流水”是此诗点题之句，末云“安能摧眉折腰事权贵，使我不得开心颜”，表达了他与朝廷诀别、不向权贵低头的倔强性格。

李白离开东鲁，先至宋城，与妻宗氏告别，接着便南下扬州。这一次漫游，经历了三年时间（天宝六载到九载），大体以金陵为中心，东至吴越如剡溪、天台山等，西至九江、庐山等地，直到九载冬才因思念家小返回东鲁。这一趟游历，李白足迹尤其飘忽不定，仿佛只是寻山逐水，而且显赫排场，生活狂放不羁。魏颢《李翰林集序》所谓“间携昭阳、金陵之妓，迹类谢康乐，世号为李东山。骏马美妾，所适二千石郊迎，饮数斗，醉则奴丹砂抚《青海波》，满堂不乐，白宰酒为乐”；范传正《新墓碑》所谓“偶乘扁舟，一日千里，或遇胜境，终日不移，长江远山，一泉一石，无往而不自得也”，就是指这一段放浪的生活。李白身份已非昔日，地方官唯恐逢迎不及。天宝七载李白在金陵，有《玩月金陵城西孙楚酒楼，达曙歌吹，日晚乘醉著紫绮裘乌纱巾，与酒客数人棹歌秦淮，往石头访崔四侍御》诗，正是他此期生活放浪纵恣的一个典型画面：

> 昨玩西城月，青天垂玉钩。朝沽金陵酒，歌吹孙楚楼。忽忆绣衣人，乘船往石头。草裹乌纱巾，倒披紫绮裘。两岸拍手笑，疑是王子猷。酒客十数公，崩腾醉中流。谑浪棹海客，喧呼傲阳侯。半道逢吴姬，卷帘出揶揄。我忆君到此，不知狂与羞。……

据诗题，李白数人先在金陵城西玩月，然后在孙楚楼歌吹达曙，再至日晚，复乘醉游秦淮河，再往石头城访崔侍御，合计应是两个夜晚、一个白昼。酒不知道喝了多少，一个个醉态十足，草草裹着乌纱巾，颠倒披着紫绮裘，乐奏丝竹，沸反盈天，引得看客拍手大笑。这不正是当年谢灵运游山，簇拥数百人，剪榛开径，惊动民众官府的情景吗？

魏颢《序》中提到的“昭阳妓”无考，“金陵妓”当指名“金陵子”的女妓。李白诗中今有《出妓金陵子呈卢六四首》《示金陵子》诗。《示金陵子》云：“金陵城东谁家子？窃听琴声碧窗里。落花一片天上来，随人直渡西江水。楚歌吴语娇不成，似能未能最有情。谢公正要东山妓，携手林泉处处行。”据诗意，金陵子可能是慕名私奔于李白的一名歌妓。李白正要仿效携妓东山的谢安石，所以相当得意：“安石东山三十春，傲然携妓出风尘。楼中见我金陵子，何似阳台云雨人？”（《出妓金陵子呈卢六四首》其一）

快意的寻山逐水，放荡的寻欢作乐，使李白此次浪游过多染上了风流浪漫色彩。但是，只要我们全面考察李白此期诗歌，便知情况并非如此。可以说，此期李白诗歌中的兴亡之感、黍离之悲，以及对国事的殷忧，几乎是此前所没有的。

他有《丁都护歌》，以乐府旧调写民生（纤夫）之苦，为此前所无。他有《苏台览古》和《越中览古》，两首诗以古喻今，充满黍离之悲。他有《登高丘而望远海》以及《古风》其三（“秦王扫六合”）、其四十八（“秦皇按宝剑”）、其十七（“金华牧羊儿”），在这些诗中，他把当今天子的荒嬉国事、迷信求仙与秦始皇、汉武帝相提并论，深深地为国家前途担忧。

还不止此。天宝五载至八载，宰相李林甫屡兴大狱，冤案迭起：先是开新潭、通漕运有功的刑部尚书韦坚被以交通外官、谋立太子的罪名逐出长安，不久被杀于贬所，株连者甚众，左相李适之、李白好友崔成甫俱被牵连，或杀或贬。接着是北海太守李邕、淄州太守裴敦复因柳勣案牵连下狱，均被杖杀于刑庭之上。最后是王忠嗣冤案。王忠嗣是当时边镇名将，向以持重安边为务，不肯轻启边患。唐与吐蕃间有石堡城，开元二十九年为吐蕃所夺。天宝四载，唐将皇甫惟明与吐蕃战于石堡，大败，副将被俘。玄宗对石堡意在必取，而王忠嗣云："石堡险固，吐蕃举国守之，非杀数万人不能克，臣恐所得不如所亡。"又云："以数万之众争一城，得之未足以制敌，不得无害于国。"后唐将董延光邀功，领兵取石堡，大败，以"阻挠军功"推过于王忠嗣。李林甫落井下石，唆使人诬告忠嗣谋立太子为帝。玄宗怒，交三司审问，忠嗣几死，后贬汉阳太守。哥舒翰希帝意，以六万众攻占石堡，唐军死数万。哥舒翰以军功封大官，同年王忠嗣郁郁而死。对于玄宗的穷兵黩武和李林甫的大兴冤狱，李白有《战城南》《夷则格上〈白鸠〉〈拂舞〉辞》和《古风五十九首》其六（"代马不思越"）、其十四（"胡关饶风沙"）等诗，尤其是《答王十二寒夜独酌有怀》一诗，李白痛斥当道权奸和幸臣，直呼哥舒翰之名，并直接为李邕、裴敦复叫冤：

> 君不能狸膏金距学斗鸡，坐令鼻息吹虹霓；君不能学哥舒，横行青海夜带刀，西屠石堡取紫袍。……君不见李北海，英风豪气今何在！君不见裴尚书，土坟三尺蒿棘居。

当李白写这些诗的时候，李林甫正炙手可热，哥舒翰正红得发紫，敢于这样写是需要一番勇气的。奇怪的是，西屠石堡、杖杀大臣、冤案四起，如此重大的事件，竟没有哪位诗人反映过，除了杜甫，他在《兵车行》末尾说：

> 君不见，青海头，古来白骨无人收。新鬼烦冤旧鬼哭，

天阴雨湿声啾啾！

大多数诗人敢怒不敢言、歌喉为之喑哑的时候，江南的李白和长安的杜甫却喊出了时代的最强音。如桴鼓之相应，李、杜不愧齐名。

李白还有一首《夷则格上〈白鸠〉〈拂舞〉辞》。诗以比兴手法，借禽鸟言人事，联系当时的历史事实，此诗旨意不难窥知。诗中“白鹭之白非纯真，外洁其色心匪仁”二句，显然指口蜜腹剑的李林甫，“鹰鹯雕鹗，贪而好杀”显指受林甫驱使的酷吏和打手，而“霜衣雪襟诚可珍”的白鸠，则是指遭李林甫诬告、屈杀的韦坚、李适之、李邕、裴敦复、王忠嗣等正直无辜的朝臣。诗末云“凤凰虽大圣，不愿以为臣”，是希望玄宗摈斥李林甫不用。

所以，放浪不羁只是此期李白生活的一个表象，或只是一个侧面。待诏翰林以前的李白诗歌，对社会的批判固然猛烈，但主要是由个人的不平遭遇引发的，主观色彩非常强烈；而遭放逐后的诗人，对社会的观察力、对社会政局的感受力明显加深，他的诗歌已经超越了自我，并逐渐形成了他后期诗歌的主旋律。一面是昏醉不醒的放荡诗人，一面却是保持着对政局高度警觉、高度敏感的李白，这是个矛盾而统一的现象。

天宝九载（750）冬间，李白自庐山经谯郡、虞城回到阔别三年的东鲁，结束了此次漫游。

六、北上幽州与南寓宣城

（天宝十载到天宝十四载，李白五十一至五十五岁）

李白北归以后，大约仍往来于东鲁和宋城之间，有诗云：“拙妻好乘鸾，娇女爱飞鹤。”（《题嵩山逸人元丹丘山居》）“拙妻”指宗氏，“娇女”或指明月奴，是李白与宗氏结褵后所生，年龄在四五岁之间。受家庭浓厚道家氛围的影响，小小年纪也私慕道教。又有诗云：“故园恣闲逸，求古散缥帙。久欲入名山，婚娶殊未毕。”（《闻丹丘子于城北营石门幽居中有高凤遗迹仆离群远怀有栖遁之志因叙旧以寄之》）居留在东鲁故园的女儿平阳已有十七八岁、儿子伯禽十二三岁，平阳确实到了该出嫁的年龄了。女儿的出嫁，应当是本年内李白操持办理的，魏颢《李翰林集序》云：“女既嫁而卒。”平阳的去世，大约在次年或第三年。

家居一年之后，李白有幽州之行。幽州（今属北京）是后来发动叛乱、导致唐朝走向残破的安禄山的根据地。李白的幽州之行念头由何而起？此行目的何在？安禄山为胡人血统，以骁勇、狡诈，从一名普通边将渐次升为边防节度使。到天宝十载，他已是身兼河东、平卢、范阳三镇节度使、拥兵十数万的大军阀了。禄山“性巧黠，人多誉之”（《旧唐书·安禄山传》）。唐玄宗对安禄山的“忠心”也是深信不疑的，倚为国之栋梁，这也吸引了一大批希求功名的文人汇聚到安禄山麾下谋求出路。禄山“引张通儒、李庭坚、平冽、李史鱼、独孤问俗在幕下，高尚掌书记……”（同上）。李白的北上幽州、希图“沙漠收奇勋”就是这样一种心理。但是，安禄山又是早蓄异志的，随着军事势力的膨胀，他觊觎帝位的野心也在恶性膨胀，这一点，朝野间敏感人士均已嗅出。李白要在这样一位将军幕下谋职，内心屈尊纡贵的屈辱感在其次，还带有政治冒险性质。然而他决心北上，这说明他长期被摈斥在政局之外，急于干政、急于建功立业的焦灼心情已经到了迫不及待的程度了。

从李白诗中可以看出他北上的路线是：天宝十载暮秋，由开封渡河，有《留别于十一兄逖裴十三游塞垣》；十一载春，经魏州（今河北馆陶县南），有《魏郡别苏明府因北游》诗；到洺州（今河北邯郸市北），有《登邯郸洪波台置酒观发兵》等诗。此后路线不明，《集》中无诗可察知。十一载十月抵幽州，有《幽州胡马客歌》《行行且游猎》《出自蓟北门行》等诗。他在幽州的其他具体情况，如与幽州帐下将领和其他幕僚的交往，以及安禄山对名播海内的李白的态度，《集》中无诗，均不得而知。所可知者，是李白很快觉察出安禄山有反状，内心异常焦灼痛苦，这反映在他数年后写的一首自传体长诗《经乱离后，天恩流夜郎，忆旧游书怀赠江夏韦太守良宰》中，诗云：

> 十月到幽州，戈铤若罗星。君王弃北海，扫地借长鲸。呼吸走百川，燕然可摧倾。心知不得语，却欲栖蓬瀛。弯弧惧天狼，挟矢不敢张。揽涕黄金台，呼天哭昭王。无人贵骏骨，騄耳空腾骧。乐毅倘再生，于今亦奔亡。

诗中的“长鲸”就是安禄山，唐玄宗把北方、东北的大片土地交由安禄山驻防，就等于拱手相送，养虎为患，国家危难迫在眉睫。安禄山的反状，一些朝臣虽有预感而无实据，李白则是通过实际勘察得出了结论。诗末归结到燕昭王筑黄金台纳贤，显然是要向玄宗倾诉一腔忠悃而不能的悲愤。

天宝十二载岁初，李白由幽州脱身南归，返程路线与北上路线相同。南抵魏州后，李白行踪不明，研究界谓李白有三入长安的可能。三入长安不如一入、二入线索清楚，但可能性是很大的。一、从思想情绪上说，李白自幽州归来，急于要将情况告知玄宗和朝中大臣；二、从现存诗歌看，有一些蛛丝马迹。一首诗是《述德兼陈情上哥舒大夫》，哥舒大夫即哥舒翰，据两《唐书》的《哥舒翰传》，哥舒翰天宝八载因石堡之役加摄御史大夫，又据《通鉴》，天宝十一载冬至十二载春哥舒翰在长安，假如李白此期不在长安，断无向哥舒翰上诗的机会。此诗仅有“述德”语而无“陈情”之辞，前人疑有阙文，甚是。或者因要陈之情关系重大，难以下笔，终于没有完篇也有可能。另一首诗是《古风五十九首》其四十六（“一百四十年”），诗中对长安城阙宫殿有实地描绘，必作于长安。诗云“一百四十年，国容何赫然”，自高祖武德初（618）到天宝十二载（753），为一百三十六年，举其成数，正可云“一百四十年”。还有一首诗是《远别离》，诗云：“雷凭凭兮欲吼怒，尧舜当之亦禅禹。君失臣兮龙为鱼，权归臣兮鼠变虎。”正是安史乱前，杨国忠擅权于内、安禄山握重兵在外，君臣易位、国家倾亡在即的景象。“远别离”者，三入长安建言不得去国离京之谓也。诗又云：“我纵言之将何补？皇穹窃恐不照余之忠诚”，临行之际，仍系心君国，深感自此一去，永无再见之日。还可以再举出一些线索。总而言之，可能性是存在的，此处提供一些蛛丝马迹般的线索，便于研究者作更深入的探讨。

李白在宋城、东鲁稍做停留，十二载秋来到宣城。初至宣城，有《自梁园至敬亭山见会公谈陵阳山水兼期同游因有此赠》诗，“梁园”即宋城，敬亭山、陵阳山都是宣州地名。此后两三年，李白基本上以宣州为中心游历。其所以如此，是因为宣州（包括宣州属县当涂、秋浦、泾县、南陵等）的山水特别幽美，他差不多在宣州定居下来了。

这个时期最多的是山水诗，有名的《独坐敬亭山》《宣城清溪》《入清溪行山中》《秋浦歌十七首》等山水诗皆作于此时。在这些诗里，李白表现出他对山水之美卓异而超人的感受和把握，也表现出诗人企图将自身和山水完全融合无间的希望。数年前携妓遨游、歌吹达旦的狂放没有了，一方面是年龄的关系，一方面是时刻噬啮诗人心灵的国家政局。所以我们读李白此期的山水诗，和王维、孟浩然的山水诗截然不同，似乎山水之美中随时都闪现出诗人的愁颜和泪花。即以《秋浦歌十七首》为例，几乎篇篇不离愁、泪二字：

秋浦长似秋，萧条使人愁。客愁不可度，行上东大楼。（其一）

秋浦猿夜愁，黄山堪白头。青溪非陇水，翻作断肠流。（其二）

两鬓入秋浦，一朝飒已衰。猿声催白发，长短尽成丝。（其四）

愁作秋浦客，强看秋浦花。（其六）

君莫向秋浦，猿声碎客心。（其十）

白发三千丈，缘愁似个长。不知明镜里，何处得秋霜？（其十五）

在山水之美中，我们常常体会到诗人内心横亘着一种深沉的忧郁感和巨大的孤独感。如《独坐敬亭山》："众鸟高飞尽，孤云独去闲。相看两不厌，只有敬亭山。"这是一种旷世未有的寂寥，而愁绪又不知来自何处。抒写这种无涯际的悲哀和忧愁的诗，莫过于他的《宣州谢朓楼饯别校书叔云》：

弃我去者，昨日之日不可留；乱我心者，今日之日多烦忧。长风万里送秋雁，对此可以酣高楼。蓬莱文章建安骨，中间小谢又清发。俱怀逸兴壮思飞，欲上青天揽明月。抽刀断水水更流，举杯消愁愁更愁。人生在世不称意，明朝散发弄扁舟。

了解了诗人的经历和他的心理，我们自然不难知道李白的忧愁来自何处。李白此期还有许多忧心国事和指斥权贵的诗，如《书怀赠南陵常赞府》指斥天宝十三载杨国忠矫诏伐南诏，屡战屡败，还提到了长安连年秋雨不止伤稼害农等等。单是以山水诗论，亦可知李白是如何的心系社稷了。

天宝十四载冬，安禄山反于幽州。五十五岁的李白，从此陷入了战乱离苦之中。

七、从永王璘与判流夜郎

（至德元载到乾元二年，李白五十六至五十九岁）

安禄山经过数十年的力量积蓄，终于发动军事叛变。他当时的口号是清君侧、诛杨国忠，最终的目的是夺取皇位。唐地方守军，几十年的文恬武嬉，几乎如枯木朽株，不堪一击。不到一个月，河东道（今山西一带）、河北道（今河北）的全部和河南道（今河南、山东）的大部分以及东都洛阳均为叛军所陷。正在宣州山水间徜徉的李白闻中原乱作，牵挂妻子、儿女，于天宝十五载（即至德元载）岁初北上，往宋城接妻子宗氏南下避乱，因时间仓促，东鲁的儿子伯禽只得另托人带回，有《北上行》诗，有句云："沙尘接幽州，烽火连朔方。杀气毒剑戟，严风裂衣裳。奔鲸夹黄河，凿齿屯洛阳。"携宗氏南奔时，有《奔亡道中五首》，其三云："谈笑三军却，交游七贵疏。仍留一只箭，未射鲁连书。"自信有平叛之策，对自己不得已携家南奔是很不甘心的。南奔过江后，李白将宗氏安顿在宣城，只身独往剡中"避乱"，临行有《经乱后将避地剡中留赠崔宣城》诗。"避乱"途中，在溧阳（今属江苏）与大书法家张旭相遇，有《猛虎行》《扶风豪士歌》。两首诗都对国家存亡表示极大忧虑，同时还流露了他"避乱剡中"的真相：

我从此去钓东海，得鱼笑寄情相亲。（《猛虎行》）

张良未逐赤松去，桥边黄石知我心。（《扶风豪士歌》）

暗示自己东去，将有大作为，并非“避乱”。其时唐中央军与安史叛军正在中原一带相持，暂未涉及江南，宣州和剡中作为安全之地讲，并无多大区别。李白的“大作为”，就是要鼓动余杭郡（即杭州）司马、唐宗室徐王李延年起来招募勤王，平靖北方之乱，自己借机立功，报效国家。徐王延年是高祖第十子元礼之后，以王室身份招募勤王，是合情合理的。但徐王延年官职卑微，且年老多病，平时谨小慎微，不敢有所作为。李白有《感时留别从兄徐王延年从弟延陵》诗纪其事，诗中用语谨慎，但掩饰不住自己的失望心情。离开杭州，李白即西返（并没有前往剡中），携妻隐于庐山屏风叠。然而时局在剧烈地动荡着，隐于庐山的李白，终于被动荡的时局卷入了漩涡。

至德元载六月九日，潼关破，玄宗奔蜀，长安旋即陷落。玄宗奔蜀途中下诏以太子李亨为天下兵马大元帅，经营北方收复两京，以永王李璘领山南东、江南西等四道节度使，经营长江流域。而先于此诏，李亨已在灵武即帝位（肃宗），尊玄宗为太上皇。永王璘是玄宗十六子，肃宗异母弟，他奉诏驻江陵，囤积粮草，招募将士，因江淮财赋充足，实力扩充很快。至德元载末，永王水师浩浩荡荡，沿江东下。因李白名声很大，为玄宗旧臣，遂着人召李白入幕。永王派往庐山的使者为韦子春，他是永王主要谋士，曾在秘书省任职，与李白旧时相识。其时李白已在庐山隐居半年，颇以隐遁为乐，再加上妻子宗氏反对，不同意下山。但架不住韦子春再三说服，终于慨然允诺。他有《赠韦秘书子春二首》诗，诗中说“苟无济代心，独善亦何益”？否定了自己企图隐遁的思想，怀着“终与安社稷，功成去五湖”的愿望随子春入永王幕。

作为李白来说，安史乱初起，他曾寻找报国平叛的机会，而现在机会找上门来，他的入永王幕府是有思想基础的。另外，永王经略江南，是玄宗的安置，所以永王的招聘与玄宗的诏命无异，亦不应峻拒。天真的诗人没有想到，入永王幕本身存在重大危机。玄宗安置的诏命在肃宗即位之后，对于肃宗来说，虚有其位的太上皇的命令完全可以不执行。永王璘执行父皇的诏命如果稍消极一些，肃宗皇帝或许是更能接受的，但永王璘的姿态似乎太积极了，江淮的财赋非常雄厚，招募军队一时显得很强大，无论永王璘的本心怎样（《新唐书·十一宗诸子列传·永王璘传》谓璘“于事不通晓，见富且强，遂有窥江左意”），肃宗却感到永王的势力构成了对他的威胁。自玄宗置诏起，皇室父子之间、兄弟之间的矛盾斗争就开始了，然而李白却是不明就里的。魏颢《李翰林集序》云：“……明年，四海大盗，宗室有潭者，白陷焉。”这是一个名副其实的“潭”。

李白下山与永王水师相遇，时已届至德二载春。在永王水师中，他有《永王东巡歌十一首》。李白的情绪显然十分高涨，他说：“但用东山谢安石，为君谈笑静胡沙。”（其二）又说：“试借君王玉马鞭，指挥戎虏坐琼筵。南风一扫胡尘静，西入长安到日边。”（其十一）对平定叛军胸有成竹。这固然反映了诗人的高自标榜，也反映了他平定叛乱、建功立业的向往。同时，李白还准确、有分寸地写出永王出师的正义性、合法性：“永王正月东出师，天子遥分龙虎旗。”（其一）“二帝巡游俱未回，五陵松柏使人哀。诸侯不救河南地，更喜贤王远道来”（其五）。“帝宠贤王入楚关，扫清江汉始应还”（其十）。说明李白在情绪高昂之下，并没有丧失政治上的敏锐，以上“天子”“帝”均指玄宗，“二帝”分指玄宗、肃宗，时刻将永王置于二帝节制之下，并特别道出永王东巡的目的是“救河南地”“扫清江汉”。然而李白毕竟不是政治家，事情的进展大出他意料之外。在永王东巡之初，肃宗就命令身兼御史大夫、扬州大都督府长史等数职的高适与江东节度使来瑱等合兵一处以申讨伐，一面令地方节度使就地阻遏永王东进。永王不听，执意东进，双方军队在扬州交锋，永王军队一触即溃，部下星散，永王在奔逃途中被执处死。李白也自扬州南奔，有《南奔书怀》纪其事。大约逃到浔阳（今江西九江），自首（或是被执），系于浔阳狱中等候发落。李白简短的一次政治活动，以从叛罪告终。

在浔阳狱，李白因无辜受罪，极度悲愤绝望，有《系寻阳上崔相涣三首》《狱中上崔相涣》《上崔相百忧章》《万愤词投魏郎中》等诗，或哀哀陈词，或呼天抢地。李白大约感到此次“陷”得太深，必死无疑，从来没有在李白诗中出现过的高堂（父母）和兄弟等字样也出现了：

> 南冠君子，呼天而啼。恋高堂而掩泣，泪血地而成泥。狱户春而不草，独幽怨而沉迷。兄九江兮弟三峡，悲羽化之难齐。穆陵关北愁爱子，豫章天南隔老妻。一门骨肉散百草，遇难不复相提携。（《万愤词投魏郎中》）

从年代推算，李白的父母（“高堂”）应早已去世。九江的兄自指，三峡的弟却不得而知。爱子伯禽看来仍在东鲁，而妻宗氏在豫章（今江西南昌）。李白入狱后，妻宗氏曾依靠其祖的关系，向浔阳当政求过情，见《在浔阳非所寄内》诗。李白又有《送张秀才谒高中丞》诗，“高中丞”为高适。永王出镇江陵，高适曾激烈反对；永王东巡，高适坚决主张讨伐。高适因此受到肃宗重用，担任讨伐军总司令。当时高适可能驻节在扬州，两位诗人，从前的老朋友，一位“从逆”入狱，一位是讨逆将军，这种尴尬地位使李白难堪。李白在诗中颂美高适，不言而喻，是要高适援手搭救。看来高适没有向沦为阶下囚的李白援手，高、李之间的友谊从此阴影重重。

不久，江南西道采访使兼宣州太守、御史中丞宋若思率兵驻浔阳，经宋若思、崔涣推雪开释李白出狱，并参谋宋若思幕，时在至德二载（757）秋。宋若思还向肃宗上表章推荐李白，但寂无下文。二载岁末，长安收复，玄宗、肃宗返京，开始对从叛（安禄山）、附“逆”（永王璘）的官员进行惩罚，结果李白被判长流夜郎（今贵州正安县附近）。玄宗对从叛者的仇恨很深。而肃宗对从“逆”者的憎恨显然在从叛者之上，李白被判长流，处罚很重，但亦在劫难逃。本年末因二帝返京，赐天下酺（饮酒庆祝），李白因罪人身份不得参与，有《上皇西巡南京歌十首》和《流夜郎闻酺不预》诗，前诗颂美玄宗，后诗感叹身世。在李白看来，玄宗于己毕竟有知遇之恩，永王东巡是奉玄宗之命，倘由玄宗主政，自己何罪之有呢？

乾元元年（即至德三载，758）春，李白自浔阳首途，赴夜郎流所，有《双燕离》诗，与妻宗氏诀别；又有《窜夜郎于乌江留别宗十六璟》诗，宗璟是宗氏之弟。五月至江夏，秋至洞庭，冬入三峡，次年春行至夔州（今重庆奉节），遇赦。遇赦的原因是天旱，肃宗下令赦免天下死罪及流徙罪人（见《新唐书·肃宗本纪》）。中途遇赦，实出李白意外，他在夔州没有停留，即刻放舟东下，有《早发白帝城》诗："朝辞白帝彩云间，千里江陵一日还。两岸猿声啼不住，轻舟已过万重山。"

杜甫当时在成都，有《不见》诗，怀念李白。诗云："不见李生久，佯狂真可哀。世人皆欲杀，吾意独怜才。敏捷诗千首，飘零酒一杯。匡山读书处，头白好归来。"此诗题下原注："近无李白消息。"大约作于李白初判长流时。末二句是希望李白叶落归根、重返故乡的意思。夔州是蜀国国门，李白已在夔州，却无心返回故乡，其中原因，与他蹊跷的身世有关，与他以犯罪之身无颜见家乡人有关。另外，政治上仍思有所作为，也是主要原因之一。

关于李白流放和遇赦，此前有李白确至夜郎、在夜郎遇赦的说法。贵州夜郎一带的地方志并载有与李白有关的胜迹多处。如真安州（夜郎所在地）州南二十里有"怀白堂”，遵义府桐梓县夜郎里有太白宅和太白书院等。总的来看，谓李白确实到了夜郎，证据仍嫌不足，仔细寻绎李白行踪和诗歌，李白是在夔州遇赦的。至于贵州夜郎一带的李白遗迹，只能说明后世人们对诗人的敬爱，似乎李白到了夜郎，便为夜郎增添了光彩。明代学者李贽说得好：

> 蜀人以白为蜀产，陇西人则以白为陇西产……呜呼，一个李白，生时无所容入，死而千百余年，慕而争者无时而已。余谓李白无时不是其生之年，无处不是其生之地。亦是天上星，亦是地上英；亦是巴西人，亦是陇西人，亦是山东人，亦是会稽人，亦是浔阳人，亦是夜郎人。死之处亦荣，生之处亦荣，流之处亦荣，囚之处亦荣，不游、不囚、不流、不到之处，读其书，见其人，亦荣亦荣！（《焚书》卷五《李白诗题辞》）

八、潦倒凄凉的晚年

（乾元二年到广德元年，李白五十九至六十三岁）

乾元二年夏，李白来到江夏。因为意外遇赦，又因为他在江夏官场上有一群故交，如江夏太守韦良宰、汉阳令王某等，原先寂灭了的从政之心又被刺激复活。初至江夏的活动，几乎都是为了干谒从政。如《自汉阳病酒归寄王明府》诗云：“圣主还听《子虚赋》，相如却欲论文章。”《经乱离后天恩流夜郎忆旧游书怀赠江夏韦太守良宰》云：“君登凤池去，勿弃贾生才。”《江夏使君叔席上赠史郎中》云：“希君生羽翼，一化北溟鱼。”然而所有的干谒活动均无结果，遂于本年秋往岳州（今湖南岳阳），复往零陵（今属湖南）。儿子伯禽大约在他遇赦后来到身旁（《门有车马客行》云“呼儿扫中堂，坐客论悲辛”），所以一时并无归意，先后在江夏、岳州、零陵一带耽留一年之久。由于干谒无成，李白此期的诗有两个特点：

一是多隐遁出世思想，如云：

> 愧无秋毫力，谁念矍铄翁？弋者何所慕？高飞仰冥鸿。弃剑学丹砂，临炉双玉童。寄言息夫子，岁晚陟方蓬。（《流夜郎半道承恩放还兼欣克复之美书怀示息秀才》）
>
> 客遇王子乔，口传不死方。入洞过天地，登真朝玉皇。吾将抚尔背，挥手遂翱翔。（《赠别舍人弟台卿之江南》）
>
> 海怀结沧洲，霞想游赤城。始探蓬壶事，旋觉天地轻。淡然吟高秋，闲卧瞻太清。（《秋夕书怀》）
>
> 予非怀沙客，但美《采菱曲》。所愿归东山，寸心于此足。（《春滞沅湘有怀山中》）

二是既然从政无望，索性酣饮旷达，故诗中多醉后佯狂语、蔑视功名富贵语，如云：

> 人生且行乐，何必组与珪？（《夜泛洞庭寻裴侍御清酌》）
>
> 刬却君山好，平铺湘水流。巴陵无限酒，醉杀洞庭秋。（《陪侍郎叔游洞庭醉后三首》其三）

> 不然鸣笳按鼓戏沧流，呼取江南女儿歌棹讴。我且为君槌碎黄鹤楼，君亦为吾倒却鹦鹉洲。赤壁争雄如梦里，且须歌舞宽离忧。（《江夏赠韦南陵冰》）
>
> 月色醉远客，山花开欲燃。春风狂杀人，一日剧三年。（《寄韦南陵冰余江上乘兴访之遇寻颜尚书笑有此赠》）

当他情绪最痛苦之际，索性将隐逸、求仙及富贵功名完全予以否定，如他在江夏写的《江上吟》：

> 木兰之枻沙棠舟，玉箫金管坐两头。美酒樽中置千斛，载妓随波任去留。仙人有待乘黄鹤，海客无心随白鸥。屈平词赋悬日月，楚王台榭空山丘。兴酣落笔摇五岳，诗成笑傲凌沧洲。功名富贵若长在，汉水亦应西北流。

此诗充分表现了李白干谒无成后迷惘不知所之的情绪，诗中提到了酣饮、行乐、神仙、隐逸、功名富贵和文学，最后的结论是只有文学可以“悬日月”。李白的本质是诗人、文学家，但他从来不愿以诗人、文学家自居，他一生的追求，似乎总是政治、功名富贵，退而或者是神仙、隐逸，所谓“试涉王霸略，将期轩冕荣”，而“剑非万人敌，文窃四海声”（《经乱离后天恩流夜郎忆旧游书怀赠江夏韦太守良宰》）的结局，本是他极不愿意承受的。李白终于在挫折面前认定文学是他最高也是最后的追求，这在李白来说有不得已的悲哀，却也不无几分自信和兀傲。

上元元年（760）秋，李白摆脱了干谒不成的彻底失望，离开江夏返至庐山，有《庐山谣寄卢侍御虚舟》，诗云："我本楚狂人，凤歌笑孔丘。手持绿玉杖，朝别黄鹤楼。五岳寻仙不辞远，一生好入名山游。"一派超脱现实风神。秋冬之季，至豫章，时妻子宗氏寓此。上元二年春末，李白送宗氏往庐山，有《送内寻庐山女道士李腾空二首》，然后自浔阳沿江东下，开始他一生最后一次漫游。

自安史乱起，李白已有六年时间未到过金陵、宣城一带。北方的安史残部尚未最后平息，江淮一带虽未大扰，但小的战乱（地方军阀叛乱）不止，其残破萧条，亦远非昔日可比。所以他笔下的金陵，颇多故国黍离之叹："棘生石虎殿，鹿走姑苏台。自古帝王宅，城阙闭黄埃。"（《对酒》）"金陵风景好，豪士集新亭。举目山河异，偏伤周顗情。四座楚囚悲，不忧社稷倾"（《金陵新亭》）。李白自己是刑余之人，贫病衰老，亦远非昔日风光可比。所以笔下的诗人自己，则颇多物是人非、叹老嗟卑之语："昨日朱颜子，今日白发催。"（《对酒》）"马上相逢揖马鞭，客中相见客中怜。欲邀击筑悲歌饮，正值倾家无酒钱。江东风光不借人，枉杀落花空自春。黄金逐手快意尽，昨日破产今朝贫"（《醉后赠从甥高镇》）。"贫家羞好客，语拙觉辞繁。三朝空错莫，对饭却惭冤"（《赠别从甥高五》）。"天涯失乡路，江外老华发"（《江南春怀》）。李白一生漫游的中心很多，如安陆、江夏、兖州、长安等，但他对金陵、宣州的山水似乎更钟情一些。晚年最后一次金陵、皖南的漫游，从他今存的诗看来，没有什么明显的目的；从心理上说，很可能只是为了在晚年有限的时日偿还、了却他对金陵、宣州的怀恋。在一年多的时间里，李白足迹到过苏州、溧阳、历阳（今安徽和县）、当涂、宣州，诗歌创作以应酬居多，热情显然大不如前，有分量的作品几乎没有再出现，他已经失去了天宝初年的不平、天宝末年的焦虑和悲愤。杜甫的“匡山读书处，头白好归来”的呼唤，也可能传到李白耳里，然而垂垂老矣、一事无成的李白有何面目见故里乡亲？另外，在扬州率兵击溃永王水师、自己陷于浔阳牢狱中不曾援手的高适，当时正担任剑南西川节度使兼成都尹，故友之间的重重阴影也使李白不愿意寄人篱下。李白正是有家不得归。

如果没有宝应元年秋李光弼出兵东南的事，李白晚年大约就这样度过了。李光弼是唐朝廷与安史叛军作战后期重要将领，时以太尉兼侍中，充河南副元帅，镇临淮。由于中原战争频繁，江南一带赋税苦重，台州人袁晁率众起义，到宝应元年（762）八月，义军接连攻陷浙东诸郡，建元宝胜，江东为之震动。李光弼分兵东南往击袁晁。正在宣州一带漫游的李白听到这个消息，只身往迎李光弼军，准备军前效用。行至半途因病不果，复退还金陵，有《闻李太尉大举秦兵百万出征东南，懦夫请缨，冀申一割之用，半道病还，留别金陵崔侍御十九韵》诗。此前多以为李白是前往临淮投李光弼军与安史残部作战，故对此次投军评价很高，如郭沫若曾称这是李白“一生中最后一次重要的政治活动”；现在弄清了从军的历史事实，固然仍可以说是一次“重要的政治活动”，但评价则不宜过高。李白是热爱人民、同情人民疾苦的，但他不可能有我们今天对农民起义那样的历史观，在他看来，作乱于中原的安史叛军与造反于浙东的袁晁性质上并无区别。远在蜀地的杜甫尝有《喜雨》诗，中有句云："安得鞭雷公，滂沱洗吴越。"句下原注："时浙右多盗贼。"即指袁晁起义。所幸的是李白从军未果，否则多少将成为白璧之玷；但同时也确实证明了李白政治上不甘寂寞，一直到晚年仍如此。即使在极度颓唐灰心的情况下，稍经点拨，仍会死灰复燃。

李白退归金陵后不久，即告别金陵群官，前往当涂。往当涂的原因有：一、李阳冰时为当涂令，李白称他为"族叔"，可以去依靠他。二、当涂景色幽美，范传正《新墓碑》云："晚岁，渡牛渚矶至姑熟（即当涂），悦谢家青山，有终焉之志。""谢家青山"指埋葬南齐诗人谢朓的青山，"终焉之志"有寓家于此的意思，也有终老于此的意思。当涂是李白晚年择定的最后的居留地和长眠之地。李白自感此次病得不轻，所以立即结束漫游，前往当涂。

宝应元年冬初，李白抵当涂，有《献从叔当涂宰阳冰》诗。至十一月，李阳冰将离任他去，其时，李白沉绵病榻，已经不起。李阳冰是当时有名的书法家，文章兼美，李白想到自己凌乱的诗稿未曾整理，即在病榻之上尽付于李阳冰，嘱为编集作序。李阳冰编集（即《草堂集》）作序完毕的时间，是宝应元年十一月乙酉（十日），编集作序一毕，即离任他去。《序》云："临当挂冠，公又疾亟。""疾亟"之后李白是否即逝世，李阳冰并不知道。后世学者俱含糊地确定宝应元年十一月（或冬）李白卒于当涂，享年六十二岁。然而，这个结论下得未免有些粗率。

事实上，李白的病渐有所缓和，次年（广德元年，763）

春，有《游谢氏山亭》诗：

> 沦老卧江海，再欢天地清。病闲久寂寞，岁物徒芬荣。借君西池游，聊以散我情。扫雪松下去，扪萝石道行。谢公池塘上，春草飒已生。花枝拂人来，山鸟向我鸣。田家有美酒，落日与之倾。醉罢弄归月，遥欣稚子迎。

诗中所写及用谢灵运“池塘春草”典故，都是久病、大病之后初愈景象，“再欢天地清”则是指本年春史朝义的兵败自缢，长达八年的安史之乱彻底平息。杜甫自天宝初与李白别后，所写关于李白的诗，都是在不知李白确切地址、确切消息情况下所写的，诗题或曰“怀”（如《天末怀李白》），或曰“梦”（如《梦李白二首》），或径题曰《不见》，唯有《寄李十二白二十韵》诗曰“寄”，可知是在得知李白确切地址，对李白近况有了准确了解、且李白有了相对稳定居住之地之后写的。诗自李白待诏翰林写起，直到流夜郎遇赦，最后两句是：“老吟秋月下，病起暮江滨。”只有当李白定居当涂后杜甫才可能“寄”诗给他，而李白只有在当涂的大病，才能为杜甫所知并称得上是“病起暮江滨”。

这一年李白往来于宣城与当涂间，估计宗氏寄居在宣城而儿子伯禽住在当涂（宗氏一直未与白前妻子女住在一起）。重阳节，李白在当涂龙山赏菊，次日再登龙山，有《九日龙山饮》《九月十日即事》二诗。到秋冬之际，旧疾复发，疾病痛苦中，有《笑歌行》《悲歌行》二诗。明朱谏以此二诗“言无伦次，情多反复，忿语忉忉，欲心逐逐”（《李诗辨疑》)，断为伪作，是不切当的，这正是李白病痛之中精神迷乱的反映。广德元年冬末，李白病逝，享年六十三岁。卒前有绝笔诗《临路歌》(“路”为“终”之误)，诗云：

> 大鹏飞兮振八裔，中天摧兮力不济。余风激兮万世，游扶桑兮挂左袂。后人得之传此，仲尼亡兮谁为出涕？

大鹏是李白的象征，是李白理想的旗帜。在蜀中，李白以大鹏自许(见《上李邕》)；初出蜀，以大鹏自拟；临终之际，复以大鹏自伤。

晚唐皮日休《七爱诗》谓李白“竟遭腐胁疾，醉魄归八极”。据郭沫若考证，“腐胁疾”就是“慢性脓胸穿孔”，病源就是“酒精中毒”[①]，所说大致不错。但关于李白之死，后世传说不少，五代王定保《唐摭言》谓“李白著宫锦袍，游采石江中，傲然自得，旁若无人，因醉入水捉月而死”，显然是后世的附会。不过这个附会很美丽，很富有浪漫气息：月是皎洁的，水是澄静的，追求理想、追求光明的诗人入水捉月，诗人也就和皎洁的月、澄静的江水融为一体了。

李白死时，其子伯禽在侧，宗氏是否在侧，不明。李白遗愿是葬在青山，与他最崇敬的南齐诗人谢朓为伴，但伯禽贫乏，只得权葬其父于龙山东麓。五十多年后，即唐宪宗元和十年(815)有范传正者，为宣歙池等州观察使，范传

---

① 郭沫若《李白与杜甫》，人民文学出版社1971年版，第93页。

正父亲与李白有旧，以通家之好，就职后即拜祭李白墓，令禁樵采，备洒扫。又寻访李白在当涂的子孙，凡二三年，访得李白孙女二人，已嫁本地农民陈云、刘劝，“因召至郡庭，相见与语。衣服村落，形容朴野，而进退闲雅，应对详谛，且祖德如在，儒风宛然。问其所以，则曰：‘父伯禽，以贞元八年不禄而卒。有兄一人，出游一十二年，不知所在。父存无官，父殁为民，有兄不相保，为天下之穷人。无桑以自蚕，非不知机杼；无田以自力，非不知稼穑。况妇人不任，布裙粝食，何所仰给？俪于农夫，救死而已。久不敢闻于县官，惧辱祖考，乡间逼迫，忍耻来告。’言讫泪下，余亦对之泫然”（范传正《新墓碑》）。由以上记载可知，伯禽侍父至殁后，一直住在当涂，生儿育女，直到贞元八年（792）去世。若以伯禽生于开元二十五年（737）左右计，其享年在五十五岁左右。家道显然日渐穷乏，“无桑”“无田”，有一子，父死后却撇下两个妹妹出游在外，十余年下落不明，看来是客死在外了。两孙女又哭诉范传正：祖父志在青山，生前遗言死即葬此，但因家贫无力，权殡于龙山东麓，不是祖父本意。故坟仅高三尺，又日益倾圯，无力修墓。范传正十分伤感，于是卜新址于青山之麓，以元和十二年正月二十三日迁故坟于此。范传正还请二孙女改嫁士族，遭到她们的婉拒。又过了二十六年，即唐武宗会昌三年（843），有秘书省校书郎裴敬者，过拜于李白墓下，问墓旁人家，知李白二孙女“不拜墓已五六年矣”（裴敬《翰林学士李公墓碑》），可知此时二孙女也已去世了。李白为“绝嗣”之家，死后身世萧条如此。

正确评价其人其诗

本书在《生平及其诗歌创作》一章中，简单地勾画了李白的一生和他各个时期的创作，目的在于通过了解诗人的生平经历之后，大略窥知他的思想和产生其思想的社会背景，明了其创作的发展规律，以及作为“主观型”诗人的李白，其创作与个人遭遇、时代风云的关系等等。总之一句话，做到知其世而论其人。《文心雕龙·知音》云：“知音其难哉！音实难知，知实难逢，逢其知音，千载其一乎？”真正做到正确评价李白其人与其诗，并非一件轻而易举的事。

对李白及其诗歌的研究，历来存在着两种极端化的倾向，一曰非政治化，二曰泛政治化。非政治化从思想内容上基本否定李白其人其诗；泛政治化则认为李白的诗无非讽兴时政之作，其诗都含有政治性的寓意。这两种倾向都源自儒家对诗歌的传统主张，又殊途同归，都起到了损害李白其人其诗、歪曲李白其人其诗的作用。

儒家的诗教，认为诗应当“言志”，“诗者，志之所之也”（《礼记·乐记》），意思是说诗歌应当是诗人之志的体现，“志”的含义，侧重在符合传统伦理道德的思想、志向、抱负等，即传统的所谓“事父事君”“温柔敦厚”“思无邪”“发乎情，止乎礼义”等等。持非政治化观点者认为，李白的诗无干政教，伤于人伦，从而否定李白其人其诗。儒家又认为诗应当借比兴以言志，托物以寓意，美人香草，花木虫鱼，无非都是诗人寄托理想、讽兴时政之物。持泛政治化观点者，几乎无限制地扩大李诗比兴的范围，将一些原先不包含政治寓意的诗，加以曲说比附，人为地涂上一层政治色彩，给诗人生造出原来并无的政治用心，似乎李白是“一饭不忘君”的孤臣孽子。

泛政治化的倾向姑置不论，此处单论非政治化倾向。举几个例子。

白居易论李白云：“诗之豪者，世称李、杜。李之作，才矣，奇矣，人不逮矣，索其风雅比兴，十无一焉。”（《与元九书》）

元稹论李白云：“时山东人李白，亦以奇文取称，时人谓之李、杜。予观其壮浪纵恣，摆去拘束，模写物象，及乐府歌诗，诚亦差肩于子美矣。至若铺陈终始，排比声韵，大或千言，次犹数百，词气豪迈而风调清深，属对律切而脱弃凡近，则李尚不能历其藩翰，况堂奥乎？”（《唐故检校工部员外郎杜君墓系铭》）

白、元都是“扬杜抑李”论者，但持论似不尽相同。白居易的“风雅比兴”指美刺传统，他批评李白诗“风雅比兴，十无一焉”，指李白诗歌无关于时政，不涉民生疾苦。元稹貌似仅从艺术上否定李白，但如果揣摩其对杜甫诗歌“铺陈终始”“风调清深”的盛赞，事实上也是对李诗无关国事的责难。

王安石云：李白“其识污下，诗词十句九句言妇人、酒耳”（《冷斋夜话》）。罗大经云：李白“作为歌诗，不过豪侠使气，狂醉于花月之间耳。社稷苍生，曾不系其心胸”（《鹤林玉露》）。近人汪静之亦云：“李白可说没有一首关于时事的诗。”[1]对李白批评得十分具体，但都严重地不符合事实。

对李白某首诗歌的评论也是如此。例如写于安史乱中的《扶风豪士歌》。诗中有云：“雕盘绮食会众客，吴歌赵舞香风吹。……抚长剑，一扬眉，清水白石何离离？脱吾帽，向君笑，饮君酒，为君吟。”胡震亨评云：“洛阳光景作快活语，在杜甫不会，在李白不可。”（《李诗通》）郭沫若批评说：“扶风豪士不知道是什么人，看来也不外是一个逃亡分子，并不能算作什么‘豪’！但李白不仅誉之为‘豪士’，而且还跟着一道胡闹——大开酒宴，吴歌楚舞，脱帽在手，抛向空中，却自比为张良，实在是太不成话！”[2]孔子为人，有“于是日哭，则不歌”（《论语·述而》）的习性，研究者以为，在洛阳残破、百姓流血的日子里，李白也应该兀坐愁城，甚至掩泣泪血才是。

千余年来的“扬杜抑李”论，即来源于对李白其人其诗严重的误解和歪曲，甚至将李白诗歌的艺术风格归纳为“飘逸”，其中未尝不包含着贬义。

李白在后人心目中，实在“飘逸”得太久了。其实，正如

---

① 汪静之《李杜研究》，商务印书馆1928年版，第27页。

② 郭沫若《李白与杜甫》，人民文学出版社1971年版，第54页。

陶潜并不那么“静穆”，李白也不那么飘逸。认为李白浑身飘逸、只知“狂醉于花月之间”，甚至“社稷苍生，曾不系其心胸”，实在是读李《集》未熟、严重地误解古人而妄立此论。

李白其人其诗，诚如多数评论家所说，十分复杂，充满矛盾。他集儒、释、道、纵横等各家思想于一身，又好击剑任侠，又想弃文就武，又宣扬人生若梦，主张及时行乐、耽酒好色。他多次以孔子自喻，却也多次嘲笑孔子，更看不起“白发死章句”（《嘲鲁儒》）的小儒。他热衷于学道求仙，而且受过道箓，炼过丹，但他对神仙之事又表示怀疑，甚至多次批判唐玄宗迷信神仙。他“遍干诸侯，历抵卿相”，满世界寻求政治出路，却又反复说要隐居，要出世，要去寻找桃花源。李白其人的思想真像一个大杂烩，反映他思想的诗歌，也如一团乱麻。

但是，李白其人其诗，复杂性中有他的单纯性，矛盾性中有他的统一性，在他形形色色的思想中有一根巨大的红线贯穿始终，这就是盛世激发起来的雄心壮志：要实现伟大的抱负，建立不朽的功勋。一念之贞，终身不渝；欲罢不能，至死方休。在这一点上，他与屈原、杜甫一样，同所有伟大的历史人物一样，他们的一生，其追求政治，如同一场热恋，一场苦恋。只有理解李白的这种品格，才能理解他的诗。

李白一生漫游四方，或以为他优哉游哉，超然飘然，似乎是一个无所事事的安乐公子、富贵闲人。其实并非如此。李白的漫游四方，是为了寻找一位荐主，一位能够识拔他这匹千里马的伯乐。寻找一位荐主，方有出头之日，这在当时是一种风气，其作用等同于每年举行的科举考试的重要辅助。孟浩然诗云：“乡曲无知己，朝端乏亲故。谁能为扬雄，一荐《甘泉赋》？”（《田园作》）即可见一斑。为了寻找政治出路，李白长年在外奔走不息。他未尝不恋故乡，却辞亲远行，一去忘返；他和许氏夫人伉俪情深，许多赠内诗（如《寄远十二首》）写得何等缠绵悱恻，但他一外出就是两三年不归；他对子女充满了父爱，《寄东鲁二稚子》等诗可谓舐犊情深，但他却长年抛下他们。即使在居家时写的一些闲适诗中，我们也可以感到有一种思想感情在他心中起伏激荡，这就是深恐辜负明时，虚度此生。他屡屡悲白发，惜朱颜，“恨不得挂长绳于青天，系此西飞之白日”（《惜余春赋》）。即使他在闭门读道书、静谈《秋水篇》时，也不能真正安静下来，因为转瞬之间他又可能不安于此，热血沸腾。魏晋之际人也惧时光流逝，“秉烛夜游”为的是增加游乐的长度和密度，反映出来的士人心理是一种世纪末的气氛，与李白、与盛唐大多数士人的心理判然有别。被大唐盛世刺激起来的用世热情使李白不得安生，在唐王朝的广大国土上，在六十三年的人生道路中，他实际上是在不停地奔波、寻觅、追求，甚至冒险，如同“孔席不暖，墨突不黔”，如同屈原“上下求索”。李白一生确实遍历名山大川，写了许多优美的山水诗、风景诗，但我们说这些山水诗、风景诗只是李白人生追求的副产品殆不为过。他在《暮春江夏送张祖监丞之东都序》中写道：“每思欲遐登蓬莱，极目四海，手弄白日，顶摩青穹，挥斥幽愤，不可得也。”在《赤壁歌送别》中写道："一一书来报故人，我欲因之壮心魄。"在《入彭蠡经松门观石镜缅怀谢康乐题诗书游览之志》中写道："余方窥石镜，兼得穷江源。将欲继风雅，岂徒清心魂？"可见李白"一生好入名山游"的大部分目的，是为了"壮心魄""清心魂""挥斥幽愤"，是为了取得灵感和形象，以抒写他的豪情壮志，寄托他深远的愤慨。

与李白只知"狂醉于花月之间，社稷苍生曾不系其心胸"的说法相反，李白恰是一位社稷苍生始终系于心胸者。

按着李白生平经历考察其诗歌，可以发现一个耐人寻味的事实：开元前期，唐王朝政治开明，如日中天，李白诗歌中也呈现出一派天朗气清、风和日丽景象。开元十三年（初出蜀）到开元十八年（初入长安）之间的大部分作品，很少感慨，更无牢骚，即使抒写离情也爽朗明快，使人读了心旷神怡，如有名的《金陵酒肆留别》。开元十八年以后，唐王朝本来潜伏的阴影逐渐出现，或者说，李白通过个人的遭遇感受到了这些固有的阴影，于是他的诗歌中便呈现出明暗交错、悲欢杂糅的色调，《行路难》《梁园吟》《梁甫吟》《将进酒》诸作最为典型。此期作品中，感慨渐多，牢骚渐大，但远未到幽愤深广的地步，旋发牢骚，旋又自解，留一个憧憬的、希望的尾巴。天宝中，唐王朝乌云满天，黄风匝地，李白诗歌中也出现了阵阵闪电和雷鸣，《答王十二寒夜独酌有怀》《战城南》《雪谗诗赠友人》诸诗最为典型。到了天宝季叶，大乱将起，唐王朝祸在眉睫，形势危如累卵，李白诗歌中也出现了前所未有的幽愤深广的特点，《远别离》《古朗月行》《宣州谢朓楼饯别校书叔云》诸诗最为典型。可以说，李白的诗歌与唐王朝的时政和国运“象忧亦忧，象喜亦喜”，真是如月在水，如影随形。

正因为李白时刻关注着时政的清浊和国运的盛衰，所以他具有高度的政治敏感。开元中期，他首先对朝廷的广开才路发生怀疑：“大道如青天，我独不得出。”（《行路难三首》其二）“欲渡黄河冰塞川，将登太行雪满山”（《行路难三首》其一），《蜀道难》中三复其辞的“蜀道之难，难于上青天”，也是对找不到出路愤怒的抒发。此后，李白对唐朝廷杜塞才路、亲佞远贤的弊政发出一次比一次尖锐的抨击和批判：“珠玉买歌笑，糟糠养贤才”（《古风五十九首》其十五“燕昭延郭隗”），“骅骝拳跼不能食，蹇驴得志鸣春风”（《答王十二寒夜独酌有怀》），“嫫母衣锦，西施负薪”（《鸣皋歌送岑征君》），“伯乐剪拂中道遗，少尽其力老弃之”（《天马歌》），绝命诗《临路歌》更是对一生坎坷困顿的控诉。再说时政国事。李白在开元后期即警觉到玄宗渐重边功、屡事征伐的后患无穷，当边庭捷报频传之日，李白不以为喜，反以为忧：“君王制六合，海塞无交兵。壮士伏草间，沉忧乱纵横”（《邺中赠王大劝入高凤石门山幽居》）；“羌戎事未息，君子悲途泥。报国有长策，成功羞执珪”（《赠从弟冽》）。天宝中，李林甫、杨国忠擅权于内，安禄山拥重兵于外，国事日非，李白的诗歌或借咏史（如《苏台览古》《越中览古》等），或直揭时事（如《答王十二寒夜独酌有怀》等），透露出他对国事的殷忧。北上幽州之后，李白心中更充满了社稷倾危在即、亡国之祸迫在眉睫之感，忧时伤事之作更多，“君王弃北海，扫地借长鲸”（《经乱离后天恩流夜郎忆旧游书怀赠江夏韦太守良宰》就是他对安禄山必反的斩绝判断，甚至发出了“明年祖龙死”《古风五十九首》其三十一“郑客西入关”）这样的预言。果然两年不到，安史之乱就爆发了。对盛唐时局即将发生重大转折所产生的不安感、不祥感，以及由此产生的焦灼和痛心，盛唐诗人的作品均有反映，但仍以李、杜二人的作品表现得最频繁，最深沉，也最强烈。

论者或以为李白其人出世思想很浓厚，其诗歌也交织着入世和出世的矛盾。这种说法似是而非，并不是说李白其人并无出世的思想，也不是说李白诗歌中的出世、入世思想的矛盾微不足道。需要指出的是：入世和出世的矛盾在李白思想中不是一半对一半（也不是任何比例可以判分），更不是静止地对峙着，而是随着时局的变化和个人的遭遇不断地消长着、变化着。总的说来，开元时期诗歌中反映出来的出世思想较淡，天宝时期较浓，天宝末期（安史乱起前）最浓。每一次从政活动之始（天宝初入朝待诏翰林，至德初入永王幕府），他总是意气风发，精神昂扬，出世思想几乎消失得踪影皆无，甚至当他从事干谒活动之始（开元中一入长安、流放夜郎遇赦之初），出世思想在其诗歌中就如同烟雾，挥之而去。随着情况的变化，出世思想又招之即来，出现在他的诗歌里，而当失败成为定局，沉重的打击降临时，出世思想就会充塞于他的诗歌。北上幽州欲向朝廷建言的打算破灭后，他高唱着“远别离”“去去复去去”（《拟古》其十二），下定决心要与朝廷断绝。但安史乱一起，他即借口

"避乱",跑到余杭郡去鼓动徐王延年有所作为。"东海钓鱼"(《猛虎行》中李白以喻他策动徐王延年)不成,他死心踏地隐于庐山,但永王使者一到,即刻又随着下山,"但用东山谢安石,为君谈笑静胡沙"(《永王东巡歌十一首》其二),彻头彻尾的入世姿态。在李白一生中,这种例子是举不胜举的,他几乎是一边说着出世的话,一边又在作入世的打算。终李白一生,他并没有真正地为世所用,他说:"我本不弃世,世人自弃我。"(《送蔡山人》)这就是李白出世、入世的真情所在。

李白诗歌中的出世思想、人生如梦、及时行乐以及种种携妓纵酒行径的表现,都可以作如是观。当然,以上思想的消极作用是明显地存在着的,可以做另一种形式的甄别和剔除。但是,细心的读者应当领会到,在李白寻欢作乐、放浪形骸诗篇的背后,有一个痛苦的、悲愤莫名的心灵存在。尽管出世的话说过千百次,李白终于没有出世;尽管花前月下寻欢作乐,一醉累月,李白终于没有堕落;尽管他的政治热情往往是高自标置,怀着个人的虚荣,甚至饥不择食,李白终于没有同流合污。这就说明李白其人其诗无论多么复杂,自有他的主心骨。他是一个抱有伟大理想的诗人,富于用世热情的诗人,对国家和百姓的命运极为关心的诗人。李白和杜甫同为唐代最伟大的诗人,其思想的主心骨是相同的,虽然他们的诗歌创作千差万别。

正确地评价李白其人其诗,应该从这里开始。

帝欲长吟哦，故遣起且僵

——批判现实的个人抒情诗

西方有句名言："愤怒出诗人。"中国古代则有"诗穷而后工"的说法。李白之所以成为伟大诗人，正是命运的穷厄玉成了他。李白的穷厄与愤怒，是他的理想与现实产生强烈矛盾的结果。从青年时代起，诗人就怀着用世的热情和"济苍生、安社稷"的功业抱负，积极投入现实的怀抱，期待政治上有所作为。然而，在现实生活中却不断碰壁，一再受挫，"中天摧兮力不济"（《临路歌》），直至赍志以殁。韩愈论李白云："帝欲长吟哦，故遣起且僵。"（《调张籍》）在穷厄和挫折中，李白郁积了对现实愈来愈强烈的愤怒，也获得了对掩藏在大唐王朝盛世背后的黑暗愈来愈深刻的认识。这种感情和认识，与诗人的生活经历并行发展，推动着李白抒写个人命运的抒情诗显示了愈来愈巨大的社会意义和批判力量。

李白抒情诗中批判现实内容的出现，自开元间"一入长安"失意后开始。一入长安，是诗人在从政道路上的试步，但乘兴而来，败兴而归，在长安城里兜了个圈子，碰了一次壁。长安宫阙近在咫尺，但无由得近，远远地被当道权贵挡了回来。现实的冷酷无情，激起了血气方刚的诗人胸中的郁勃不平之气。李白最初的义愤，和他感受到的社会现实的黑暗，集中于一点，便是“行路难”；“行路难”便成了诗人此期抒情诗的主题，一些重要诗篇，如《行路难》其一、其二以及《梁甫吟》《梁园吟》《蜀道难》等，都是表现这一主题的。诗人对自己的遭遇深感不平，又大惑不解，他大声疾呼：“大道如青天，我独不得出。”（《行路难三首》其二）他郁闷填胸，拔剑四顾，想要劈开一条出路，然而他“欲渡黄河冰塞川，将登太行雪满山”（《行路难三首》其一），偌大的天地，无处不是艰难险阻，使他寸步难行。在一筹莫展的困境中，他焦灼地呼唤：“长啸《梁甫吟》，何处见阳春？”（《梁甫吟》）至于《蜀道难》，则是采用全面象征的手法，以自然界的山川之险来暗喻人生道路的艰危，通篇虽然只字未提人生仕途，却是此期抒发人生艰危情绪最激烈的一首诗。

在痛感人生“行路难”的同时，诗人对现实中的黑暗与邪恶势力形成了最初的认识。“弹剑作歌奏苦声，曳裾王门不称情。淮阴市井笑韩信，汉朝公卿忌贾生”（《行路难三首》其二）。他从个人干谒活动的失败中，看清了正是堂堂公卿（如张垍之流）阻断了自己的进身之路，于是，他把愤怒集中到这些人身上，对之展开了猛烈批判。《梁甫吟》云：“我欲攀龙见明主，雷公砰訇震天鼓。帝旁投壶多玉女，三时大笑开电光，倏烁晦冥起风雨。阊阖九门不可通，以额叩关阍者怒。”“雷公”“阍者”，即公卿如张垍之流是也。他们在朝廷中造成一派风雨如晦的昏暗，把持了通向明主的九重之门，扼杀了诗人的政治生命。诗人不但把他们比作凶狠暴怒的“雷公”“阍者”，甚至把他们比作“磨牙竞人肉”的“猰貐”（《梁甫吟》），比作“磨牙吮血，杀人如麻”的“猛虎”“长蛇”（《蜀道难》），贯穿诗人一生的反权贵的思想，正是在这一时期形成的。对于唐玄宗，李白的看法也起了一些变化，他在羡慕吕尚、郦食其得遇明主的同时，深深慨叹于自己没有见到的这位“明主”：“白日不照吾精诚。”（《梁甫吟》）虽然仍寄希望于他，但当诗人唱叹着“昭王白骨萦蔓草，谁人更扫黄金台”（《行路难三首》其二）的时候，显然已意识到当今皇帝并不那么求贤若渴，比之古之燕昭，已经逊色多了。

天宝初年，李白奉诏入侍翰林。“忽蒙白日回景光，直上青云生羽翼”（《驾去温泉后赠杨山人》），李白由蓬蒿之人直入宫廷，其“剖心输丹雪胸臆”（《驾去温泉后赠杨山人》）的悃诚之情是不言而喻的。但他只能作为类似“俳优”一般的文学侍从之臣，“奋其智能，愿为辅弼”的宏伟抱负不但无法实现，而且在一群权贵的谗毁之下被逐出长安，“赐金还山”。人生道路的倏陟倏降、大起大落，促成了李白思想的急剧变化和迅速成熟。命运之神并未完全菲薄诗人，他有幸深入宫廷，接近皇帝，从而看清了天子的昏庸和天子足下的黑暗、邪恶势力的猖獗。这样，他就能够把揭露与批判的锋芒直指唐王朝的神圣殿堂。同时，基于对宫廷黑暗的痛切感受和更深刻的认识，乃能毅然与当权者甚至“圣明”天子决绝。

此期李白的抒情诗，全力批判的对象仍首先是朝廷中的奸佞者，因为他们既是黑暗势力的代表，也是谗害李白、使他遭逐的直接当事者：

梧桐巢燕雀，枳棘栖鸳鸯。（《古风五十九首》其三十九）

群沙秽明珠，众草凌孤芳。（《古风五十九首》其三十七）

苍榛蔽层丘，琼草隐深谷。凤鸟鸣西海，欲集无珍木。鷽斯得所居，蒿下盈万族。（《古风五十九首》其五十四）

鸡聚族以争食，凤孤飞而无邻。蝘蜓嘲龙，鱼目混珍。嫫母衣锦，西施负薪。（《鸣皋歌送岑征君》）

二桃杀三士，讵假剑如霜？众女妒蛾眉，双花竞春芳。魏姝信郑袖，掩袂对怀王。一惑巧言子，朱颜成死伤。行将泣团扇，戚戚愁人肠。（《惧谗》）

前面几组诗句，反复表达着一个意思，即朝堂之上美与丑、善与恶的鲜明对立，诗人愤然揭露了奸佞之辈排挤贤良、窃取高位的罪恶以及由此造成的贤不肖易位的不合理状况。《惧谗》一首，作于诗人待诏翰林、遭到谗毁的严重威胁时。在诗人看来，谗毁者杀人并不用刀，但他们的如簧之舌比刀还要凶残。李白认为，他之被疏放还，主要由于奸人的巧言惑主，所以他不仅在去朝前后多次痛心疾首言及被谗之事，如“君王虽爱蛾眉好，无奈宫中妒杀人”（《玉壶吟》）、“楚国青蝇何太多，连城白璧遭谗毁”（《鞠歌行》）；而且在后来的岁月中，每念及此，即有切肤之痛：“遭逢圣明主，敢进兴亡言。白璧竟何辜？青蝇遂成冤。……猛犬吠九关，杀人愤精魂！”（《书情赠蔡舍人雄》）积恨之深，莫此为甚！

与此同时，李白还把批判的矛头径直指向玄宗皇帝。皇帝的始宠而终弃，使诗人极端失望，他心目中“天子圣明”的灵光在很大程度上被打破。结合着自身遭遇，针对玄宗的一系列愚暗行为，李白发出了逐臣的怨恨和不满：

齐瑟弹东吟，秦弦弄西音。慷慨动颜魄，使人成荒淫。彼美佞邪子，婉娈来相寻。一笑双白璧，再歌千黄金。珍色不贵道，讵惜飞光沉。安识紫霞客，瑶台鸣素琴。（《古风五十九首》其五十五）

这是讥刺皇帝的贪图淫乐、喜好谄佞，而忘却了治国之正道。

越客采明珠，提携出南隅。清辉照海月，美价倾皇都。献君君按剑，怀宝空长吁。鱼目复相哂，寸心增烦纡。（《古风五十九首》其五十六）

这是讥刺皇帝的拒纳贤才、不察忠贞，使有志之士欲报国而无门。此外，还有更多借古代荒淫君王（周穆、秦皇、汉武等）的荒淫行为以讥刺玄宗的诗。如果说这些批评玄宗的诗尚不够明朗、不够直接的话，那么下面一些诗句就特别值得注意：

浮云蔽紫闼，白日难回光。（《古风五十九首》其三十七）

浮云蔽日去不返，总为秋风摧紫兰。（《答杜秀才五松见赠》）

白日掩徂辉，浮云无定端。（《古风五十九首》其三十九）

古道连绵走西京，紫阙落日浮云生。（《灞陵行送别》）

总为浮云能蔽日，长安不见使人愁。（《登金陵凤凰台》）

不必做过多的推论，即可知以上诗句的“浮云”皆喻佞邪，“白日”皆喻人君。长安放还之后，“浮云”“白日”成了李白诗中具有特指意义的专用词语。当诗人一次又一次地把二者连在一起的时候，就不仅表明了他对朝中奸邪势力的痛恶，也表明了他心目中圣明天子的光辉在减退，进而在客观上向人们揭示了盛唐的光辉正被日益浓重的阴霾吞没这一历史事实。被群小（浮云）包围着的玄宗皇帝，不是昏庸之君又是什么呢？

虽然李白对玄宗不无依恋，但因为他对玄宗深刻的认识，从长安离开的时候，诗人的头脑是清醒的，态度是冷静的，他对现实、对皇帝不再抱有不切实际的幻想。“君子恩已毕，贱妾将何为！”（《古风五十九首》其四十四）《梦游天姥吟留别》正是反映这种情绪的代表作。诗人将待诏翰林比喻作一场梦，梦醒了，一切化为乌有，留给诗人的是一片怅惘。诗人由此悟出一个道理：“世间行乐亦如此，古来万事东流水。”这种把世间万事、包括功名荣华等一概付诸东流的旷达，与“一入长安”时期所作的《蜀道难》中喷泄式的强烈愤慨大异其趣。《蜀道难》是李白入仕初次试步遭遇失败后的悲歌，诗人尚缺乏失败的承受能力，显得异常悲愤，不禁“失声横涕”（《诗比兴笺》卷三）。《梦游天姥吟留别》则不同了，诗人已经是过来人，他惊魂既定之后，经过深沉思考，渐渐从痛苦中出离，趋于平静和坚定：“且放白鹿青崖间，须行即骑访名山。”选择大自然作为自己隐逸的归宿。诗末“安能摧眉折腰事权贵，使我不得开心颜”二句，则表明了对黑暗现实更彻底的否定和更冷峻的批判。

安史之乱爆发前，李白有十载漫游的经历。这期间，唐王朝国事日非，政治更趋黑暗，社会危机加速蓄积，赫赫盛唐，正在逼近它的末日。李白身在江湖，心系国家，密切关注着时局的变化。随着社会矛盾的加剧，也随着个人阅历的不断丰富，李白的思想更加成熟，其抒情在反映和批判现实方面出现了新的特点，即染上了前所未有的鲜明政治色彩。这主要表现在：

第一，诗人把个人命运同整个时代与社会更为紧密地连接起来，一方面把个人遭际置于广大的社会背景之中，通过个人不幸来显示社会环境的黑暗；一方面又直接触及时事，把重大政治事件引入了个人抒情之中。《答王十二寒夜独酌有怀》最突出地体现了这一特点：“君不能狸膏金距学斗鸡，坐令鼻息吹虹霓。君不能学哥舒，横行青海夜带刀，西屠石堡取紫袍。”诗歌一触及现实，首先即痛斥以斗鸡致富贵的新贵和不惜用无数将士的鲜血换取高官的将军。抨击时事过后，诗人才讲到自己："吟诗作赋北窗里，万言不直一杯水。"明显地，社会之事成了主，而个人之事成了宾。这种情况表明，诗人所关心的已经不是一己之命运，正如诗中所说，"荣辱于余亦何有"？他将目光转向广大社会和整个时代，胸怀变得更博大，感情变得更深沉，获得了巨大的勇气，直斥权贵为"蹇驴得志鸣春风"，"董龙更是何鸡狗"！至于玄宗皇帝，他不仅在抨击时事时已经有所讥刺，而且公然指斥他"晋君听琴枉《清角》"，贬他为"德薄"之君。他不再以逐臣的身份对主上发泄牢骚幽怨，而是居高临下地表明自己的轻蔑态度："严陵高揖汉天子，何必长剑拄颐事玉阶。……少年早欲五湖去，见此弥将钟鼎疏。"

第二，诗人从对现实政治状况的关切、了解与思考出发，敏感地觉察到动乱危机的迫近，诗歌因而体现出深刻的忧国伤时之情，其批判之锋芒也从当前延伸向未来，使诗歌显示出一种政治的预见性。如作于幽州之行归来后的《北风行》。因为唐玄宗沉迷于太平天子迷梦之中，又最忌人言安禄山将反，所以此诗类于寓言诗，表达方式比较曲折。诗中渲染边地阴惨恐怖的气氛是"烛龙栖寒门，光耀犹旦开。日月照之何不及此？唯有北风号怒天上来。燕山雪花大如席，片片吹落轩辕台"。这是险恶时局的象征，意谓北方边地已是大唐王朝的"日月"光照不及之地，暴虐恣肆的边将（"烛龙"）成了那里唯一的统治者。《远别离》则是李白向李唐王朝献上的一曲挽歌。诗中对政局的大乱做了明确的预言："君失臣兮龙为鱼，权归臣兮鼠变虎。""尧幽囚，舜野死。九疑联绵皆相似，重瞳孤坟竟何是"？触目惊心地再现古代君主的悲惨下场，即是对大唐天子命运的不祥预言。

安史乱起后，李白因入永王幕，被下浔阳狱中。诗人于迟暮之年蒙受不白之冤，走到了他一生厄运的顶点。此时的抒情诗，遂成了呼天抢地、血泪交流的控诉，尤其像《上崔相百忧章》《万愤词投魏郎中》等，几乎为不平的抗争之作：

> 邹衍恸哭，燕霜飒来。微诚不感，犹絷夏台。……豪圣凋枯，《王风》伤哀。斯文未丧，东岳岂颓？（《上崔相百忧章》）
>
> 子胥鸱夷，彭越醢醢。自古豪烈，胡为此繄？（《万愤词投魏郎中》）

诗人列举大量古之贤圣豪杰受屈枉死以至被残害的故事，激烈慷慨，大义凛然。他一面痛斥人主的不恤其情，一面表示自己绝不向命运低头。“斯文未丧，东岳岂颓”是骨子里很厉害的话。孔子尝畏于匡，孔子曰：“天之未丧斯文也，匡人其如予何！”孔子暮年病将死，自叹曰：“太山坏乎！梁柱摧乎！哲人萎乎！”（分别见《论语·子罕》和《礼记·檀弓》）两句自比孔子是没有问题的。那么，迫害自己的是谁呢？不是地方官吏将帅，而是代玄宗即位的肃宗。在肃宗看来，“从璘”即是从“逆”，再加上李白是玄宗旧臣，所以先系狱，后判长流，处罚都是很重的。李白明白这一点，所以对肃宗的愤恶远出于当年对玄宗的愤怨；又因为对肃宗的愤恶，反而觉得玄宗于己毕竟有一些知遇之恩。这应该是李白晚年抒情诗的一个特点。

诗人对肃宗的强烈愤恶，尤为鲜明地表现在流夜郎途中所作的《望鹦鹉洲怀祢衡》一诗中：

> 魏帝营八极，蚁观一祢衡。黄祖斗筲人，杀之受恶名。吴江赋《鹦鹉》，落笔超群英。锵锵振金玉，句句欲飞鸣。鸷鹗啄孤凤，千春伤我情。五岳起方寸，隐然讵可平？才高竟何施？寡识冒天刑。至今芳洲上，兰蕙不忍生。

悲古伤今，说到祢衡，几乎句句是说着自己。那超绝的文才，孤傲的性格，无不为祢衡与诗人所共有。尤其是“寡识冒天刑”的遭遇，分明是在暗示自己“从璘”。因此，诗人痛悼前贤之际，激愤之情勃然而起，奋笔声讨残害祢衡的“鸷鹗”之辈，并超越了直接的凶手黄祖，一直把罪魁追到魏帝头上。在至尊无上的魏帝眼里，任何英才都细微得如同蝼蚁。这是李白对滥毁人才的最高统治者空前猛烈的挞伐。

李白流途遇赦后，又积极干谒，企图入仕。这只是他功业理想的回光返照，并非对肃宗产生幻想。六十三岁时，李白终于在贫病交加中赍志以殁。

追求一片净土，挥斥人生幽愤

——道缘与游仙诗

李白被称作“诗仙”。“诗仙”的含意，大约一半出于对其天才的诗歌艺术所创造的那种不可思议、不可企及的神妙境界的赞叹，一半则是因为李白诗中不少篇什描写游仙，因而给诗人带上了一种“仙”气的缘故。这后一半，使我们不能不关注其游仙诗。宋人赵次公尝云：“白之诗多在于风月草木之间、神仙虚无之说，亦何补于教化哉！”（《杜工部草堂记》）如前所述，这种看法的片面性是不待说的。即如游仙诗而言，第一，这是传统的诗歌题材，六朝人已多有所作，对于这类题材（还有所谓“风月草木”之诗，即山水题材）是不能简单地用是否有补于“教化”加以评判的；第二，李白的游仙诗，并非“虚无之说”，其中包含着诗人深厚的主观感情，而这些主观感情无一不是客观世界和诗人现实遭遇的反映，尤不能用无补于“教化”加以否定。

李白对游仙的好尚，可以追溯到他的少年时代。李唐王朝崇尚道教，李白成长起来的开元年间，道教之风弥漫天下，又以蜀中为甚。李白在启蒙教育中便受到道教的熏陶，“十五游神仙，仙游未曾歇”（《感兴六首》其五），少年李白，已经是一个天真稚气的游仙者了。青年时代，李白曾在故乡匡山隐居，又曾在峨眉等蜀中山水间漫游和访道。

最初的游仙学道，必然对李白的思想产生影响。从消极方面说，使他不可避免地接受了道教的迷信意识。比如，他游峨眉时，就曾发出过“平生有微尚，欢笑自此毕。烟容如在颜，尘累忽相失。倘逢骑羊子，携手凌白日”（《登峨眉山》）的遐想，显出初涉道教对神仙的虔诚。从积极方面说，也培养了诗人热爱自然山水、向往自由生活的情怀。因为游仙学道的地方多在风景幽美之处，游仙学道和纵情山水往往是一而二、二而一的事。例如李白《访戴天山道士不遇》诗中所描绘的那个清静幽美、令人神往的境界，与其说诗人是在访道，不如说是在探寻山水之胜。另外，游仙学道形同隐居，游仙学道者与山林隐逸者几无区别，而崇尚自然、自命清高、鄙弃世俗和放旷不羁正是隐逸之士标榜的节操。李白的游仙学道的过程，从某种意义上说就是对这种追求自由的精神不断汲取和发扬的过程。天宝元年应诏入京前，李白曾登泰山，有《游泰山六首》纪其事。这是一组典型的游仙诗，其中固然表达了他对神仙、长生的企慕，但其中却有许多美妙、动人的想象和移人性情的描写：“天门一长啸，万里清风来”（其一）；“平明登日观，举手开云关。精神四飞扬，如出天地间。黄河从西来。窈窕入远山。凭崖览八极，目尽长空闲”（其三）；“海水落眼前，天光遥空碧”（其五）。诗人站在泰山极顶，眺望大海，迎接日出，浩荡天风荡涤胸怀，海天空阔的景色使他心驰神飞。诗中出现的那些蓬莱仙境、瑶池银台、飘飘玉女、绿发青童等，好似美丽的神话，宗教迷信的色彩为之黯然消退。诗不仅是写景，而且着重表现出一种摆脱了世俗、洗净了心魂、在广大的宇宙空间自由舒展、精神极度飞扬的壮美情怀。面对这一组游仙诗，我们不得不承认，李白的游仙学道并不是出自单纯的宗教意识，而是内含着一种对美好精神生活的热切向往和自觉追求。同时，他以诗人的情怀，改造了烧丹服食的游仙学道，也改造了传统的游仙诗，把它们一一诗意化、抒情化了。

这种以游仙方式表现出来的精神好尚，对李白的整个人生道路产生重要影响。它为李白预先安排了两种形式的“退”路：一是功成名遂之后，重返自然，将它视作自己最后的归宿、最理想的生活道路。李白诗云：“待吾尽节报明主，然后相携卧白云”（《驾去温泉后赠杨山人》）；“功成谢人君，从此一投钓”（《翰林读书言怀呈集贤院内诸学士》）；“功成拂衣去，摇曳沧洲傍”（《玉真公主别馆苦雨赠尉卫张卿二首》其二）。另一个是当建功立业的理想破灭、在现实中遭遇失败之后，可以将游仙视作安抚心灵、愈合伤口的一片净土，以与黑暗的现实相抗争。李白云：“吁咄哉！仆书室坐愁，亦已久矣。每思欲遐登蓬莱，极目四海，手弄白日，顶摩青穹，挥斥幽愤，不可得也。”（《暮春江夏送张祖监丞之东都序》）“挥斥幽愤”就是排遣幽愤，而借以排遣幽愤的精神武器就是游仙。范传正在《李公新墓碑》中，也说李白“好神仙非慕其轻举，将不可求之事求之，欲耗壮心、遣余年也”，大体也是“挥斥幽愤”这个意思。

两条退路，一条是理想的退路，一条是不得已的退路。终其一生，李白并没有实现其“尽节报明主”的愿望，所以他的游仙行为大率是他遭受挫折后的退路，其游仙诗也大率是他“挥斥幽愤”思想的反映。

李白的幽愤，始起于开元间“一入长安”受挫之后，而大盛于天宝初待诏翰林被逐放还以后。在不足两年的待诏翰林期间，他遭际了人生的大幸运，领略了人生的大风光，引发了人生的大构想，旋即又经历了人生的大幻灭，饱尝了人生的大痛苦，因而胸中贮满了人生的大幽愤。离开朝廷后，为了“挥斥幽愤”，他即转向游仙学道，并曾正式加入道籍。与此同时，创作了大量的游仙诗。由于诗人的幽愤源于现实的黑暗，其“挥斥幽愤”之作自然也就具有了揭露和批判黑暗现实的社会意义。这些诗篇，大致可分为两种类型：

第一类游仙诗，李白多有关于自己是在怎样的情势下走上游仙之途的说明，即对已往经历的回顾。对已往经历的回顾，必然触及内心的痛苦和创伤；为了“挥斥幽愤”，却将一腔幽愤先行倾泻而出，无异于治疗创伤先将创伤揭开，行为与动机发生了离异，其结果必然是“挥斥幽愤，不可得也”，游仙诗成了出世之想与人世痛苦的混合物，于是，造成这痛苦的黑暗现实也就被映照出来了。

如《留别广陵诸公》一诗。诗中先用“中回圣明顾，挥翰凌云烟。骑虎不敢下，攀龙忽堕天”四句，概括而真实地回顾了他待诏翰林始受宠、终遭弃的经过，反映了宫廷中的风波险恶以及他精神上感受的惊惧和失望。诗句虽然简括，却足以震撼人的心灵，使金碧辉煌的天子之宫令人望而生畏，使“开天盛世”的圣明天子在人们心目中丧失了原有的光辉。宫廷既然如此黑暗可惧，诗人便不得不“还家守清真，孤洁励秋蝉。炼丹费火石，采药穷山川”，开始了他去朝之后的游仙学道生涯。

《古风五十九首》中，有许多游仙诗，“其四”一首，也真实地揭示了诗人徘徊于游仙之途时的心境：

> 凤飞九千仞，五章备彩珍。衔书且虚归，空入周与秦。横绝历四海，所居未得邻。吾营紫河车，千载落风尘。药物秘海岳，采铅清溪滨。时登大楼山，举首望仙真。……桃李何处开？此花非我春。惟应清都境，长与韩众亲。

这首诗作于天宝后期诗人漫游宣州一带时，对其大半生经历有总回顾的性质。诗的开头采用寓言手法，诗中的凤鸟乃是诗人的化身，它以高翔九千仞的志向，“五章彩珍”的美质，衔瑞图西飞周、秦之都（即长安），但不为王者所用，“虚归”“空入”，宏图莫展，竟至四海之内连一个立身之地都找不到，这便是李白一生怀抱辅弼之志而功业无成的真实写照。诗人面对桃李争艳的景色，慨叹美好的春光已经不属于自己，于是“落（脱离之意）风尘”“望仙真”，走向非现实的“清都境”，去与韩众（仙人）相亲。宋人葛立方在揣测李白《古风》多写“身欲为神仙”的原因时尝云：“岂非因贺季真有谪仙之目，而因为是以信其说耶？抑身不用，郁郁不得志，而思高举远引耶？……人间门户尚不可入，则太清倒景，岂易凌蹑乎？”（《韵语阳秋》卷十一）“抑”字而下，很能体会诗人苦衷，是对李白游仙诗的真切体味。

以上两诗，诗人内心虽然痛苦，但仍能勉力自持，“幽愤”感情的抒写如同冷静的反思。在另一些诗篇中，幽愤的抒写以及与之相伴的对现实的批判就要强烈得多了。如下面《留别曹南群官之江南》一首：

> 我昔钓白龙，放龙溪水旁。道成本欲去，挥手凌苍苍。时来不关人，谈笑游轩皇。献纳少成事，归休辞建章。十年罢西笑，览镜如秋霜。闭剑琉璃匣，炼丹紫翠房。身佩豁落图，腰垂虎盘囊。仙人借彩凤，志在穷遐荒。恋子四五人，徘徊未翱翔。东流送白日，骤歌兰蕙芳。仙宫两无从，人间久摧藏。范蠡脱勾践，屈平去怀王。飘飖紫霞心，流浪忆江乡。……帝子隔洞庭，青枫满潇湘。怀归路绵邈，览古情凄凉。登岳眺百川，杳然万恨长。却恋峨眉去，弄景偶骑羊。

这首诗的特点，是诗人把他的游仙之想和对现实的怀恋交织在一起，迟回往复，一波三折，使激愤悲凉的抒情染上了一层政治批判的色彩。诗中说他早年曾经倾心仙道，后来意外的境遇使他进入宫廷。原欲建功立业报效国家，但竟一事无成，只好离朝而去。现实的出路既已绝望，只好游仙学道，远遁世外。然而将去之际却对人世十分依恋，以至叹息徘徊，迟迟不行，“仙宫两无从，人间久摧藏”，陷入了进退失据、举步维艰的境地，内心充满了矛盾和痛苦。此诗作于李白离朝十年、北上幽州之后，大乱将起，但诗人“心知不得语，却欲栖蓬瀛”（《经乱离后天恩流夜郎忆旧游书怀赠江夏韦太守良宰》)，是被迫遁入游仙之途的。诗中“范蠡脱勾践，屈平去怀王”两句，一方面暗示局势的危急，表明自己是不得已脱身远行；一方面以狠暴、亡国之君喻朝廷，表明了对玄宗皇帝的彻底绝望。诗的后一半想象流浪江南的情景，凄苦哀伤，因怀旧而引起的缠绵返顾之情，令人读之怆然。因此，尽管结尾处呈现了游仙幻景，但与诗人心中的真情实感相比，显得飘浮无力，甚至言不由衷。

第二类游仙诗，诗人通过对缤纷的神仙世界的描绘，“挥斥幽愤”得以奏效，使他得到暂时的精神平息和灵魂解脱。这固然由于游仙学道行为客观上使诗人远离了纷扰的人世，避开了现实环境的纠缠，但主要则是靠诗人主观精神的自我解脱。首先，他须以旷达的态度看待过去不幸的遭遇，直到旷达到对平生怀抱的功业理想的否定，旷达到决心与现实诀别：

> 抑予是何者？身在方士格。才术信纵横，世途自轻掷。吾求仙弃俗，君晓捐胜益。不向金阙游，思为玉皇客。(《草创大还赠柳官迪》)
>
> 一鹤东飞过沧海，放心散漫知何在？仙人浩歌望我来，应攀玉树长相待。尧舜之事不足惊，自余嚣嚣直可轻。巨鳌莫戴三山去，我欲蓬莱顶上行。(《怀仙歌》)

两诗都间接或直接提到了帝王（“金阙”“尧舜”），说明诗人认清了玄宗的不足与为美政，于是拂袖掉头，飘然而去。这不能不说是一种令人钦佩的气概和精神。

在这一类游仙诗中，诗人借助“遐登蓬莱”的想象，为自己寻到了一片净土。在这片净土里，现实的黑暗与丑恶一齐屏退，现实加给诗人的压力和困扰全部解除，诗人在人间失去了的，甚至在人间不可能有的幸运，在这里都会出现。于是，他进入了一个自由、洁净、和谐而美妙的境界，怡然自得，优游其中，现实中留下的精神创伤受到平抚，感情痛苦得到解除，飘荡无依的灵魂找到了归宿。如《古风五十九首》其四十一：

> 朝弄紫泥海，夕披丹霞裳。挥手折若木，拂此西日光。云卧游八极，玉颜已千霜。飘飘入无倪，稽首祈上皇。呼我游太素，玉杯赐琼浆。一餐历万岁，何用还故乡！永随长风去，天外恣飘扬。

人间的“明主”疏远了诗人，但当他飞升到“无倪”之境时，却得到天国“上皇”的礼遇，因此他连故土也不再思念了。又如《拟古十二首》其十：

> 仙人骑彩凤，昨下阆风岑。海水三清浅，桃源一见寻。遗我绿玉杯，兼之紫琼琴。杯以倾美酒，琴以闲素心。二物非世有，何论珠与金？琴弹松里风，杯劝天上月。风月长相知，世人何倏忽？

诗人与仙人倾心相见，琴酒相知。这种纯真的情谊，使诗人政治失意后在“故友不相恤，新交宁见矜”（《赠新平少年》)的炎凉世态中造成的感情空虚得以填补，精神因此而变得充实，以至于可以傲视人世了。

话又说回来，归根结底，还是葛立方说得对："人间门户尚不可入，则太清倒景，岂易凌蹑乎？"李白诗中所写的仙境，毕竟出于主观幻想，纯系子虚乌有，它脆弱得像肥皂泡一样转瞬即逝。至于学道的服食、炼丹那一套，更是难有结果。所以，李白在游仙学道的同时，也常自感叹其虚妄无稽："空谒苍梧帝，徒寻溟海仙。已闻蓬海浅，岂见三桃圆？倚剑增浩叹，扪襟还自怜"(《郢门秋怀》)；"缅思洪崖术，欲往沧海隔。云车来何迟？抚几空叹息"(《日夕山中忽然有怀》)；"冀餐园丘草，欲以还颓年。此事不可得，微生若浮烟"(《秋猎孟诸夜归置酒单父东楼观妓》)。他还常以游仙和饮酒来比较，最后的结论是前者虚无而后者实在："仙人殊恍惚，未若醉中真"(《拟古十二首》其三)；"圣贤既已饮，何必求神仙"(《月下独酌四首》其二)；"蟹螯即金液，糟丘是蓬莱。且须饮美酒，乘月醉高台"(《月下独酌四首》其四)。李白游仙学道失败的感叹，正可提示我们：尽管他终生游仙学道不歇，但从来不是一个真正的宗教徒。诗人执着不渝、终生企待的，仍是建功立业。"明主倘见收，烟霄路非赊。时命若不会，归应炼丹砂"(《早秋赠裴十七仲堪》)。不论在游仙路上走得多远，朝廷一句话就能把他召回来。李白的游仙究竟为何物，他本心到底倾向入世还是出世？答案也就昭然若揭了。

高吟大醉三千首，留著人间伴月明

——诗仙酒仙与饮酒诗

在中国文化史上，李白的地位和知名度，离不开诗与酒。他既是天才诗人，又是“酒中仙”，李白亦曾以“酒仙翁”自诩（见《金陵与诸贤送权十一序》）。而且诗与酒是密不可分的，诗与酒的结合便是“一斗诗百篇”（杜甫《饮中八仙歌》）。晚唐人郑谷诗云：“何事文星与酒星，一时钟在李先生？高吟大醉三千首，留著人间伴月明。”（《读李白集》）似乎认为李白所有的诗都是酒后之作，固然未免夸张。但是李白“百年三万六千日，一日须倾三百杯”（《襄阳歌》），他一日不能无酒，有酒便有诗也几乎是事实。如何看待李白的饮酒和饮酒诗？范传正《李公新墓碑》云：“饮酒非嗜其酣乐，取其昏以自富。”大体认为李白是“借酒浇愁”。借酒浇愁是有的，但并非仅此而已。李白饮酒，也有“嗜其酣乐”的成分，也有其他比“借酒浇愁”“嗜其酣乐”更复杂的成分，是值得予以探讨的。

酒之为物，是一种对人类具有二重消费意义的特殊消费品：一方面，它是比布、帛、菽、粟等基本生活资料更高等级的物质消费品；另一方面，又因其能引起人的心理愉悦而成为一种精神消费品。就这个意义讲，饮酒，或曰酣乐，乃是普通人的一种正常生活享受需求，尤其是精神生活的享受需求。酒还有一种属性，就是饮酒达到一定量时，会刺激大脑皮层，使人进入精神亢奋甚至迷狂的状态，即醉态。在充满矛盾和斗争、欢乐与痛苦的现实社会中，为了感情的发泄或感情寄托的需要，人们有时要凭借饮酒来寻求精神刺激，从而使饮酒在人生享受意义的基础上，又获得对于人精神生活的新意义：愉悦、兴奋和遣愁作用。从积极方面说，这两种作用都高于人生需求中的“享受”层次，而与人生需求中的“发展”层次有关：前者可以激励人在发展过程中上升时的追求热情，后者可以排解人在发展过程中受挫时的精神痛苦。

世俗的饮酒，常常停留在“享受”的低层次上。不仅如此，它还会畸形发展，达到沉湎曲蘖、醉生梦死的地步。孔子在《论语》中所谓的“不为酒困”（《子罕》）、“唯酒无量，不及乱”（《乡党》），反映了儒家酒文化中庸、平和的特色，即对世俗饮酒的某种节制。漫长的传统社会中，文人的饮酒固不同于世俗的饮酒，常常也不受儒家节制饮酒的束缚，如有名的魏晋之际“竹林七贤”的饮酒。李白的饮酒也是如此。但李白的饮酒又不同于任何传统时代任何一位文人的饮酒，他的饮酒乃是盛唐繁荣富足的社会生活、蓬勃向上的时代精神和盛衰转换之际的政治背景与其独异的个性相结合的产物。他的饮酒和饮酒诗作为一种文化现象，被后世人概括为“太白遗风”就是明证。

盛唐时代，由于社会的安定、经济的繁荣以及政治的开明、思想的解放，在文人群体中形成了两种风尚：一是渴望建功立业，希图政治上有所作为，而不甘平庸、寂寞地度过一生；二是追求人生的快意和生活的乐趣，纵乐遂成为他们日常的生活方式。前者体现了他们对人生“发展”的需求，后者体现了他们对人生“享乐”的需求，二者兼得互补，构成了盛唐知识分子完美无缺的人生观，而纵酒饮乐，正是这种人生观的综合表现：饮酒既满足了他们的享受欲望，又鼓舞了他们的进取精神，还为他们提供了在人生各种际遇下宣泄感情的最佳形式。作为盛唐时代领袖群伦的特异之才李白，把这种知识分子的时代风尚发挥到了极致。一方面，他高唱着“大鹏一日同风起，抟摇直上九万里”（《上李邕》），要实现其建功立业的宏伟抱负；另一方面，他又高唱着“人生得意须尽欢，莫使金樽空对月”（《将进酒》），要实现人生的美好享受。盛唐诗人中，没有谁把纵酒之乐写得比李白更淋漓尽致、更美妙动人的了。然而，李白又不仅仅是以酒纵乐，当他把功业理想和创造激情灌注到饮酒之乐中时，他的饮酒就以其进取精神远不同于世俗的饮酒；当他借了酒的力量进行美妙绝伦的诗歌创作，并且在其饮酒诗中进行无所顾忌的情绪宣泄、对压抑者进行恣意反抗时，他的饮酒就不但冲破了儒家文化的桎梏，而且超越了传统社会的任何一位文人。

李白的饮酒诗所渲染的，首先是富有诗意的饮酒场景，其中最可注意的，是市井饮酒：

琴奏龙门之绿桐，玉壶美酒清若空。催弦拂柱与君饮，看朱成碧颜始红。胡姬貌如花，当垆笑春风。笑春风，舞罗衣，君今不醉将安归？（《前有樽酒行二首》其二）

五陵年少金市东,银鞍白马度春风。落花踏尽游何处?笑入胡姬酒肆中。(《少年行二首》其二)

银鞍白鼻䯄,绿地障泥锦。细雨春风花落时,挥鞭直就胡姬饮。(《白鼻䯄》)

何处可为别?长安青绮门。胡姬招素手,延客醉金樽。(《送裴十八图南归嵩山二首》其一)

这里,我们摄取了李白诗中描写市井饮酒一组有共性的场景,即饮于长安胡姬酒店的场景:这里有"清若空"的美酒,有容貌如花的胡姬,人们一边饮酒,一边听乐观舞。这种众美俱集的饮酒场面,是极富有时代特征的美好生活实景,如同一幅幅画面,使后世读者有身临其境之感。

其次,是对数杯入唇后富有诗意的心理感受的描写,其饮酒的基调是畅朗、宽舒的:

兰陵美酒郁金香,玉碗盛来琥珀光。但使主人能醉客,不知何处是他乡。(《客中作》)

风吹柳花满店香,吴姬压酒唤客尝。金陵子弟来相送,欲行不行各尽觞。请君试问东流水,别意与之谁短长?(《金陵酒肆留别》)

乡愁和别绪,原是古代文人最敏感的两种情绪,但在李白的饮酒诗中,前者化为乌有,后者也变得非常轻淡,仅成了诗中抒情的陪衬而已。

李白饮酒诗中,关于酒作用于人心理的愉悦感受的诗很多。无论春夏秋冬，或是花前月下，或是独酌、二人对酌，或是聚众轰饮，随着具体环境的变化，饮酒的心理又呈现出多样性，但无一例外地都能传达出层出不穷的美感。酒可以使诗人平常的心理变得愉悦起来，使本来就愉悦的心理变得更加炽烈。酒是诗人亲密无间的朋友，常常引导诗人进入美妙无比的愉悦境界。下面一首诗，可以看作是诗人对酒的赞美之歌：

天若不爱酒，酒星不在天。地若不爱酒，地应无酒泉。天地既爱酒，爱酒不愧天。已闻清比圣，复道浊如贤。贤圣既已饮，何必求神仙？三杯通大道，一斗合自然。但得酒中趣，勿为醒者传。（《月下独酌四首》其二）

李白所抒发的这些饮酒的心理感受，是酒对人的精神愉悦效应的诗化表现。这些感受，事实上并非李白所独有，而是存在于人们日常的饮酒活动中，每一个社会成员在其饮酒实践中都会有程度不同的经历和体验。从这个意义上说，李白的日常饮酒，本质上乃是平民化、大众化的。李白的这一类饮酒与大众平民不同之处在于，他能从日常饮酒之乐中提炼出丰富的诗意，将其引向高雅的审美境界，并十分完美地用诗的形式将这些感受表达出来。所以李白的这一类饮酒，来自于世俗饮酒，又超越了世俗饮酒。

饮酒之乐和人生享受的满足，仅仅是李白饮酒诗表现的最基本、最凡近的浅层次意义，作为“酒仙”的李白，独特个性和卓异品格并不主要表现在这一层次上。李白的饮酒使后人为之倾倒，并使后人望尘莫及的一个重要方面，便是他的“一斗诗百篇”。这就要从人生“发展”的意义上认识李白的饮酒和饮酒诗了。

“李白一斗诗百篇”，是杜甫在《饮中八仙歌》中发出的赞美。对于李白在醉酒中奇迹般地发挥其智慧才能的现象，应作如何解释呢？范传正《李公新墓碑》有云：“晦于曲糵，畅于文篇。万象奔走乎笔端，万虑泯灭乎樽前。”寥寥数语，道出了个中三昧：李白在醉中其所以文思最畅，是因为酒的兴奋效应在发挥作用。在酒的刺激下，诗人精神处于高度亢奋状态，一方面，平日困扰诗人的各种世俗虑念和现实利害关系都被淡化或忘却，思维活动的理性制约明显松弛，此即“万虑泯灭乎樽前”；另一方面，人的主观精神扩张开来，创作灵感和想象力变得异常活跃，通常心态下不可能出现的种种奇妙形象，甚至是幻象联翩而至，此即“万象奔走乎笔端”。诗的本质，正是凭借激情和想象的艺术创造，从这个意义上说，饮酒和酒醉正是诗歌创作的特殊契机。醉中为诗，往往造成奇妙的诗境，这种诗境又总是呈现着纵情恣肆的豪迈气象，这是酒对世俗万虑的抑制作用和对创作的兴奋作用双重效应与诗人豪放性格相互鼓动、相互促进的结果。奇妙的想象与豪迈的格调，构成了李白饮酒诗中大醉之作的基本特色：

遥看汉水鸭头绿，恰似葡萄初酦醅。此江若变作春酒，垒曲便筑糟丘台。（《襄阳歌》）

划却君山好，平铺湘水流。巴陵无限酒，醉杀洞庭

秋。(《陪侍郎叔游洞庭醉后三首》其三)

豪气横溢，妙想无端，不可思议，又不可效仿。这样的诗，恐怕诗人自己在酒的兴奋作用解除后都不可重复为之。诗仙兼酒仙的李白，恰好在此时把他的艺术才能发挥到一种绝妙的境地。李白有很多诗是在饮酒过程中、大醉状态下写出来的，妙语如泉涌，人们所熟知的奇特想象之语、大胆夸张之语、瑰丽比喻之语，多是酒后的产物。酒这种享受之物，在李白那里竟成了他艺术创作的动力。郭沫若说，李白的“好诗，多半是醉后做的”，“千斛酒的力量”，于李白“好像得到了百万雄兵”[①]，这些都是了解李白的知音之言。

醉中为诗，而且愈是醉中，诗愈作得好，可以说是从人生“发展”意义上认识李白饮酒和饮酒诗的第一层意义。那么，李白的以酒的兴奋效应来鼓舞他在广泛的社会事业中的进取精神，则可以是从人生“发展”意义上认识李白的饮酒和饮酒诗的第二层意义。

李白一生的事业有二：一为作诗，一为从政。主要的人生目标还是从政，但李白从政的道路充满了艰难曲折。在漫长的追求过程中，李白经历了一次次希望的幻灭，遭受过一次次沉重的打击。在命运面前，他产生过痛苦，也有过消极和悲观。但他又总是能从痛苦和悲观中解脱出来，重整旗鼓，继续奋力前行。这种不屈不挠的奋斗过程，始终与痛饮狂歌相伴随。当然不能把李白精神力量的源泉归结为

① 郭沫若《李白与杜甫》，人民文学出版社1971年版，第93页

酒，但酒作为一种兴奋剂，作为李白精神力量的一种辅助力量，曾经在某些重要时刻对他产生过精神鼓舞作用，却也是不容置疑的事实。有他的饮酒诗《梁园吟》为证：

人生达命岂暇愁？且饮美酒登高楼。平头奴子摇大扇，五月不热疑清秋。玉盘杨梅为君设，吴盐如花皎如雪。持盐把酒但饮之，莫学夷齐事高洁。

这是李白开元间“一入长安”干谒失败后游梁、宋期间所作的一首诗。以上数句写他的豪饮，接下来，发了一通思古之幽情，不禁感慨万端，至于“沉吟此事泪满衣，黄金买醉未能归”。酒越喝越多，大脑皮层越来越亢奋，就在诗人“连呼五白行六博，分曹赌酒酣驰晖”之际，他忽然振作起来，在诗的结尾朗声高唱道：

歌且谣，意方远。东山高卧时起来，欲济苍生未应晚。

是酒的神妙力量在李白身上一时间发挥了作用。又如《自汉阳病酒归寄王明府》一诗：

去岁左迁夜郎道，琉璃砚水长枯槁。今年敕放巫山阳，蛟龙笔翰生辉光。圣主还听《子虚赋》，相如却欲论文章。愿扫鹦鹉洲，与君醉百场。啸起白云飞七泽，歌吟渌水动三湘。莫惜连船沽美酒，千金一掷买春芳。

这是李白流夜郎遇赦还归江夏后所写的一首诗。将近六十岁的诗人在刚刚经历了一场人生大难后，从政的幻想、创作的激情与对酒的渴望一起燃烧起来。酒的力量，使诗人在艺术创作和从政理想两条道路上的“发展”瞬间，同时到达了顶点。

李白的饮酒和大醉之后的最出色表演，是他在权贵面前表现的那种桀骜不驯、无所顾忌、蔑视一切的狂放气派。传统社会里，你要建功立业，免不了依附朝廷和权贵，就得委屈自己，把个性消融到上层社会能够容忍的共性之中去；反之，你如果不肯放弃个性，改变自我，就注定不被所容，在权力场中碰得头破血流。李白最显著的个性特征是爱好自由，崇尚本真而不堪羁束。当保持个性与消融个性之间的矛盾不可调和时，饮酒以及至于大醉作为李白精神力量的辅助力量，每每使他的个性得以伸张，并迸射出异样的光彩。天宝初年的待诏翰林，就是李白经历的这样一场个性与现实之间的冲撞。李阳冰《草堂集序》云李白在朝期间“乃浪迹纵酒，以自昏秽；咏歌之际，屡称东山”；杜甫《饮中八仙歌》亦云：“李白一斗诗百篇，长安市上酒家眠。天子呼来不上船，自称臣是酒中仙。”传说中李白沉醉金殿引足令高力士脱靴，恶作剧式地羞辱这位不可一世的大人物，完全是可能有的事情。值得注意的是，以上资料证明，李白与权贵抗衡、斗争的方式，无例外地都是饮酒和酣醉。李白有诗云：“黄金白璧买歌笑，一醉累月轻王侯。”（《忆旧游寄谯郡元参军》）又云：“常时饮酒逐风景，壮心遂与功名疏。”（《赠从弟南平太守之遥二首》其一）李白一方面以酣醉为武器与权贵抗衡、斗争，当坚守自我与追求功名二者不可得兼时，李白最后选择了酒，即自由。李白晚年有名的饮酒诗《江上吟》，郭沫若说“是诗与酒的联合战线，打败了神仙丹液和功名富贵的凯歌”[①]，诚然是如此。

从精神上看，李白以饮酒与酣醉战胜了富贵和权势；事实上，李白是现实斗争中的失败者，因为他追求的人生价值，除了诗歌创作以外，终于遭到了毁灭，因此他不能没有痛苦，没有忧愁。为了排解痛苦、发泄郁愤，酒的遣愁效应在这里派上了用场，即范传正所说的“饮酒非嗜其酣乐，取其昏以自富”。“昏以自富”就是在酒的沉醉中求得精神的解脱和满足。

李白以酒遣愁，在他的饮酒诗中往往出现两种极端境界。

一种是遣愁效应极佳的境界，即李白所说的“穷愁千万端，美酒三百杯。愁多酒虽少，酒倾愁不来。所以知酒圣，酒酣心自开”（《月下独酌四首》其四）。人们熟悉的《月下独酌四首》其一（“花间一壶酒”）就是这种境界的典型。这首诗本是遣愁之作，但愁却无影无踪，只剩下一片空灵美妙的诗情。全诗格调潇洒旷达，天真烂漫。形成这种动人格调的深层因素，则是诗人以酒遣愁时那种积极的强者精神。

但是，“花间一壶酒”这种境界毕竟不可常得，以酒遣愁一旦不果，则无异于火上浇油，就会产生负效应，即所谓“抽刀断水水更流，举杯消愁愁更愁”（《宣州谢朓楼饯别

---

① 郭沫若《李白与杜甫》，人民文学出版社1971年版，第93页

校书叔云》)。愁绪既然排遣不得，按李白的性格，又不能把它压在心底，要痛痛快快地宣泄出来，于是就出现了李白饮酒诗中以酒遣愁的另一种极端世界，一种以酒泻愁、郁愁怨愤猛烈喷发的狂烈境界。其特点是充满不平和反抗情绪，挟带着诗人巨大的感情力量，如《玉壶吟》："烈士击玉壶，壮心惜暮年。三杯拂剑舞秋月，忽然高咏涕泗涟。……西施宜笑复宜颦，丑女效之徒累身。君王虽爱蛾眉好，无奈宫中妒杀人。"诗人总是这样以狂饮冲开感情的闸门，引出一番愤怒的滔滔倾诉。愤怒达到极点时，甚至表现为一种破坏欲。如《江夏赠韦南陵冰》一诗的末尾："我且为君槌碎黄鹤楼，君亦为吾倒却鹦鹉洲。赤壁争雄如梦里，且须歌舞宽离忧。"以酒泻愁的最完美形态是诗中只见狂饮的讴歌、磅礴的大气和纵横的豪情，情绪的本源——愁和愤懑往往为之敛迹和消散，代表性的诗篇就是《将进酒》。"君不见黄河之水天上来，奔流到海不复回"！诗的开篇竟成了表现黄河伟大形象的千古绝唱，并且获得独立的生命，千百年来被人们赞美高歌。这真是李白饮酒诗创作的奇迹。这绝不仅仅是以黄河奔流不息比喻人生岁月的流逝，而且是以天地间最壮美的形象来显现一种非凡的气势和力量。这种气势和力量充盈于全诗，举凡"人生得意须尽欢，莫使金樽空对月"的狂饮哲学，"烹羊宰牛且为乐，会须一饮三百杯"的狂饮欲望，以及"古来圣贤皆寂寞，唯有饮者留其名"的偏激和"但愿长醉不愿醒""五花马，千金裘，呼儿将出换美酒"的放浪，皆在开篇气势和力量的鼓动下，显示出生命力的奔涌，显示出诗人个性的豪放和超迈。这首诗几乎没有起伏，通篇都处在高潮中，直至诗末“与尔同销万古愁”的浩叹，仍如洪钟巨响，震人心魄。饮酒诗中的饮酒境界，至此真可谓空前绝后的了。

饮酒是一种普遍的社会文化现象，无论是世俗的饮酒、高雅的饮酒，或者外化为艺术创作型的、诗歌创作型的饮酒，都不可避免地有其消极的成分，李白的饮酒及其饮酒诗也是如此。但不能据此即视李白的饮酒为颓废行为，视李白的饮酒诗为无谓的狂放。

模拟创新与乐府民歌

李白诗歌，转益多师，渊源深广。刘熙载云：“太白诗以《庄》《骚》为大源，而于（阮）嗣宗之渊放，（郭）景纯之俊上，（鲍）明远之驱迈，（谢）玄晖之奇秀，亦各有所取，无遗美焉。”（《艺概·诗概》）这个概括固然不错，但尚不全面。例如《风》《雅》这个大源是不能不标出的，还有曹植之高华、陶潜之淡远、庾信之清新，也是不能不标出的。除此之外，李白又爱杂学旁收，诸子百家，三教九流，他也一概予以消化、吸收。由于他从古代文化遗产中广泛吸取营养，所以李白取得了“长袖善舞，多钱善贾”的优势，取得了进行大胆创新所必需的广博厚实的基础。

李白在兼收并蓄的基础上开拓出自己的道路，形成独特的个人风格，应该说，主要得力于他对乐府民歌的学习、发展和创新。李白是在乐府民歌的乳汁哺育下成长起来的。

在此，我们可以简单回顾一下李白学习乐府民歌的过程，然后看他怎样对乐府民歌进行发展和创新，并形成他个人的独特风格。

蜀中时期，李白的创作以模拟当时流行的“上官体”和“沈宋体”为主，写的是规规矩矩的五律，尚没有接触到乐府民歌，或者乐府民歌尚未引起他的重视。虽然这些五律之作，前人已认为“短羽褵褷，已有凤雏态”（《彰明遗事》），但循此下去，李白最多成为一只凤凰。在“仗剑去国，辞亲远游”途中，李白始认真接触到民歌。一旦他对民歌有所领悟，其创作立即被引入了一个新天地。据今存李白诗看，开元十二年作于渝州一带的《巴女词》，是他最早的学习民歌之作。此后，他先后到达荆州、江夏、金陵、越中等地，随之有《荆州歌》《江夏行》《长干行》《越女词》等诗。到了襄阳，则有《襄阳歌》《大堤曲》。可以说，他走到哪里就学习哪里的民歌，并由此上溯到汉魏六朝乐府，如他所写的《杨叛儿》《白纻词三首》等。对汉魏六朝乐府的学习和创新，使李白的诗歌再一次升华，从此以后，他的作品中大量的乐府诗出现了，如开元十八年前后一入长安时期的《侠客行》《少年行》《白马篇》《行路难》《蜀道难》等。《行路难》《蜀道难》等乐府诗的写作，标志着李白已从单纯的模拟乐府发展到创造性地运用乐府民歌抒情言志，标志着李白在诗歌创作上的成熟，不但足以和古代杰出诗人并肩颉颃，而且简直是横空出世、无与伦比了。接踵而来的是《梁园吟》《梁甫吟》《将进酒》等一大批乐府名篇，使李白的创作出现了群峰竞秀的奇观。天宝以后，李白的乐府诗创作并未裹足不前，在“跻攀分寸不可上”的情况下，他再一次超越自己、突破自己，开始大量写作抨击现实、指斥时政的乐府诗，如《战城南》《北风行》《独漉篇》《古朗月行》等，一改过去只是利用乐府诗抒发个人情怀、抒写个人志向的格局。而此时的李白诗歌，已经达到了炉火纯青、雄视一代的境地。对乐府民歌，李白就是这样学习、创作，再学习、再创作，不但在乐府诗的创作上达到了前无古人、后启来者的地步，而且借助乐府民歌的滋养，形成了自己的风格，开拓了自己的道路。

李白今存诗歌约有千首，其中乐府诗一百五十余首，所占比例之大，此前的诗人中罕有其匹。这仅仅是指他沿用乐府旧题的诗，假如把李白自立新题的“乐府”诗（类似于后世的“新题乐府”）和带有民歌风味的诗一并计算在内，其比例将更大。李白的乐府诗不仅数量多，更可贵的是有发展，有创新，真正做到了形神兼备，不但有鲜明的古乐府特色，又有鲜明的时代特色和个性特色。

譬如《远别离》。《乐府诗集》中今存有江淹《远别离》、梁简文帝《生别离》，都是模拟民歌的作品，其内容如题目，只是描写离情别绪，此外别无寄托。李白的《远别离》虽从此而来，但无论内容与形式都大有发展和创新：

> 远别离，古有皇英之二女，乃在洞庭之南，潇湘之浦。海水直下万里深，谁人不言此离苦？日惨惨兮云冥冥，猩猩啼烟兮鬼啸雨。我纵言之将何补？皇穹窃恐不照余之忠诚。雷凭凭兮欲吼怒，尧舜当之亦禅禹。君失臣兮龙为鱼，权归臣兮鼠变虎。或云尧幽囚，舜野死。九疑联绵皆相似，重瞳孤坟竟何是？帝子泣兮绿云间，随风波兮去无还。痛哭兮远望，见苍梧之深山。苍梧山崩湘水绝，竹上之泪乃可灭。

从字面上看，此诗也是在写离别：娥皇、女英二妃与舜的离别，这是李白乐府诗与古题相黏之处。但诗的含义远非一般的抒写离情别意。此诗作于李白天宝十二载幽州之行归来南下宣城之际。当时唐王朝已处在大乱前夕，李白亲眼看到君失其贤臣，而安禄山坐大即将发动叛乱的事实，亟欲建言玄宗，却又无能为力，只得高举远引，遁迹江湖，即诗中所写的“君失臣兮龙为鱼，权归臣兮鼠变虎”“我纵言之将何补”数句的本事。但在临行之际，他又不禁徘徊流连，感慨万端。既对国家的命运无限忧虑，又因理想的破灭而抱恨无穷，此情此景，很像屈原和宋玉的去国怀乡，又像舜与二妃的生离死别。于是李白便效屈、宋“远游”之意，借舜与二妃的神话传说，以古乐府为题，创作此诗。李白此次南行宣州，从时间上说，是待诏翰林后去朝十年；从路程上说，是千里之远；从思想感情来说，是同他梦牵魂绕的“盛世”和“明君”的诀别，故曰“远别离”。如此丰富纷繁的思想内容，是古乐府以及后人效作的同题乐府诗无法比拟的。

从形式上看，诗的开头令人想起汉乐府《有所思》的开头：“有所思，乃在大海南……”诗的结尾又令人想起汉乐府《上邪》的结尾：“我欲与君相知，长命无绝衰。山无陵，江水为竭，冬雷震震夏雨雪，天地合，乃敢与君绝。”诗的中间则是浓厚的楚骚风味。而这几种因素又结合得那么自然、和谐。无论从形式上还是内容上，李白的《远别离》都大大超越了古乐府。

又如《战城南》。《战城南》为汉乐府“铙歌十八曲”之一，反战是其主题，古辞是：

> 战城南，死郭北，野死不葬乌可食。为我谓乌：且为客豪。野死谅不葬，腐肉安能去子逃？水深激激，蒲苇冥冥。枭骑战斗死，驽马徘徊鸣。梁筑室，何以南？何以北？禾黍不获君何食？愿为忠臣安可得？思子良臣，良臣诚可思：朝行出攻，暮不夜归！

汉武帝时，连年征战不休，海内虚耗，士卒死伤相继，人民苦之，遂作此歌。天宝时期的唐玄宗也是这样。李白针对当时的现实，根据汉乐府古辞，发展、创新成为自己的《战城南》乐府诗：

> 去年战，桑干源；今年战，葱河道。洗兵条支海上波，放马天山雪中草。万里长征战，三军尽衰老。匈奴以杀戮为耕作，古来唯见白骨黄沙田。秦家筑城备胡处，汉家还有烽火燃。烽火燃不息，征战无已时。野战格斗死，败马号鸣向天悲。乌鸢啄人肠，衔飞上挂枯树枝。士卒涂草莽，将军空尔为。乃知兵者为凶器，圣人不得已而用之。

两相比较便可发现，在内容上，李诗继承了古辞反战的主题，但李诗更集中、更显豁，即不是一般的反战，而是反对穷兵黩武、征战不已。汉乐府古辞最后“思子良臣”数句，很可能是采集入乐时经官方修改加入的，破坏了全诗主题的完整统一，故李白摈弃不用，而改用《六韬》的一句“圣人号兵为凶器，不得已而用之”作结，从而使这首诗自始至终都贯穿了反对穷兵黩武的主题。在艺术上，李白保留了汉乐府古辞中形象生动的特点，且使之更突出、更精练。古辞中“枭骑战斗死，驽马徘徊鸣”真实而质朴，但李诗变化为“野战格斗死，败马号鸣向天悲”，则给人的印象更强烈；古辞中“野死不葬乌可食”数句，很动人，但微觉芜杂，李白概括为“乌鸢啄人肠，衔飞上挂枯树枝”二句去芜存菁，形象更鲜明突出。

再如《日出入行》。《日出入行》为汉乐府“郊祀歌”，内容是写天命无穷而人命短促，希望成仙而得以长生。李白袭用旧题，却反其意而为之，独出机杼。诗中说“草不谢荣于春风，木不怨落于秋天。谁挥鞭策驱四运？万物兴歇皆自然”，承认宇宙万物的发生、消失都是自然而然，不以人的意志为转移，这是对物质世界客观法则的天才猜测。诗中又说“人非元气，安得与之久徘徊”？“鲁阳何德，驻景挥戈？逆道违天，矫诬实多”，对妄图使时光停止、生命永驻的古今帝王予以批判。为了求得与古乐府的似与不似，反其意而用之也是李白乐府的一个创新。

李白在学习乐府民歌之初，就一边模仿一边有所创新。如《长干行》，古辞仅为五言四句的小诗，稍前于李白的崔颢拟之，有所发展，仍为四首一组的五言小诗。但到了李白手里，遂发展成三十句的叙事长篇，有了简单的故事情节，人物形象及心理描绘都十分细腻真切。又如《杨叛儿》，古辞亦为五言四句的小诗：“暂出白门前，杨柳可藏乌。欢作沉水香，侬作博山炉。”感情炽热而隐蔽含蓄。李白的《杨叛儿》，仍然是予以扩展，使之带上强烈的个人风格：“君歌《杨叛儿》，妾劝新丰酒。何许最关人？乌啼白门柳。乌啼隐杨花，君醉留妾家。博山炉中沉香火，双烟一气凌紫霞。”经过李白的创新，一块径寸的玲珑之玉便成了径尺的连城之璧，杨升庵评云：“《杨叛儿》一篇，即‘暂出白门前’之郑笺也。因其拈用，而古乐府之意益显，其妙益见。”（《升庵外集》）

中唐元和之际，元稹、白居易等兴“新乐府运动”，并分别阐述他们创制新题、不再沿袭乐府旧题的理论主张。元稹在《乐府古题序》中说：“自风雅至于乐流，莫非讽兴当时之事，以贻后代之人。沿袭古题，唱和重复，于文或有短长，于义咸为赘剩。尚不如寓意古题，刺美见事，犹有诗人引古以讽之义焉。曹、刘、沈、鲍之徒，时得如此，亦复稀少。近代唯诗人杜甫《悲陈陶》《哀江头》《兵车》《丽人》等，凡所歌行，率皆即事名篇，无复依傍。余少时与友人乐天、李公垂辈谓是为当，遂不复拟赋古题。”同样的，白居易也有类似的主张。元稹批评“沿袭古题，唱和重复，于文或有短长，于义咸为赘剩”的现象是符合实际的，但他在肯定“寓意古题、刺美见事，犹有诗人引古以讽之义”时，只列举曹、刘、沈、鲍几位前代诗人而未提及李白对乐府诗的巨大创新，则是一叶障目，不见泰山，这显然是与他一贯的“扬杜抑李”主张有关。另外，元、白要将诗歌引向反映现实的道路固无可厚非，但他将乐府诗的作用概括为仅仅是“刺美见事”，忽视了乐府诗原先即有的抒情言志的作用，则又是功利主义的狭隘偏见（白居易的“为君、为臣、为民、为物、为事而作”与此相同）。由于他们对乐府诗的偏见，因而他们的“新乐府运动”往往只能收到事倍功半的效果。他们所创作的新题乐府，有相当数量的诗说教连篇，不具备诗歌美。又因为新题乐府已完全与古乐府脱钩，即名为“乐府”而不似乐府，所以有人索性不承认这些是乐府诗。就乐府诗而言，李白的乐府诗是真正的乐府诗：似又不似，形神兼备，既有汉魏古乐府引古以讽之本义，复备六朝乐府抒情之原貌。再加上李白乐府诗创作量之庞大，我们可以毫不含糊地说李白是唐人中乐府诗成就最高的一位诗人。

以上是就李白的乐府诗而言。就李白的整个创作而言，他也是最善于从乐府民歌中吸取营养，以丰富发展他其他体裁诗歌，并终于形成他横绝一代的诗歌风貌。

例如李白的绝句，主要得力于六朝乐府，因其体制短小，前人或谓之为“小乐府”（王士禛《池北偶谈·谈艺五》。李白的绝句于“小乐府”，不仅得其形似，而且得其神韵。六朝乐府《大子夜歌》有云：“歌谣数百种，《子夜》最可怜。慷慨吐清音，明转出天然。”“慷慨”就是感情奔放，由于感情奔放，不能自已，发为歌吟，就必然“吐清音”，明转而出自天然。六朝乐府中优秀的民歌都是如此，李白的绝句也是如此。例如《静夜思》：

床前明月光，疑是地上霜。举头望明月，低头思故乡。

以极短小的形式，极浅近的语言，营造了一个鲜明的画面，开辟了一个深远的意境。如果殷璠所说的盛唐诗歌的“兴象”就是言有尽而意无穷的话，那么这首小诗就是“兴象”

的代表。千余年来，多少旅人从中获得感情的共鸣，多少游子由此引起丰富的联想。它的含义可以说由幼稚园的儿童到饱经沧桑的老人都懂，又都不全懂，它的美学底蕴令专家学者为之词乏理窘。又如《玉阶怨》：

玉阶生白露，夜久侵罗袜。却下水精帘，玲珑望秋月。

写深居宫中的妇女在深秋的夜里独自望月的情景。通篇没有一句藻饰，而形象何等鲜明！通篇不着一处怨情，而寂寞幽怨之情见于言外。闻一多先生曾称这类诗“如一朵五色的灵芝，长在龙爪似的老松根上”，任何外国语言的翻译都是吃力不讨好的，“不该采它下来，采它就是毁它，‘美’是碰不得的，一沾手它就毁了”[①]。又如七绝《山中与幽人对酌》：

两人对酌山花开，一杯一杯复一杯。我欲醉眠卿且去，明朝有意抱琴来。

短短四句，一个天真率直的性格，一派倜傥不羁的逸兴，便跃然纸上。再如《宣城见杜鹃花》：

蜀国曾闻子规鸟，宣城还见杜鹃花。一叫一回肠一断，三春三月忆三巴。

① 《翻译通讯》编辑部《翻译研究论文集（1894–1948）》，外语教学与研究出版社1984年版，第196页。

音节之美妙自然，只有民歌中有此天籁。

李白的绝句（无论五绝、七绝），在感情上是“慷慨吐清音”，在语言音节上是“明转出天然”，在形象上善用白描，寥寥数语，勾画出一个画面，创造出一个意境，开门见山，言近意远，又如脱口而出，不见丝毫雕琢之迹。这些都是“小乐府”民歌的特点。李白正是在对民歌深下功夫之后，化为自己的血肉，创造出他清水芙蓉、天然美妙的绝句作品。

李白在学习乐府民歌方面成就最大者是他的歌行。歌行者，“其题或名歌，亦或名行，或兼名歌行。歌，曲之总名；行，衍其事而歌之曰行。歌最古，行与歌行皆始汉，唐人因之”（胡震亨《唐音癸签·体凡》）。可见歌行是从古歌谣、古乐府发展起来的一种诗体。“凡诗诸体皆有绳墨，惟歌行出自《离骚》、乐府，故极散漫纵横”。“惟歌行大小短长，错综阖辟，素无定体，故极能发人才思”（胡应麟《诗薮·内编》卷三）。可见歌行的特点就是自由奔放，最少拘束。可以说歌行尤其是杂言歌行，就是古代诗歌中的自由体。歌行体源于乐府民歌，魏晋以来文人虽有仿作，但为数尚少，齐梁时期的文人歌行，则几乎都堕入宫体诗的泥淖。初唐至盛唐前期的歌行，渐次增多，但少见刚健奔放之作，远未成气候。只有在李白登上盛唐诗坛之后，才使歌行大显神通，大放异彩，终于使歌行在古体诗中另立门户，并与律体、绝句等取并驾齐驱之势。

李白首先把歌行从初唐的浮华绮丽风气中解放出来，恢复了它的刚健和自由。但李白并没有让歌行退归到原始状态，而是以雄才大略改造它、丰富它、发展它。他发扬《诗》

《骚》比兴言志的传统，给歌行注入空前深广的思想内容。他又从《楚辞》《庄子》中取来了上天入地的幻想、精彩鲜丽的辞采，使歌行有了空前丰富的艺术形象。他又从《庄子》《列子》《史记》中学得了汪洋恣肆、纵横捭阖的笔法，使歌行有了空前的气势和起伏的波澜。他还从六朝乐府和初唐格律诗中吸收了流利的音韵和鲜亮的色泽，他更从乐府民歌和当代口语中学到了活的、自然的语言。这样一来，歌行这种形式就大为改观，它可以是五言、七言，也可以是长短句。短可以短到只有一个字、两个字、三个字，长可以长到八、九、十多个字。它可以一韵到底，也可以随意换韵。它可以抒情，可以叙事，可以议论、写景，也可以夹叙夹议。它是文、赋、辞的综合，又非文、非赋、非辞，而是真正的诗，是盛唐诗人，主要是李白从乐府民歌中发展、创造出来的新诗体。歌行，尤其是七言歌行能具备后人所概括的那样的特点，很大程度上是根据李白的创作实践总结出来的。总而言之，歌行体发展到李白，达到了登峰造极的地步，充分显示出这种体裁大刀阔斧、纵横捭阖、自由奔放，便于抒写大喜大悲情绪的优越性，而李白也就在此形式中找到了最能发挥他横溢才华的方式，创造出一系列惊风雨、泣鬼神的诗篇。例子很多，不再一一列举。

肃宗乾元二年（759），五十九岁的李白在江夏曾向他的朋友韦冰的儿子韦渠牟“授以古乐府之学”（权德舆《左谏议大夫韦君集序》）。李白的“古乐府之学”即自己学习、创作乐府诗的经验，这些经验虽不得而知，但根据李白的创作，我们可以归纳出他的“古乐府之学”的要领是：学习古乐府民歌，予以发展、创造，自出新意，自铸伟辞。

含蓄赜幽与比兴传统

比兴言志，源于《诗》《骚》，是我国古代诗歌的优良传统，历代诗人或多或少有所继承和发扬，而在李白诗歌中尤其具有重要意义。了解和掌握李诗善于比兴言志这一点，将有助于掌握李诗的命脉。

前文说过，李诗富于气势的表现之一是感情抒发的透彻、淋漓尽致，这是一部分李诗的特点。李诗也有感情表达十分含蓄、隐蔽的时候，他将真情实意很深地包藏起来，并不急于裸露无遗地坦然公布，读者应在做一番探赜访幽之后，始能完全理解。含蓄、隐蔽并不等于含糊、隐晦，它既是李白对古典诗歌比兴传统的继承和发扬，也是在特定情况下表达特殊情绪的需要。

对于李诗富于比兴这一特点，前人早已指出过。譬如李阳冰《草堂集序》谓李白“凡所著述，言多讽兴”。胡震亨《李诗通》谓李白乐府“连类引义，尤多讽兴，为近古所未有”。王夫之《唐诗评选》对李诗特以“深”字标出，“深”就是深于兴寄之意。魏源为陈沆《诗比兴笺》所作《序》中也说：“阮籍、傅休奕、陶渊明、鲍明远、江文通、陈子昂、李太白、韩昌黎，皆以比兴为乐府琴操。”对李诗的比兴之作，前人也有所阐发。譬如萧士赟在《分类补注李太白集》

中的笺释就颇有一些真知灼见。唐汝询在《唐诗解》中对李白某些篇目的苦心孤诣也有所发明。陈沆《诗比兴笺》收李诗五十七首，虽然对个别作品的分析失之牵强附会，有"泛政治化"倾向，但对多数作品的秘旨深意都做了有益的探讨。虽然如此，前人对李诗深于"讽兴"这一特点还未予以更充分的注意，不少重要作品中的比兴之旨尚未发现，或有所发现而揭示得不够准确、不够深透。更重要的是还没有把这一特点同李白的创作思想联系起来加以阐发，从而说明这一特点的重要意义。

李白的诗论虽然很少，但稍加整理即可约略窥知其基本创作思想。

孟棨《本事诗》云："白才逸气高，与陈拾遗齐名，先后合德。其论诗云：梁陈以来，艳薄斯极，沈休文又尚以声律。将复古道，非我而谁欤？"

李白《古风五十九首》其一（"《大雅》久不作"）、其三十五（"丑女来效颦"）也是他的重要诗论，其基本观点是标举《风》《雅》正声，复以古道，反对梁、陈颓风及其在当时的余波。

李白为其好友崔成甫诗集《泽畔吟》撰《序》，《序》中对《泽畔吟》作了高度评价，云："观其逸气顿挫，英风激扬，横波遗流，腾薄万古。至于微而彰、婉而丽，悲不自我，兴成他人，岂不云怨者之流乎？""微而彰、婉而丽"云云，实际上正是李白创作方法的"夫子自道"。

李阳冰《草堂集序》对李白诗歌做出"凡所著述，言多讽兴"的评价之后，接着说："卢黄门云：陈拾遗横制颓波，天下质文，翕然一变。至今朝诗体，尚有梁、陈宫掖之风，至公大变，扫地并尽。”这就是孟棨所说的“（白）与陈拾遗齐名，先后合德”的由来。“先后合德”的意思就是陈子昂与李白的诗歌主张一致，有共同的反对和倡导的对象，其诗歌的摧陷廓清作用也是一致的。陈子昂的诗歌理论，集中反映在其《与东方左使虬修竹篇序》中的一段话，序云：“文章道弊五百年矣！汉、魏风骨，晋、宋莫传，然而文献有可征者。仆尝暇时观齐、梁间诗，彩丽竞繁而兴寄都绝，每以咏叹，思古人，常恐逶迤颓靡，《风》《雅》不作，以耿耿也。”

把以上几条资料联系起来加以体味和思考就可以发现，陈子昂与李白共同的诗歌主张是：要以《风》《雅》正传廓清梁、陈颓风。其所以有此必要，是因为梁、陈颓风“彩丽竞繁，兴寄都绝”，“艳薄斯极”。既然梁、陈颓风之“颓”关键在于“兴寄都绝”，那么所谓《风》《雅》正传之“正”即在于比兴言志，使诗歌具有褒贬美刺的作用。陈子昂和李白高举的都是“复古”的旗号，所复之古即使诗歌恢复比兴言志的传统，其实质是革新的。

由此可知，李白诗歌的富于比兴不是偶然的，不是无意识的，也不仅仅是一个表现手法的问题，它是李白创作思想的体现，是他有意识的追求。

掌握了李诗比兴言志的特点，特别是领会了李白继承和发扬这一传统的重大意义，我们就会发现：李白写高山大川、风花雪月、奇禽异兽、醇酒美人、神仙幻境以及其他一些似乎远离社会、远离现实、远离政治的事物，常常不是他真正的创作目的，而是他的比兴手段。他或借大鹏展翅抒发他的壮志凌云，或借行路艰难形容世途坎坷，或借仙山幻境象征人生经历，或借生离死别寄托远窜之苦，或借日月之蚀预言国运。大量的历史题材是他借古讽今的手段，屡见不鲜的男女之情往往是他孤臣孽子之心的反映。正是在这些表面上远离政治的事物中，李白寄寓着他强烈的政治热情。正是由于丰富多彩的比兴手段的运用，李白写了一大批政治抒情诗。例如《长相思三首》其一：

> 长相思，在长安。络纬秋啼金井阑，微霜凄凄簟色寒。孤灯不明思欲绝，卷帷望月空长叹，美人如花隔云端。上有青冥之高天，下有渌水之波澜。天长路远魂飞苦，梦魂不到关山难。长相思，摧心肝。

虽然李白写过不少的爱情诗，而优秀的爱情诗也可以传之不朽，但《长相思》这一首却不是爱情诗。深刻地理解这首诗的含义，必须和李白开元间一入长安联系起来，必须和李白此期其他诗联系起来，必须和屈原《离骚》中求女的传统写法联系起来。《长相思》所表述的，是他徘徊于魏阙之下而报国无路的心情，这种心情如此强烈，令他为之“摧心肝”，唯有用男女相思才能写透、写足。

试读下面一首写草木的诗：

> 嘉谷隐丰草，草深苗且稀。农夫既不异，孤穗将安归？常恐委畴陇，忽与秋蓬飞。乌得荐宗庙，为君生光辉？

（《感兴八首》其八）

这当然不是在写草木。诗中的“嘉谷”，以寓在野的贤良之士，“丰草”则是芸芸众生，“农夫”则是简拔人才的皇帝和左右辅佐之臣。萧士赟评云：“嗟乎！士怀才而不遇，千载读之，犹有感激。”（《分类补注李太白集》）

下面是一首写禽鸟的诗：

> 双燕复双燕，双飞令人羡。玉楼珠阁不独栖，金窗绣户长相见。柏梁失火去，因入吴王宫。吴宫又焚荡，雏尽巢亦空。憔悴一身在，孀雌忆故雄。双飞难再得，伤我寸心中。（《双燕离》）

诗中的“柏梁”“吴宫”就暗示此诗不是一般的禽鸟诗。只要了解李白的生平，就会想到诗中所写指永王璘事件以后，白己遭冤枉、坐监狱、被流放，和妻子儿女生离死别、天各一方的事。永王璘事件是皇帝与其弟争夺权位残酷斗争的结果，“吴宫”焚荡，祸及无辜的燕巢，这在当时是人人尽知而又不能明言的事，在特定的环境下，李白只好借双燕以比兴言志，婉曲地表达他血泪一般的控诉。

下面是三首写女性的诗：

> 美人出南国，灼灼芙蓉姿。皓齿终不发，芳心空自持。由来紫宫女，共妒青蛾眉。归去潇湘沚，沉吟何足悲？（《古风五十九首》其四十九）

> 燕赵有秀色，绮楼青云端。眉目艳皎月，一笑倾城欢。常恐碧草晚，坐泣秋风寒。纤手怨玉琴，清晨起长叹。焉得偶君子，共乘双飞鸾？（《古风五十九首》其二十七）
>
> 绿萝纷葳蕤，缭绕松柏枝。草木有所托，岁寒尚不移。奈何夭桃色，坐叹葑菲诗。玉颜艳红彩，云发非素丝。君子恩已毕，贱妾将何为？（《古风五十九首》其四十四）

从字面上看，第一首写因色美而遭妒，第二首写女性盛年未嫁，第三首写盛年被弃，实际上并非如此。萧士赟评第一首："此太白遭谗摈逐之诗也。去就之际，曾无留难，然自后人而观之，其志亦可悲矣！"评第二首："怀才抱艺之士，惟恐未能见用，而老之将至。"（《分类补注李太白诗》）王琦评第三首："古称色衰爱弛，此诗则色未衰而爱已弛。有感而发，其寄讽之意深矣！"（《李太白全集》）都可以称得上是独具慧眼。陈藻《读李翰林诗》云："莫怪篇篇吟妇女，别无人物与形容。"这就是李白屡屡借妇女以寄意的苦心所在。李白集中有《幽涧泉》诗一首，是李白自制的琴曲歌辞，诗云："拂彼白石，弹吾素琴。幽涧愀兮流泉深，善手明徽高张清。心寂历似千古，松飕飗兮万寻。中见愁猿吊影而危处兮，叫秋木而长吟。客有哀时失志而听者，泪淋浪以沾襟。乃缉商缀羽，潺湲成音。吾但写声发情于妙指，殊不知此曲之古今。幽涧泉，鸣深林。"诗写琴声，实喻诗心，也即是说，诗中写的虽是幽涧、流泉、松风、愁猿，但传达的主旨是"哀时失志"，读者对诗人苦心所在的领会，赖于对诗人"写声发情"的"妙指"的感受。"妙指"，在这里应指其比兴的手法。

按这样的方法去理解《蜀道难》,《蜀道难》就不是简单的山水诗所能概括。与李白此期的《行路难》等诗联系起来,它应是李白一入长安寻求政治出路失败以后“哀时失志”心理的反映,是李白出蜀以来艰辛经历的写照,是他凌云壮志初受重创而发出的悲愤交加的呼号。诗中跋涉在畏途巉岩间的旅人就是诗人自己。《梦游天姥吟留别》也不是简单的游仙诗或山水诗所能概括。这首诗作于李白待诏翰林去朝之后,将它与我国诗歌中借游仙以抒怀寄意的传统联系起来看,就可以体会出诗中从入梦到梦醒的过程,那种种可欣可羡亦复可惊可怖的幻境,实际上就是李白从奉诏入朝、待诏翰林到终于被放还的经历。诗中可惊可怖的场面,正是当时来自杨贵妃、高力士、张垍等权贵人物谗言中伤后在诗人心中留下深刻创伤的反映。陈沆《诗比兴笺》评此诗云:“太白被放以后,回首蓬莱宫殿,有若梦游,故托天姥以寄意。”正因为此诗是寄意之作,所以诗末出现了“安能摧眉折腰事权贵,使我不得开心颜”这一篇之警策。这两句的出现,不是天外飞来,而是从心中涌出,直抒胸臆。

又如《梁园吟》《襄阳歌》《将进酒》等,虽非纯用比兴,也是兼用比兴或暗用比兴。《梁园吟》借访古抒发一入长安后失败的悲哀。《襄阳歌》借及时行乐、放荡不羁,挥斥干谒韩荆州后的愤懑。《将进酒》借置酒高会畅写心曲。这些诗表面上都多有及时行乐的句子,所以常常被误解为糟粕或含有糟粕成分。如《南轩松》《空城雀》《天马歌》

等大批咏物之作，如《妾薄命》《夜坐吟》《秦女卷衣》等闺怨、宫怨诗，如《越中览古》《苏台览古》《古风五十九首》其三（“秦王扫六合”）等一批咏史之作，都不是单纯的咏物、闺怨和咏史之作，都是李白比兴言志手段的反映。“微子悲殷，实兴怀于黍离；屈平哀郢，亦假助于江山”（黄侃《文心雕龙札记》）；“天地间形形色色，无非诗也”（魏源《诗比兴笺序》）；“其称文小而其指极大，举类迩而见义远”（《史记·屈原贾生列传》），这就是比兴言志的诗歌传统。李白是这个传统的优秀继承者和发扬者。李《集》中，以比兴而言志的政治抒情诗很多，可以说，掌握了比兴言志这一特点，就基本上掌握了李白；而忽视了这一点，就会在很大程度上失去李白。过去对李白评价不够，甚至误解他、歪曲他，一个重要原因即在于忽视了他在继承和发扬比兴言志这一传统方面的苦心和实践。

下编：李白诗选注析

对　雨

卷帘聊举目，　露湿草绵绵。
古岫披云毳[①]，空庭织碎烟。
水红愁不起[②]，风线重难牵[③]。
尽日扶犁叟，　往来江树前。

①岫（xiù）：峰峦。毳（cuì）：鸟兽细毛，云毳喻薄云。②水红：水草名，亦称水荭。　③风线：谓雨丝。

清人王琦《李太白文集》卷三十"诗文拾遗"自《文苑英华》录《对雨》等五律数首。《唐诗纪事》卷十八引宋杨天惠《彰明逸事》云："时太白齿方少，英气溢发，诸为诗文甚多，微类《宫中行乐词》体。今邑人所藏百篇，大抵皆格律也。虽颇体弱，然短羽褵褷，已有凤雏态。淳化中，县令杨遂为之引，谓为少作是也。"王琦《李太白年谱》引用以上文字后加按语云："疑《文苑英华》所载五律数首或即是欤？"杨天惠，北宋人，哲宗元符二年（1099）曾为彰明县令，去唐未远。其所著《彰明遗事》的材料为访求邑人所得，当非无稽之谈。五律为唐时科举应试规定体裁，少年习作，多自五律始。《对雨》数首，体格稍弱，王琦以为即李白少作，是有道理的。李白曾自称"十五观奇书，作赋凌相如”(《赠张相镐二首》其二)。他的创作活动，大约开始于十五岁，即开元三年(715)前后。

访戴天山道士不遇[①]

犬吠水声中，桃花带露浓。
树深时见鹿，溪午不闻钟。
野竹分青霭[②]，飞泉挂碧峰。
无人知所去，愁倚两三松。

①戴天山：又名大匡山、大康山，在四川江油。有大明寺，开元中，李白曾读书于此。 ②“野竹”句：谓野竹时见于青霭之中。

开元六年(718)作于戴天山。《唐诗纪事》卷十八引宋杨天惠《彰明遗事》，谓白少时“隐居戴天大匡山，往来旁郡，依潼江赵征君蕤……从学岁余，去游成都”。李白初游成都在开元八年，逆推可知他隐居戴天山时间。此诗是李白蜀中时期五律佳作。王夫之评云：“全不添入情事，只拈死‘不遇’二字，愈死愈活。”(《唐诗评选》)

登锦城散花楼[①]

日照锦城头，朝光散花楼。金窗夹绣户，珠箔悬银钩。飞梯绿云中，极目散我忧。暮雨向三峡[②]，春江绕双流[③]。今来一登望，如上九天游。

①锦城：也称锦里、锦官城。《华阳国志》卷三：“锦江，织锦濯其中则鲜明，濯他江则不好，故命曰锦里也。”锦城旧址在今成都百花潭公园一带，其城至东晋、南朝犹存。此处以锦城代成都。散花楼：在成都摩诃池上，隋末蜀王杨秀所建，今不存。②三峡：即长江瞿塘峡、巫峡、西陵峡，在重庆奉节至湖北宜昌之间。　③双流：即今成都市双流区，以夹郫江、流江之间而得名。

开元八年（720）初游成都时作。本年春正月，宰相苏颋罢为礼部尚书，旋出为益州（即成都）大都督长史，李白曾于途中谒见。此次出游成都，一为游历，二为干谒。干谒未成，故有“极目散我忧”之句。

上李邕[①]

大鹏一日同风起，　扶摇直上九万里[②]。
假令风歇时下来，　犹能簸却沧溟水。
时人见我恒殊调，　见余大言皆冷笑。
宣父犹能畏后生[③]，丈夫未可轻年少[④]。

①李邕：字泰和，江夏（今湖北武昌）人。开元六年末任渝州（今重庆）刺史。天宝时为北海（今山东益都）太守，人称李北海。以书法、文章名闻天下，喜汲引下士。天宝六载为李林甫所害。②“大鹏”二句：用《庄子·逍遥游》典。《逍遥游》：“鹏之徙于南溟也，水击三千里，抟扶摇而上者九万里。”　③宣父：即孔子。唐贞观年间曾下诏尊孔子为“宣父”。《论语·子罕》：“后生可畏，焉知来者之不如今也。”　④丈夫：称年尊长者，此指李邕。

开元八年作于渝州。此诗今人多以为是李白天宝出朝后于北海谒李邕时作。细读此诗，颇不伦。出朝之后，李白已四十多岁，不应当自称“年少”。且已受玄宗隆遇，李邕不至于对他轻慢。此诗必为少作无疑。开元六年末，李邕由括州员外司马调任渝州刺史事，见于《通鉴》，而两《唐书》的《李邕传》不载，故今人多未留意。开元八年李白有渝州之行，于考察李白行踪有重要意义。

冬日归旧山[①]

未洗染尘缨[②]，归来芳草平[③]。一条藤径绿，万点雪峰晴。地冷叶先尽，谷寒云不行。嫩篁侵舍密，古树倒江横。白犬离村吠，苍苔上壁生。穿厨孤雉过，临屋旧猿鸣。木落禽巢在，篱疏兽路成。拂床苍鼠走，倒箧素鱼惊[④]。洗砚修良策，敲松拟素贞[⑤]。此时重一去，去合到三清[⑥]。

①旧山：指戴天山大明寺读书处。 ②缨：帽缨。尘缨：犹言风尘仆仆。 ③芳草平：即芳草坪。古代“平”“坪”通用。 ④素鱼：即蠹鱼，其色白，故名，常寄生书箧中。 ⑤素贞：谓清白之操守。句谓以松柏之节自励。 ⑥三清：道家语，即玉清、太清、上清，在人、天两界之外。此以三清喻朝廷。

李白在成都，曾得到苏颋的夸赏：“此子天才英丽，下笔不休，虽风力未成，且见专车之骨。若广之以学，可以相如比肩。”（《上安州裴长史书》）所以虽然干谒未成，却也未灰心丧气，“洗砚修良策，敲松拟素贞”，可看作他钻研学问、留心经济、再整旗鼓的自誓之词。

峨眉山月歌[①]

峨眉山月半轮秋，影入平羌江水流[②]。
夜发清溪向三峡[③]，思君不见下渝州[④]。

①峨眉山：在今四川峨眉山市境。 ②平羌江：即青衣江，东南流经峨眉山，至乐山汇入岷江。 ③清溪：即清溪驿，在四川犍为县境。三峡：指长江三峡，是李白去程所在。 ④渝州：今重庆。

去蜀前惜别故乡之作。末句的“君”，或谓指人，不确。清沈德潜以为君指“峨眉山月”（《唐诗别裁》），可谓独具慧眼。而峨眉山月，则用来象征故乡。白晚年有同题诗，末两句云：“一振高名满帝都，归时还弄峨眉月。”正以月代故乡。此诗为李白七绝佳作，纪行、写景、抒情，如水乳交融，浑然一体。音韵流畅，读来如月在水，如珠在盘。后人尤赞赏诗中连用五地名而不露痕迹，明王世贞云：“此是太白佳境，二十八字中有峨眉山、平羌江、清溪、三峡、渝州，使后人为之，不胜痕迹矣。可见此老炉锤之妙。”（《艺苑卮言》）“炉锤”为人工之妙，李白此诗，妙在天巧浑成，王世贞仍然没有说对。

巴女词[①]

巴水急如箭，巴船去若飞。
十月三千里，郎行几岁归？

①巴：唐之渝州、涪州、忠州、万州等地，皆古时巴郡地。

去蜀途中拟民歌之作。自此之后，不断有拟作，表现了李白对民歌的倾心和学习。

渡荆门送别[①]

渡远荆门外，来从楚国游[②]。
山随平野尽，江入大荒流。
月下飞天镜，云生结海楼[③]。
仍怜故乡水，万里送行舟。

①荆门：在今湖北宜都西北。江水之北有虎牙山，南有荆门山，山势上开下合，其状如门，谓之荆门。　②楚国：此指荆州一带，战国时楚国建都于此。　③海楼：即海市蜃楼。此处形容江上云彩变幻无穷的美丽景色。

首联叙事，二、三联铺写景物，由白昼而夜间，由地面而天空，目力高远，意气飞扬，境界壮阔而瑰丽。所有景物，无不浸染着诗人到广阔天地去驰骋才能、实现理想的热切愿望。末联骤然由大开转为大阖，结出对故乡的留恋，亦完足题面“送别”之意。“故乡水”即是故乡。清沈德潜以为“诗中无送别意，题中‘送别’二字可删”（《唐诗别裁》），失之于泥。“山随平野尽”二句，与杜甫“星垂平野阔，月涌大江流”（《旅夜书怀》）境界、手法相似，后人多有评论。李、杜如双峰对峙，间亦有相似处，此即是一例。

荆州歌①

白帝城边足风波②，瞿塘五月谁敢过③？荆州麦熟茧成蛾，缲丝忆君头绪多，拨谷飞鸣奈妾何④？

①荆州：天宝元年改为江陵郡，即今湖北江陵县。 ②白帝城：在重庆奉节东。王莽时，公孙述据蜀，自称白帝，号其城为白帝城。足风波：犹言多风波。白帝城西临大江，江水湍急。 ③瞿塘：即瞿塘峡，在白帝城东，夹岸峰高千丈，江水奔流如电，多险滩礁石。夏季水涨，礁石淹没水中，舟人为之恐惧。 ④拨谷：即布谷鸟，五月飞鸣，如唤“行不得也哥哥”。奈妾何：即妾奈何。

开元十三年(725)夏抵江陵时作。《荆州歌》原为江南民歌《西曲》之一，此为李白拟作。古朴径直，又与江南民歌的旖旎不同，明杨慎评“此歌有汉谣之风”(《李诗选》)。《唐宋诗醇》亦谓此诗“古质入汉，得风人之遗韵”。

北溟有巨鱼(《古风五十九首》其三十三)

北溟有巨鱼①，身长数千里。
仰喷三山雪，横吞百川水。
凭陵随海运②，焯赫因风起③。
吾观摩天飞，九万方未已。

①《庄子·逍遥游》：“北冥有鱼，其名为鲲，鲲之大，不知其几千里也。化而为鸟，其名为鹏。鹏之背，不知其几千里也。怒而飞，其翼若垂天之云。是鸟也，海运则将徙于南冥。南冥者，天池也。……水击三千里，抟扶摇而上者九万里，去以六月息者也。”此句以下，皆由《庄子》化出。 ②凭陵：进逼之意。海运：海水振动。 ③焯(dǎn)赫：声势盛大。

李白集中以《古风》为题的一组诗共五十九首，皆为五言古诗。《古风》即古体诗。五十九首诗，非一时一地所作，当皆无题或失题。总命为《古风》，或李白所为，或后人编集时所为。开元十三年，李白初抵江陵时，曾与道士司马承祯相识。司马承祯（字子微）开元年间曾两次被唐玄宗召入京都，备极礼遇，为帝王之师，是名重一代的道教尊师。司马承祯一见李白，即大加奖誉，谓其“有仙风道骨，可与神游八极之表”。李白有感于此而作《大鹏遇希有鸟赋》（后改名《大鹏赋》），以高飞九天的大鹏自况。此篇《古风》，用意与《大鹏赋》相似，当为同时所作。神话中的大鹏，是李白一生最崇拜的形象，以大鹏自拟，在李白也是最得意的。

望庐山瀑布二首①（其二）

日照香炉生紫烟②，遥看瀑布挂前川。
飞流直下三千尺，疑是银河落九天。

①庐山：在江西九江市南，北临大江。　②香炉：即香炉峰。庐山西北有北香炉，南有南香炉，此诗之香炉峰当为南香炉。黄宗羲《匡庐游录》曰：“北山之香炉峰，在峰于庐山为东，登之亦无瀑布可见，（与白诗）不相涉也。”

开元十三年（725）出游金陵途中初登庐山时所作。《望庐山瀑布》其一为五古，有句云“海风吹不断，江月照还空”，颇为人所赏识。当时人任华《杂言寄李白》云：“登庐山，观瀑布，海风吹不断，江月照还空。余爱此两句。”南宋葛立方云：“以余观之，银河一派，犹涉比拟，不若白前篇云‘海风吹不断，江月照还空’，凿空道出，为可喜也。”（《韵语阳秋》）此为白诗之第一桩诗案。“海风”一联，清空语也；“飞流”一联，豪壮语也，似不必扬此抑彼，强定甲乙。中唐诗人徐凝亦有《庐山瀑布》七绝一首，云：“虚空落泉千仞直，雷奔入江不暂息。今古长如白练飞，一条界破青山色。”白居易独赏下联，有“赛不得”之语。苏轼诋云：“帝遣银河一派垂，古来惟有谪仙词。飞流溅沫知多少，不与徐凝洗恶诗。”（《戏徐凝瀑布诗》）此为白诗第二桩诗案。徐诗观察细致，比喻新奇精警，不必诋为“恶诗”。然白诗想落天外，多少飞动，艺术性远超出徐诗，殆亦可成为定论。

望天门山①

天门中断楚江开②，碧水东流至此回③。
两岸青山相对出，孤帆一片日边来。

①天门山：在安徽当涂县西南长江上。江东为博望山，西为梁山（属安徽和县），两山相望如门，俗谓之天门山。 ②楚江：

即长江。此地古为楚所有，故称。　③“碧水”句：长江东流，至此折向北流。诗意谓长江北折为天门山夹峙两岸所致。

开元十三年东游途中所作。末句“日边来”，只是即景，并无寓意。或谓“日边”指长安，失之凿，不可取。

金陵酒肆留别①

风吹柳花满店香，吴姬压酒唤客尝②。
金陵子弟来相送，欲行不行各尽觞。
请君试问东流水，别意与之谁短长？

①金陵：本楚之金陵邑，秦汉为秣陵，三国为建业，南朝为建康，唐为江宁。唐人诗文中多习称金陵，即今江苏南京市。　②压酒：压槽取酒。古时新酒酿熟，临饮时方压槽取用。

开元十四年（726）春离别金陵时所作。李白于上年岁暮抵金陵，至本年春旋又离金陵而东去。此诗备极风流而豪情满怀，无意为工而字工、句工、意工。南宋胡仔云：“《诗眼》云：好句须要好字，如李太白诗‘吴姬压酒唤客尝’，见新酒初熟，江南风物之美，工在‘压’字。”（《苕溪渔隐丛话》）南宋魏庆之云：“山谷言：

学者不见古人用意处，但得其皮毛，所以去之更远。如‘风吹柳花满店香’，若人复能为此句，亦未是太白。至于‘吴姬压酒唤客尝’，压酒二字，他人亦难及。”（《诗人玉屑》）明谢榛云：“太白《金陵留别》诗‘请君试问东流水，别意与之谁短长’，妙在结语。使座客同赋，谁更擅长？谢宣城《夜发新林》诗‘大江流日夜，客心悲未央’；阴常侍《晓发新亭》诗‘大江一浩荡，悲离足几重’，二作突然而起，造语雄深，六朝亦不多见。太白能变化为结，令人叵测，奇哉！”（《四溟诗话》）所说皆是。此诗之妙，又在“欲行不行”四字。“欲行”者，李白也；“不行”者，金陵子弟也。诗人此行目的在吴越一带（白《秋下荆门》诗云：“此行不为鲈鱼脍，自爱名山入剡中”）。金陵子弟相送，友情颇堪珍惜，终然要告别而去，又似决绝无情者，故末联用含蓄模棱之语道之。

夜下征虏亭[①]

船下广陵去[②]，月明征虏亭。
山花如绣颊，江火似流萤。

①征虏亭：在金陵，为东晋征虏将军谢石所建，故名。

②广陵：战国时为楚广陵邑，汉为广陵郡，唐初为扬州，天宝时复为广陵郡。即今江苏扬州市。

开元十四年春自金陵赴扬州时作。

长干行二首[1]（其一）

妾发初覆额，折花门前剧。郎骑竹马来，绕床弄青梅。同居长干里，两小无嫌猜[2]。十四为君妇，羞颜未尝开。低头向暗壁，千唤不一回。十五始展眉，愿同尘与灰。常存抱柱信[3]，岂上望夫台[4]？十六君远行，瞿塘滟滪堆[5]。五月不可触，猿声天上哀。门前迟行迹，一一生绿苔[6]。苔深不能扫，落叶秋风早。八月胡蝶来[7]，双飞西园草。感此伤妾心，坐愁红颜老。早晚下三巴[8]，预将书报家。相迎不道远[9]，直至长风沙[10]。

①《长干行》：乐府“杂曲歌辞”有《长干曲》。长干，金陵里巷名，位于秦淮河南岸。《文选》左思《吴都赋》刘逵注：“建业南五里有山岗，其间平地，吏民杂居，号长干。中有大长干、小长干，皆相连。”其地当在今南京市南。原有两首，其二或以为他人之作，然迄未能定。　②嫌猜：嫌疑，顾忌。古制：男女七岁以上授受不亲，以别嫌疑。　③抱柱信：《庄子·盗跖》：“尾生与女子期于梁下，女子不来，水至不去，抱梁柱而死。”　④望夫台：相传有男子外出久不归，其妻登台眺望，化为石，号为望夫台。各地所

在多有。　⑤滟滪堆：在瞿塘峡口，周回二十丈，当长江中心。冬水浅，屹然露出，夏水涨，仅露其顶，过往船只多触没。谚云："滟滪大如马，瞿塘不可下。滟滪大如鳖，瞿塘行舟绝。滟滪大如龟，瞿塘不可窥。滟滪大如襆，瞿塘不可触。"　⑥"门前"二句：言离别之久。　⑦来：一作"黄"。王琦云："杨升庵谓胡蝶或黑或白，或五彩皆具，惟黄色一种至秋乃多，盖感金气也。引太白'八月蝴蝶黄'之句，以为深中物理，而评今本'来'字为浅。琦谓以文义论之，终以'来'字为长。"今按：以文义论之，上句"来"，下句"飞"，两动词搭配，"来"字佳。然蝴蝶何时不来而必待八月始来？"黄"字亦非无理。　⑧早晚：犹言何时。三巴即巴郡、巴东、巴西三郡，在今重庆东部和湖北西部地区。　⑨不道：犹言不管或不顾。　⑩长风沙：在今安徽安庆市东长江边。陆游《入蜀记》："李白《长干行》云：'……相迎不道远，直至长风沙。'盖自金陵至长风沙七百里，而室家来迎其夫，甚言其远也。"

或谓此诗是抒写商妇离愁别恨和青春虚度悲哀的，实远未探中诗之旨趣。《唐宋诗醇》评云："儿女子情事，直从胸臆间流出，萦迂回折，一往情深。"评得极是。"青梅竹马"是爱情的源头，然而却不顺写，经历了天真、羞涩、炽热、痛苦，"相迎不道远，直至长风沙"，复归于痴情的亢奋。李白诗号称"大江无风，波浪自涌"，粗沙飞石，巨笔如椽，又能极精致地编织、抒写细腻的儿女情事，是诗人又一种笔法。

诗作于李白初抵金陵时。此下《杨叛儿》一首亦为金陵时学习乐府民歌之作。

杨叛儿①

君歌《杨叛儿》，妾劝新丰酒②。
何许最关人③？乌啼白门柳④。
乌啼隐杨花，君醉留妾家。
博山炉中沉香火⑤，双烟一气凌紫霞⑥。

①《杨叛儿》：乐府“清商曲辞”名。又名《杨伴》。《旧唐书·音乐志二》：“《杨伴》，本童谣歌也。齐隆昌时，女巫之子曰杨旻，旻随母入内，及长，为后所宠。童谣云：‘杨婆儿，共戏来。’而歌语讹，遂成杨伴儿。” ②新丰：地名，在今江苏丹阳县。陆游《入蜀记》：“早发云阳（即丹阳），过新丰小憩。李太白诗云‘南国新丰酒，东山小妓歌’。又唐人诗云‘再入新丰市，犹闻旧酒香’，皆谓此地，非长安之新丰也。” ③关人：犹言使人关切。 ④白门：即金陵西门。《杨叛儿》古辞云：“暂出白门前，杨柳可藏乌。”此句概括古辞二句而成，为男女幽会的隐语。 ⑤博山炉：铜制熏炉，其上刻作重叠山形及仕女图画。沉香：即沉水

香，可作熏香料，其木入水能沉，故名。 ⑥“博山炉”二句：以炉、香喻男女两情之欢洽。

《杨叛儿》古辞仅二十字，而李白衍之为四十四字。明杨慎云：“李白……因其拈用，而古乐府之意益显，其妙益见。”（《升庵诗话》卷2）古辞之妙在隐，李白之妙在将隐语道破。古辞以“杨柳藏乌”隐私情，白以“君醉留妾家”道破之；古辞以炉、香隐喻男女结合，白以“双烟一气凌紫霞”显言之。李白学习乐府，创造性发展乐府，于此可见。

越女词五首（其一）

其　一

长干吴儿女，眉目艳星月。
屐上足如霜，不著鸦头袜[①]。

①鸦头袜：即叉头袜，穿着时拇指与其余四趾分开。

其　三

耶溪采莲女[①]，见客棹歌回[②]。
笑入荷花去，佯羞不出来。

①耶溪：即若耶溪，在今浙江绍兴。　②棹（zhào）歌：划船时所唱的歌。棹，划水行船。

其　五

镜湖水如月[①]，耶溪女如雪。
新妆荡新波，光景两奇绝。

①镜湖：也名鉴湖，在今浙江绍兴。若耶溪水北流入镜湖。

李白于开元十四年春夏间抵越中。五首中称“长干”，称“耶溪”“镜湖”，可知作于金陵及越中一带。组诗以质朴清丽的语言，写出了江南劳动女子的美，同时也充溢着青年李白对爱情的渴慕和对美的追求。

采莲曲[①]

若耶溪旁采莲女，笑隔荷花共人语。
日照新妆水底明，风飘香袂空中举。
岸上谁家游冶郎[②]，三三五五映垂杨？
紫骝嘶入落花去[③]，见此踟蹰空断肠。

①《采莲曲》：乐府“清商曲辞”名。 ②游冶：浪游之意。③紫骝：毛色枣红的良马。

一番“多情反被无情恼”的光景。岸上的“游冶郎”，不妨看作有诗人自己在。

淮南卧病书怀寄蜀中赵征君蕤[①]

吴会一浮云[②]，飘如远行客。功业莫从就，岁光屡奔迫。良图俄弃捐，衰疾乃绵剧[③]。古琴藏虚匣，长剑挂空壁。楚怀奏钟仪[④]，越吟比庄舄[⑤]。国门遥天外[⑥]，乡路远山隔。朝忆相如台[⑦]，夜梦子云宅[⑧]。旅情初结缉，秋气方寂历[⑨]。风入松下清，露出草间白。故人不可见，幽梦谁与适[⑩]？寄书西飞鸿，赠尔慰离析。

①淮南：即淮南道，此指扬州。唐贞观元年分天下为十道，淮南道治所在扬州。征君：朝廷征召而不受职之人，后亦指无爵禄者。赵蕤，白故人。《四川通志》："赵蕤，盐亭人，隐于梓州郪县长平山安昌岩。博考六经诸家同异，著《长短经》十卷，明王霸大略，其文亦《申鉴》《论衡》之流，凡六十三篇。"《彰明逸事》谓李白少时曾依赵蕤从学岁余。 ②吴会（kuài）：吴郡与会稽郡。浮云：喻己之漂泊不定。 ③绵剧：缠绵加剧。④"楚怀"句：《左传·成公九年》载：晋侯观于军府，见郑人所献楚囚人钟仪，使释之，问其族，有司对曰："伶人。"使与之琴，操南音。范文子曰："乐操土风，不忘旧也。" ⑤"越吟"句：《史记·张仪列传》载：越人庄舄于楚做官，有顷而病。楚王曰："舄，故越之鄙细人也，今仕楚执珪，富贵矣，亦思越否？"左右对曰："凡人之思故，在其病也。彼思越则越声，不思越则楚声。"使人往听之，果越声。以上二句，以钟仪、庄舄事喻己之思念家国。⑥国门：家国之门。 ⑦相如台：即司马相如琴台。司马相如为蜀人，其琴台故址在成都。 ⑧子云宅：即扬雄故宅。雄字子云，蜀人，其故宅在成都。 ⑨寂历：凋敝冷清貌。⑩谁与适：即与谁适。适，合、乐也。

开元十四年秋自越中返扬州后作。所书之怀，一在岁月流逝，二在功业未就，三在怀恋故乡，四在感念故人。此是李白自出蜀后第一篇委顿萧瑟之词。

山中问答[①]

问余何意栖碧山？笑而不答心自闲。
桃花流水窅然去[②]，别有天地非人间。

①山中答问：一作“山中答俗人”，一作“答俗人问”，一作“答问”。山中，当是今湖北安陆的寿山。　②窅（yǎo）然：深远貌。

开元十五年（727）春作于安陆。李白于去年底或本年初抵安陆（唐时称安州），隐于寿山。旋婚于高宗时故相许圉师之孙女。白《代寿山答孟少府移文书》云：“近者逸人李白自峨眉而来，尔其天为容，道为貌，不屈己，不干人，巢、由以来，一人而已。……申管、晏之谈，谋帝王之术，奋其智能，愿为辅弼，使寰区大定，海县清一，事君之道成，荣亲之义毕，然后与陶朱、留侯浮五湖，戏沧洲，不足为难矣。”“笑而不答心自闲”者，志趣在此也。

静夜思

床前明月光，疑是地上霜。
举头望明月，低头思故乡。

思念故乡之作，思绪平静恬然，宜是早期所作，姑置于此。“明月光”原作“看月光”，“望明月”原作“望山月”，当为后人所臆改（一说为明人李攀龙《唐诗选》）。传诵既久，姑从其俗。此诗明白如话，仿佛人人可得之于唇吻间。人人可得而终不能会于心，著于手，李白诗之天然浑成在此。古今思乡之作多多矣，独《静夜思》妇孺尽知，流传之广，堪称第一。其间妙谛，绝非数语所能道尽。

黄鹤楼送孟浩然之广陵①

故人西辞黄鹤楼，烟花三月下扬州。
孤帆远影碧空尽，惟见长江天际流。

①黄鹤楼：故址在今湖北武昌蛇山，临长江。相传有仙人子安尝乘黄鹤过此，故名。一说仙人费文祎尝驾黄鹤憩此。孟浩然：唐诗人，襄阳人。山水诗与王维齐名，并称“王孟”。广陵：即扬州。

开元十六年（728）作。李白在安陆时，曾游襄阳，李、孟结识，当在其时。明唐汝询评云："帆影尽，则目力已极；江水长，则离思无涯。怅望之情，俱在言外。"

碧荷生幽泉（《古风五十九首》其二十六）

碧荷生幽泉，朝日艳且鲜。秋花冒绿水[①]，密叶罗青烟。秀色空绝世，馨香为谁传？坐看飞霜满，凋此红芳年。结根未得所，愿托华池边[②]。

①冒：覆盖之意。　②华池：芳华之池。碧荷以喻履洁怀芳之君子，华池以喻朝廷。

此诗深得比兴之体者。《唐宋诗醇》评云："伤不遇也。末二句情见乎辞，白未尝一日忘事君也。"

安州应城玉女汤作[①]

神女殁幽境[②]，汤池流大川。阴阳结炎炭，造化开灵泉[③]。地底烁朱火，沙旁歊素烟[④]。沸珠跃明月，皎镜涵空天。气浮兰芳满，色涨桃花然[⑤]。精览万殊入[⑥]，潜行七泽连[7]。愈疾功莫尚[8]，变盈道乃全。濯缨掬清泚[9]，晞发弄潺湲[10]。散下楚王国，分浇宋玉田[11]。可以奉巡幸[12]，奈何隔穷偏？独随朝宗水[13]，赴海输微涓[14]。

①应城：安州属县，即今湖北应城。玉女汤：温泉名，相传玉女炼丹于此。　②"神女"句：相传有神女自投于泉。殁：谓死。③"阴阳"二句：贾谊《鹏鸟赋》："天地为炉兮造化为工，阴阳为炭兮万物为铜。"二句用此意。　④歊（xiāo）：气上出貌。⑤然：同"燃"。桃花燃：谓桃花盛开。　⑥精览：明察。万殊：万物。句谓泉水清澈，映入万物。　⑦七泽：即云梦泽。古谓云梦有七泽。　⑧愈疾：谓温泉可以疗疾。　⑨泚：鲜明貌。清泚：代指泉水。　⑩晞发：沐后披发晾干。　⑪宋玉：战国楚词人。宋玉赐田在云梦。二句谓温泉遍流楚地。　⑫巡幸：帝王出行。⑬朝宗：百川入海。百川以海为宗。宗，尊也。　⑭涓：细流。

开元十七年（729）作。诗非止于咏物，末四句兼有寄兴，谓己不幸居于僻远之乡，无由达于天子。可知已萌入长安之意。

玉真公主别馆苦雨赠卫尉张卿二首[1]（其一）

秋坐金张馆[2]，繁阴昼不开。空烟迷雨色，萧飒望中

来。翳翳昏垫苦③，沉沉忧恨催。清秋何以慰？白酒盈吾杯。吟咏思管乐④，此人已成灰。独酌聊自勉，谁贵经纶才？弹剑谢公子，无鱼良可哀⑤。

①玉真公主：玄宗之妹，入为道士，法号无上真，天宝中更赐号曰持盈。其别馆在终南山楼观。卫尉张卿：即右相张说次子张垍。垍尚宁亲公主，拜驸马都尉，为玉真公主侄婿。卫尉卿，官职名，掌殿廷帷幕等事。 ②金张馆：指玉真公主别馆。金谓金日磾，张谓张安世，皆汉宣帝时权贵，后以金、张代称权贵之家。 ③昏垫：陷溺、迷惘无所适从。此谓苦雨之状。 ④管乐：谓春秋时齐相管仲、战国时燕将乐毅。 ⑤“弹剑”二句：战国时士人冯驩客孟尝君，孟尝君轻视之，冯驩弹其剑而歌曰：“长铗归来乎，食无鱼！”见《史记·孟尝君列传》。此以喻张垍待己冷淡。

开元十八年（730）秋作于长安。李白于本年春夏间自安陆取道南阳入长安。在长安，受张垍接待而复遭冷遇。其二有云：“厨灶无青烟，刀机生绿藓。”玉真别馆实是荒园一处。置白于此，无异幽囚，白初入长安之遭际可知。

长相思三首（其一）[1]

长相思，在长安。络纬秋啼金井阑[2]，微霜凄凄簟色寒。孤灯不明思欲绝，卷帷望月空长叹，美人如花隔云端[3]。上有青冥之高天，下有渌水之波澜。天长路远魂飞苦，梦魂不到关山难。长相思，摧心肝。

①《长相思》：乐府“杂曲歌辞”名，多写男女相思之情。②络纬：昆虫名，俗称纺织娘，秋来即啼。　③美人：此以喻君王。屈原《离骚》：“惟草木之零落兮，恐美人之迟暮。”王逸注：“美人谓怀王也。”

在长安托兴之作。诗调虽拟乐府，诗意实祖《楚辞》。其所以借求女为辞，皆因为李白渴望君臣遇合之心至切，唯有求女之情能与之相仿佛。

孤兰生幽园（《古风五十九首》其三十八）

孤兰生幽园，众草共芜没。
虽照阳春晖，复悲高秋月。
飞霜早淅沥，绿艳恐休歇。

若无清风吹，香气为谁发？

诗旨同《长相思》。首二句言己行虽高洁，而不能自拔于俗众之中。三至六句言己虽处盛世而身世寂寞。末二句希望得在位之人吹嘘引荐。

赠裴十四

朝见裴叔则①，朗如行玉山。黄河落天走东海，万里写入胸怀间②。身骑白鼋不敢度③，金高南山买君顾④。徘徊六合无相知⑤，飘若浮云且西去。

①裴叔则：晋人，名楷。《世说新语·容止》："裴令公有俊容仪，脱冠冕、粗服乱头皆好，时人以为玉人。见者曰：'见裴叔则如玉山上行，光映照人。'"此以裴叔则拟裴十四。 ②"黄河"二句：喻裴十四胸怀之广阔。 ③鼋（yuán）：大鳖。屈原《九歌·河伯》："乘白鼋兮逐文鱼。"句谓裴十四气度莫测，己欲自荐而不敢造次。 ④金高南山：喻己才行之高。《诗经·鲁颂·泮水》朱熹注："南金，荆、扬之金也。"后以喻优秀杰出人才。 ⑤六合：即天地四方。

裴十四当亦是李白初入长安结识之人。欲其一顾而不可得，遂有此诗。诗中极尽褒誉之词而寓怨诽于其中。高亢其言辞，不作悲切困厄语，是李白本色。末句“飘若浮云且西去”，谓己将有邠、坊之行。

豳歌行上新平长史兄粲[①]

豳谷稍稍振庭柯[②]，泾水浩浩扬湍波[③]。哀鸿酸嘶暮声急，愁云苍惨寒气多。忆昨去家此为客，荷花初红柳条碧[④]。中宵初饮三百杯，明朝归揖二千石[⑤]。宁知流寓变光辉，胡霜萧飒绕客衣。寒灰寂寞凭谁暖，落叶飘扬何处归？吾兄行乐穷曛旭[⑥]，满堂有美颜如玉。赵女长歌入彩云，燕姬醉舞娇红烛。狐裘兽炭酌流霞[⑦]，壮士悲吟宁见嗟？前荣后枯相翻覆[⑧]，何惜余光及棣华[⑨]？

①豳：古国名，周祖公刘所立。汉于此置新平郡，唐初复曰豳州，开元时易豳为邠。其地即今陕西彬县。此称新平，用汉旧名。长史：州郡长官之佐。李粲：事迹不详。　②豳谷：谓古豳也。稍稍：风声。　③泾水：即泾河，出平凉，流经邠地，再东南入渭河。　④“忆昨”二句：谓己春末夏初离安陆至秦地。　⑤二千石：秦汉时，州郡长官秩二千石，后以二千石代指郡守。　⑥曛：

日入。旭：日出。句谓李粲日夜行乐。　⑦兽炭：以炭屑和做兽形，用来温酒。流霞：仙人所饮。《论衡·道虚篇》：“仙人辄饮我以流霞一杯，每饮一杯，数月不饥。”此处代指美酒。　⑧前荣后枯：谓李粲待己前恭而后倨。　⑨余光：喻他人之恩惠。昔有贫人女与富人聚绩，贫人女曰：“我无以买烛，而子之烛光幸有余，子可分我余光，无损子明而得一斯便焉。”见《史记·樗里子甘茂列传》。棣华：喻兄弟，语出《诗经·小雅·常棣》。

开元十八年秋、冬间由长安西游邠州时作。颇遭李粲冷遇，复有坊州（今陕西黄陵县）之行。坊州诗作不录。

少年行二首（其二）

五陵年少金市东[①]，银鞍白马度春风。
落花踏尽游何处？笑入胡姬酒肆中[②]。

①五陵年少：指长安贵公子。五陵为汉长陵、安陵、阳陵、平陵、茂陵，富家豪族多居于此。金市：在长安。长安有东、西二市，西市在长安西，西于五行属金，故称金市。　②胡姬：西域女子在酒肆中以歌舞侍酒为业者。

开元十九年（731）春自邠、坊归长安时作。李白干谒无成，遂与长安少年混迹一处，日以走马、斗鸡、任侠为乐。本年稍后所作《行路难三首》（其二）有云："羞逐长安社中儿，赤鸡白狗赌梨栗。"不得已而为此，内心是悔痛的。然李白个性中固有尚侠游冶的一面，所以此诗又备极风流。明唐汝询云："金市，地之豪也。银鞍，骑之华也。春风，时之丽也。踏落花，入酒肆，游之冶也。模写少年之态，曲尽其妙。"（《唐诗解》）

燕昭延郭隗（《古风五十九首》其十五）

燕昭延郭隗，遂筑黄金台。剧辛方赵至，邹衍复齐来[①]。奈何青云士，弃我如尘埃！珠玉买歌笑，糟糠养贤才。方知黄鹤举[②]，千里独徘徊。

①"燕昭"四句：战国时燕昭王即位，卑身厚币以招贤者。郭隗谓昭王曰："王必欲致士，先从隗始。况贤于隗者，岂远千里哉！"燕王遂为隗筑宫而师事之。筑台，置千金于台上，以延天下之士。于是，乐毅自魏往，邹衍自齐往，剧辛自赵往，士争趋燕。见《史记·燕召公世家》。黄金台，故址在今河北易县东南。

②"方知"句：春秋时人田饶事鲁哀公而不见察，谓哀公曰："臣将去君，黄鹄举矣。"（《新序·杂事》）鹄，同"鹤"。

借咏古以刺时事。青云士谓执政柄者，他们贵美色而贱贤才，故李白有黄鹄高举之叹。元萧士赟云："吁，读其诗者，百世之下犹有感慨。"

大车扬飞尘（《古风五十九首》其二十四）

大车扬飞尘，亭午暗阡陌①。中贵多黄金②，连云开甲宅③。路逢斗鸡者，冠盖何辉赫④？鼻息干虹蜺⑤，行人皆怵惕。世无洗耳翁，谁知尧与跖⑥？

①亭午：正午。日在中曰亭午。阡陌：田间小路，此指道路。 ②中贵：得宠的宦官。 ③甲宅：高屋大厦。连云：喻其高大，如接云霄。 ④"路逢"二句：唐时民间在清明时有斗鸡之习。玄宗为藩王时，好此戏。及即位，治鸡坊于两宫间，索长安雄鸡，金毫铁距，养于鸡坊，选六军小儿五百人驯教。上好之，下尤甚，诸王公贵族，倾家破产市鸡，都中男女以弄鸡为事。有少年贾昌者，长安宣阳里人，矫捷过人，善应对，解鸟语，尤善调教斗鸡，被玄宗召入为五百小儿长，金帛之赐，日至其家。开元十三年，笼鸡三百，从玄宗东封泰山。父死，县官为葬器丧车。当时天下号为鸡神童，为之语曰："生儿不用识文字，斗鸡走马胜读书。贾家小儿年十三，富贵荣华代不如。能令金距期胜负，白罗绣衫随软舆。

父死长安千里外，差夫治道挽丧车。”见陈鸿《东城老父传》。⑤干：冲犯。 ⑥洗耳翁：谓许由，此指高洁之人。相传尧让天下于许由，由不受，洗耳于清冷之水，终身隐居不出。跖：即盗跖，相传为春秋时大盗，横暴天下，万民苦之。两句谓世无高识之人，致使贤愚颠倒、清浊不分。

宦官豪奢，富甲天下；斗鸡小儿，跋扈京都，当皆为李白在长安所亲见者，未必专刺某人。

行路难三首[①]（其二）

大道如青天，我独不得出。羞逐长安社中儿[②]，赤鸡白狗赌梨栗。弹剑作歌奏苦声[③]，曳裾王门不称情[④]。淮阴市井笑韩信[⑤]，汉朝公卿忌贾生[⑥]。君不见昔时燕家重郭隗[⑦]，拥彗折节无嫌猜[⑧]。剧辛乐毅感恩分，输肝剖胆效英才。昭王白骨萦蔓草，谁人更扫黄金台？行路难，归去来。

①《行路难》：乐府“杂曲歌辞”名。 ②社：汉时民间二十五家为一社，汉以后为民间饮食宴乐之所。 ③弹剑：用冯骦客孟尝君事，详见《玉真公主别馆苦雨赠卫尉张卿二首》（其

一）诗注。 ④曳裾王门：意为寄食于王公贵人之门。曳，拖。裾，衣之前襟。不称情：犹言不顺心。 ⑤韩信：秦汉之际人。先依项羽，后归刘邦，佐刘邦得天下，封淮阴侯。被诬叛逆，为吕后所杀。信少时有大志，贫贱，尝为淮阴无赖少年所辱。事见《史记·淮阴侯列传》。 ⑥贾生：即贾谊，洛阳人。汉文帝召为博士，不久任太中大夫。多次上疏批评时政，遭权贵忌恨，被贬为长沙王太傅。后在任梁怀王太傅时，郁郁而死。事见《史记·屈原贾生列传》。 ⑦“君不见”句：燕昭王、郭隗及以下剧辛、乐毅事，俱见前《燕昭延郭隗》（《古风五十九首》其十五）诗注。 ⑧拥彗（huì）：古时迎接长者之礼仪。长者至门，主人以衣袂拥彗却行，恐尘埃及于长者，以示敬意。彗，帚。折节：屈折肢节，即鞠躬。

李白《行路难三首》，非一时所作。此首当为开元十九年初离长安前所作，是他一入长安坎坷遭遇的真实写照。全诗感情由愤激而悲凉，一泻直下，全无曲折，尽情披露初从人生战场败退下来的天才人物的悲切心绪。写法上的突出特点，是多用典故和长短句的错综使用。由于有真情流贯其中，用典虽多而绝无堆砌板滞之嫌，读来但觉古今之情融成一片，感愤万千，怅恨无涯。

送友人入蜀[①]

见说蚕丛路[②]，崎岖不易行。
山从人面起，　云傍马头生。
芳树笼秦栈[③]，春流绕蜀城[④]。
升沉应已定，　不必问君平[⑤]。

①友人：李白《剑阁赋》题下原注："送友人王炎入蜀。"此诗之友人即王炎。　②蚕丛路：谓古蜀道。蚕丛，传说中古蜀王。　③秦栈：自秦入蜀之道。山路悬险，架木而行，名曰栈道。④蜀城：谓成都。　⑤君平：即严君平，名遵，西汉蜀郡人，隐居不仕，日以卖卜为业。

友人当是到长安求仕不成而返蜀者，诗中以蜀道之险喻仕途之艰难，与下篇《蜀道难》同一旨趣。

蜀道难[①]

噫吁嚱，危乎高哉！蜀道之难，难于上青天。蚕丛及鱼凫，开国何茫然[②]！尔来四万八千岁，不与秦塞通人烟。西当太白有鸟道[③]，可以横绝峨眉巅[④]。地崩山摧壮士死，然后天梯石栈相钩连[5]。上有六龙回日之高标[6]，下有冲波逆折之回川。黄鹤之飞尚不得过，猿猱欲度愁攀援[7]。青泥何盘盘，百步九折萦岩峦[8]。扪参历井仰胁息[9]，以手抚膺坐长叹。问君西游何时还？畏途巉岩不可攀。但见悲鸟号古木，雄飞雌从绕林间。又闻子规啼夜月[10]，愁空山。蜀道之难，难于上青天，使人听此凋朱颜。连峰去天不盈尺，枯松倒挂倚绝壁。飞湍瀑流争喧豗[11]，砯崖转石万壑雷[12]。其险也若此，嗟尔远道之人胡为乎来哉？剑阁峥嵘而崔嵬[13]，一夫当关，万夫莫开。所守或匪亲，化为狼与豺[14]。朝避猛虎，夕避长蛇，磨牙吮血，杀人如麻。锦城虽云乐，不如早还家。蜀道之难，难于上青天，侧身西望长咨嗟。

①《蜀道难》：乐府“相和歌辞”名。　②蚕丛、鱼凫：皆传说中古蜀王。　③太白：山名，秦岭主峰，在今陕西眉县东南四十里。　④峨眉：山名，在成都西南。　⑤扬雄《蜀王本纪》：“秦惠王欲伐蜀，乃刻五石牛，置金其后，蜀人见之……以为此天牛也，能便金。蜀王以为然，即发卒千人，使五丁力士拖牛成道。”又云：“秦王知蜀王好色，乃献美女五人与蜀王，爱之，遣五丁迎女。还至梓橦，见一大蛇入山穴中，五丁共引蛇，山崩，压五丁。”二句以神话写古蜀道之开辟。　⑥“上有”句：神话谓日神

乘车，驾以六龙，羲和为之驭。高标：山最高处，为一方之标识。句谓蜀山之高，日神亦不得过。 ⑦猱（náo）：猿类。 ⑧青泥：岭名，在今陕西略阳县境内。《元和郡县志》卷二十二：“青泥岭……悬崖万仞，上多云雨，行者屡逢泥淖，故号为青泥岭。” ⑨参、井：星宿名。参为蜀之分野，井为秦之分野。胁息：屏气而息。 ⑩子规：即杜鹃鸟，鸣声凄苦，如云“不如归去”。 ⑪喧豗（huī）：水流相击。 ⑫砯（píng）：水击崖之声。 ⑬剑阁：即剑门关，山崖耸立如剑门，故名。在今四川剑阁县北。 ⑭“一夫”四句：西晋张载《剑阁铭》：“一人荷戟，万夫趑趄。形胜之地，匪亲勿居。”四句从此化出。

《蜀道难》是李白浪漫主义杰构中首屈一指之作。据诗中“西当太白有鸟道”“侧身西望长咨嗟”数语，知是在长安所作。诗中又有“其险也若此，嗟尔远道之人胡为乎来哉”“锦城虽云乐，不如早还家”等语，是送人、阻人远行语气，知与前篇《送友人入蜀》为同时之作。唯本篇感激涕零，长歌当哭，“蜀道之难，难于上青天”三复其辞，则诗之本旨，乃不在送人一端。唐殷璠云：“至如《蜀道难》等篇，可谓奇之又奇，然自骚人以还，鲜有此体调也。”（《河岳英灵集》）诗意所在，古今人之说多矣，约而计之，有四说，云：一、罪严武；二、刺章仇兼琼；三、阻玄宗幸蜀；四、即事名篇，别无寓意（详见詹锳《李白诗文系年》）。

前三说俱不成立，第四说较折中稳妥，最为流行。但如此“失声横涕之什”（清陈沆《诗比兴笺》），谓为别无寓意，实不足服人。浅尝即止，辜负诗人苦心，李白岂仅为蜀道山水艰险而制此大篇？李诗长于比兴，《蜀道难》尤为深于比兴者。蜀道之险亦即人生仕途之险。此段人生经历，唯李白初入长安遭遇可以当之。初入长安之遭遇，李白于《行路难》其二已明确言之，意犹未尽，情犹未已，遂复于《蜀道难》以比兴出之。清魏源尝云：“词不可径也，故有曲而达；情不可尽也，故有譬而喻焉。”（《诗比兴笺序》）以山川险阻喻仕途坎坷，渊源久长，非自李白始，唯李白此篇尤为深曲而已。南朝梁阴铿同题诗有云：“蜀道难如此，功名讵可要？”白之先固有以蜀道之难喻仕途者。唐姚合《送李余擢第归蜀》诗云：“李白《蜀道难》，羞为无成功。”白之后亦有窥知白诗之作意者。西晋张载《剑阁铭》有云：“惟蜀之门，作固作镇。是曰剑阁，壁立千仞。穷地之险，极路之峻。世浊则逆，道清斯顺。”铭以蜀道之顺逆，系乎世之清浊。李白《蜀道难》之作，固源于长安之行生活实感，或亦受此铭启发，制为长篇一泄其英雄失路之情。

此诗虽用乐府古调而壮浪纵恣，摆去一切拘束。上下古今，神话现实，光怪陆离，莫测其端倪。句则三言、四言、五言以至十一言，韵则十数句一换，或七八句、两句一换，字则之乎者也矣焉哉，虚字迭出。忽偶忽散，乍离还合。唐孟棨《本事诗》载：李白初见贺知章，“出《蜀道难》以示之，读未竟，称叹者数四，号为‘谪仙’”。五代王定保《唐摭言》亦载：“（贺）知章览《蜀道难》一篇，扬眉谓之曰：‘公非人世之人，可不是太白星精耶？’”谓为前无古人，后无来者，诗国奇葩，殆非过誉。

幽涧泉①

拂彼白石，弹吾素琴。幽涧愀兮流泉深，善手明徽高张清②。心寂历似千古③，松飕飗兮万寻④。中见愁猿吊影而处危兮，叫秋木而长吟。客有哀时失职而听者⑤，泪淋浪以沾襟。乃缉商缀羽⑥，潺湲成音。吾但写声发情于妙指⑦，殊不知此曲之古今。幽涧泉，鸣深林。

①《幽涧泉》：乐府“琴曲歌辞”名。明胡应麟云：“《幽涧泉》……白自造琴曲。” ②善手：弹琴高手。徽：琴面音节的标志。或以金玉、水晶等物饰之，以示明莹，谓之明徽。此以代琴。高张清：犹言琴弦高张，琴声清扬。 ③寂历：疏落寂寞貌。 ④飕飗（sōu liú）：风声。 ⑤失职：不得其所。 ⑥商、羽：皆五音之一。《管子·地员》：“凡听羽，如鸣马在野。……凡听商，如离群羊。”句谓琴声乃商、羽二音，其声凄清。 ⑦写声：尽情弹奏。写，同“泻”。

此诗幽怨极深而又以婉曲出之。“哀时失职”者，即白自指。虽写琴心而实喻诗心，“殊不知此曲之古今”，明言之即“以古为今”，可看作李白以乐府古调抒哀时失志之情的用意。《蜀道难》即是一例。

梁园吟[①]

我浮黄河去京阙，挂席欲进波连山[②]。天长水阔厌远涉，访古始及平台间[③]。平台为客忧思多，对酒遂作《梁园歌》。却忆蓬池阮公咏，因吟渌水扬洪波[④]。洪波浩荡迷旧国，路远西归安可得？人生达命岂暇愁？且饮美酒登高楼。平头奴子摇大扇[⑤]，五月不热疑清秋。玉盘杨梅为君设，吴盐如花皎如雪[⑥]。持盐把酒但饮之，莫学夷齐事高洁[⑦]。昔人豪贵信陵君，今人耕种信陵坟[⑧]。荒城虚照碧山月，古木尽入苍梧云[⑨]。梁王宫阙今安在？枚马先归不相待[⑩]。舞影歌声散绿池，空余汴水东流海[⑪]。沉吟此事泪满衣，黄金买醉未能归。连呼五白行六博，分曹赌酒酣驰晖[⑫]。歌且谣，意方远。东山高卧时起来，欲济苍生未应晚[⑬]。

①题一作《梁园醉酒歌》。梁园：又称梁苑，汉梁孝王游赏

之所，故址在今河南商丘。 ②挂席：即扬帆。 ③平台：春秋时宋皇国父为宋平公所筑，梁孝王曾扩建，故址在今河南虞城县西。虞城与商丘相邻，故梁园与平台亦相接。 ④蓬池：在古大梁，即今河南开封。阮公谓阮籍，字嗣宗，魏晋时诗人。其《咏怀诗》有云："徘徊蓬池上，还顾望大梁。渌水扬洪波，旷野莽茫茫。"渌水：清澈的水。 ⑤"平头"句：奴子不得着冠巾，以别于奴主，故称平头奴子。 ⑥吴盐：吴地之盐，白如雪。古人食梅，佐以盐，谓之盐梅。又以盐梅佐酒。 ⑦夷齐：即伯夷、叔齐，商周之际孤竹君之子。孤竹君欲以君位传次子叔齐，叔齐逃，长子伯夷亦逃。周灭商，伯夷、叔齐义不食周粟，饿死首阳山。事见《史记·伯夷叔齐列传》。 ⑧信陵君：战国魏安釐王异母弟，名无忌，封信陵君。仁而下士，士无不肖皆谦而礼之，致食客三千人。信陵君墓在开封市南。事见《史记·魏公子列传》。 ⑨苍梧云：来自苍梧之云。苍梧即九疑山，在今湖南宁远。传说白云出于苍梧，入于大梁。 ⑩梁王：即梁孝王，汉文帝子。枚马：谓西汉辞赋家枚乘、司马相如。梁王好文学，当时赋家如邹衍、枚乘、司马相如等皆与之游。 ⑪汴水：即汴河，流经开封南，入于淮河。 ⑫五白、六博：皆古赌具。五白为五棋子，正白反黑，掷时得五白五黑则胜，故掷时呼五白以助投兴。六博，用十二棋，黑白各半，两人一对赌之。分曹：即两两相对。 ⑬"东山"二句：用东晋谢安典以自喻。东山，在今浙江绍兴上虞区。谢安，字安石，少有重名，高卧东山，屡违朝旨，时人每相与言曰："安石不肯出，将如苍生何？"年四十余，始出山。秦晋淝水之役，安运筹帷幄，克敌制胜，累官至太保。事见《晋书·谢安传》。

开元十九年（731）夏离长安后作于宋城（今河南商丘）。诗以访古始，旷达如阮公，好士如信陵君、梁孝王，以及夷、齐、枚、马等，一一驱遣笔下。初读似敷衍当地故实，咏古炫博，实则一一触着李白痛处。初入长安的失败，使他无颜回家（安陆），于是访古、酣饮、行博，表面上极旷达高远，内心却是不堪其痛苦的。"沉吟此事泪满衣，黄金买醉未能归"二句，为理解全诗之关键，始知古人皆借作个人感慨之因而已。诗末云："东山高卧时起来，欲济苍生未应晚。"失望之中又有憧憬，此为一入长安后特有之心境，是把握此期李白情绪的关键。

梁甫吟[①]

长啸《梁甫吟》，何时见阳春[②]？君不见，朝歌屠叟辞棘津，八十西来钓渭滨[③]。宁羞白发照清水，逢时壮气思经纶。广张三千六百钓，风期暗与文王亲[④]。大贤虎变愚不测[⑤]，当年颇似寻常人。君不见，高阳酒徒起草中，长揖山东隆准公。入门不拜骋雄辩，两女辍洗

来趋风。东下齐城七十二，指挥楚汉如旋蓬[6]。狂客落魄尚如此，何况壮士当群雄？我欲攀龙见明主[7]，雷公砰訇震天鼓[8]。帝旁投壶多玉女[9]，三时大笑开电光，倏烁晦冥起风雨[10]。阊阖九门不可通，以额扣关阍者怒[11]。白日不照吾精诚，杞国无事忧天倾[12]。猰貐磨牙竞人肉[13]，驺虞不折生草茎[14]。手接飞猱搏雕虎，侧足焦原未言苦[15]。智者可卷愚者豪，世人见我轻鸿毛[16]。力排南山三壮士，齐相杀之费二桃[17]。吴楚弄兵无剧孟，亚夫咍尔为徒劳[18]。《梁甫吟》，声正悲。张公两龙剑，神物合有时[18]。风云感会起屠钓[20]，大人䠀屼当安之[21]。

①《梁甫吟》：亦作《梁父吟》，乐府“相和歌辞”名。梁父，泰山下小丘名。《文选》张衡《四愁诗》：“我所思兮在泰山，欲往从之梁父艰。”李善注：“泰山以喻时君，梁父以喻小人。” ②阳春：喻清明时世。 ③朝歌：商帝纣别都，在今河南淇县。屠叟：谓太公望，姜姓，吕氏，名尚。棘津：在今河南延津县。传说姜尚五十岁卖浆于棘津，七十岁屠牛于朝歌，八十岁始至西周，钓于渭水。 ④“广张”二句：姜尚钓于渭水十年，始与文王相见。十年三千六百日，每日而钓，故曰三千六百钓。或谓渭水之钓志在天下，三千六百为偶举成数而已。风期：犹言志趣。二句谓姜尚借钓以干文王。 ⑤“大贤”句：《易·革》：“大人虎变。”句谓

伟大人物出处变化有如虎纹之变化，斑斓夺目，非愚人可测。⑥“君不见”六句：用秦汉之际郦食其（lì yì jī）干谒刘邦佐汉事。郦食其，秦末陈留高阳人，自号高阳酒徒。食其好读书，有大志，刘邦为沛公时，食其往见之。沛公方洗足，以为儒生，拒不见。食其曰：“吾高阳酒徒，非儒生也。”入，则长揖不拜，曰：“必欲聚徒合义兵，诛无道秦，不宜踞见长者。”于是沛公辍洗，延食其上坐。食其为言六国纵横时事，沛公喜，号为广野君。楚、汉对峙时，食其尝为说客，说齐王七十余城归汉。事见《史记·高祖本纪》及《郦生陆贾列传》。隆准公，谓刘邦。隆准，高鼻梁。 ⑦攀龙：指依附帝王。 ⑧雷公：指权贵。砰訇（pēng hōng）：大鼓声。以上二句谓欲干谒帝王而为权贵所阻。 ⑨投壶：古游戏，投箭入壶，不中者饮酒。玉女：仙女，此处当指帝旁幸臣。⑩三时：春、夏、秋三季。大笑：即天笑，天不雨而有电光谓之天笑。倏烁（shū shuò）：闪电之光。二句以天象喻朝廷恩威难测，皇帝政令无常。 ⑪阊阖（chāng hé）：天门。阍（hūn）者：看守天门之人。屈原《离骚》：“吾令帝阍开关兮，倚阊阖而望予。”宋玉《九辩》：“岂不郁陶而思君兮？君之门以九重。”二句用其意，谓己欲报效国家而无门路。 ⑫白日：指帝王。《列子·天瑞》：“杞国有人忧天地崩坠，身无所寄，废寝食者。”二句谓皇帝并不察己之忠诚，而自己也如杞人忧天，感念权臣当道，岂非徒劳心力？ ⑬猰貐（yà yǔ）：传说中猛兽，其状龙头马尾虎爪，长四百尺，以人为食。 ⑭驺虞（zōu yú）：传说中义兽，不践生草，不食生物。 ⑮手接：以手相执。飞猱：跳跃如飞之猿。雕虎：斑斓猛虎。焦原：即石焦原。传说古莒国有巨石名焦原，广五十步，临百仞之溪，人莫敢近。以上二句谓己之勇力。 ⑯“智者”二句：谓大智之人，可舒可卷，有道则出而仕，无道则卷而怀之，而愚者仅逞其豪而已。世人不辨，视我轻如鸿毛。 ⑰“力排”二句：春秋齐景公时，有公孙接、田开疆、古冶子，皆以勇力称。齐相晏子谓三人必为国危，请景公馈之以二桃，使三人计功之大小而食之。三人遂因争功而死。事见《晏子春秋·内篇谏下》。此即前所谓豪者。 ⑱剧孟：汉时大侠。亚夫：即周亚夫，汉名将，封条侯。文帝时吴楚反，亚夫以太尉往讨之，至河南，得剧孟，喜曰：“吴楚举大事而不求剧孟，吾知其无能为已。”见《史记·游侠列传》。咍（hāi）：嗤笑。 ⑲张公：谓张华，晋人，博学多识，著《博物志》。华夜见斗、牛二宿间有异气，豫章人雷焕谓是宝剑精气射入天空。华使雷焕求之，掘丰城狱屋基，得一石函，中有双剑，乃干将、莫邪。焕以其一赠华，其一自佩。华诛，失剑所在。焕死，其子爽持剑行，经延平津，剑忽于腰间跃出堕水。使人取之，不见剑，但见二龙各长数丈，光彩照水，波浪惊沸。事见《晋书·张华传》。二句谓明君贤臣自有会合之时。 ⑳风云感会：谓应乎时势而有所作为。屠钓：指姜尚。㉑鼿屼（niè wù）：不安貌。

开元十九年冬在洛阳龙门有《冬夜醉宿龙门觉起言志》诗，中有“去去泪满襟，举声《梁甫吟》”，即此诗。此篇与《梁园吟》作意相类，惟驱遣故实更多，史事、神话、传说，倏然来去，尽为主观抒情之伏衬，而以主观感情之流露，闪烁于其间。如开头“长啸《梁甫吟》，何时见阳春”，中间“我欲攀龙见明主”“智者可卷愚者豪，世人见我轻鸿毛”及结束“《梁甫吟》，声正悲……”数句。所以全诗虽然章法迷离而归旨一线明白。明唐汝询云：“伤不遇时，赋以见志也。”（《唐诗解》）其说甚是。倘由他人为之，则不胜其堆垛矣。清沈德潜评曰：“后半拉杂使事，而不见其迹，以气胜也。”（《唐诗别裁》）以气胜，即以强烈主观感情驱驾故实，故实尽为我而发，为我而用。

诗末云“张公两龙剑，神物合有时。风云感会起屠钓，大人鼿屼当安之”，与《梁园吟》“东山高卧时起来，欲济苍生未应晚”情绪如出一辙。

行路难三首（其一）

金樽清酒斗十千[①]，玉盘珍羞直万钱。停杯投箸不能食，拔剑四顾心茫然[②]。欲渡黄河冰塞川，将登太行雪满山[③]。闲来垂钓碧溪上，忽复乘舟梦日边[④]。行路难，行路难，多歧路，今安在？长风破浪会有时[⑤]，直挂云帆济沧海。

①斗十千：极言酒之昂贵。斗，古酒器。 ②“停杯”二句：鲍照《拟行路难十八首》之六：“对案不能食，拔剑击柱长叹息。”以上二句由此化出。 ③太行：即太行山，在今山西、河南、河北省境内。 ④日：指帝王。相传伊挚将受商汤聘请时，曾梦乘船过日月之旁。 ⑤“长风”二句：南朝宋时人宗悫，年少时即有大志。其叔问其志向，悫曰：“愿乘长风，破万里浪。”

开元十九年冬作于洛阳一带。“黄河冰”“太行雪”，时令、地点皆可知。结末二句，待时而起，大展宏图，与《梁园吟》《梁甫吟》正同。

寄远十二首（其十二）

爱君芙蓉婵娟之艳色[①]，若可餐兮难再得。怜君冰玉清迥之明心[②]，情不极兮意已深。朝共琅玕之绮食[③]，夜同鸳鸯之锦衾。恩情婉娈忽为别[④]，使人莫错乱愁心[⑤]。乱愁心，涕如雪。寒灯厌梦魂欲绝，觉来相思生白发。盈盈汉水若可越，可惜凌波步罗袜[⑥]。美人美人兮归去来，莫作朝云暮雨兮飞阳台[⑦]。

①芙蓉婵娟：言其美如芙蓉。婵娟，美好貌。　②清迥之明心：谓志趣高洁。　③琅玕绮食：喻食之洁美。琅玕，美玉。④婉娈：缠绵美好貌。　⑤莫错：迭韵词，亦作错莫、索漠，寂寥伤神的意思。　⑥“可惜”句：曹植《洛神赋》：“凌波微步，罗袜生尘。”是形容女子水上、陆上碎步细行貌。本句用其意。可惜，即岂惜、何惜意。　⑦“莫作”句：宋玉《高唐赋》：“昔者先王尝游高唐，怠而昼寝，梦见一妇人曰：‘妾，巫山之女也，为高唐之客。闻君游高唐，愿荐枕席。’王因幸之。去而辞曰：‘妾在巫山之阳，高丘之阻，旦为朝云，暮为行雨。朝朝暮暮，阳台之下。’”后用云雨、阳台以形容男女之爱。

《寄远十二首》大率李白自上年赴长安后寄其妻许氏之辞。本篇为自代内赠体，即拟妻子口吻以思念丈夫。诗中“美人”不专指女性，亦可指男性。不写自己如何思念妻子，却写妻子百般思念自己；古文笔法中有“退一步法”，此诗亦如之。

前有樽酒行二首[①]（其一）

春风东来忽相过，金樽渌酒生微波。落花纷纷稍觉多，美人欲醉朱颜酡[②]。青轩桃李能几何？流光欺人忽蹉跎。君起舞，日西夕。当年意气不肯倾，白发如丝叹何益？

①《前有樽酒行》：乐府“杂曲歌辞”名。 ②酡（tuó）：饮酒面红貌。

其二

琴奏龙门之绿桐[①]，玉壶美酒清若空。催弦拂柱与君饮，看朱成碧颜始红[②]。胡姬貌如花，当垆笑春风[③]。笑春风，舞罗衣，君今不醉将安归？

①龙门之桐：古以为制琴良材。龙门，在洛阳。 ②“看朱”句：南朝梁王僧孺《夜愁示诸宾》：“谁知心眼乱，看朱忽成碧。”本句用其意，谓醉态朦胧。 ③垆：累土为之，四边隆起，其一面高，形如锻炉，以置酒瓮。卖酒谓之当垆。

开元二十年（732）春留滞洛阳时作。诗写其及时行乐，乐极则生悲。

春夜洛城闻笛

谁家玉笛暗飞声，散入春风满洛城？
此夜曲中闻《折柳》[①]，何人不起故园情？

①《折柳》：即《折杨柳》，古曲名。古人有折柳赠远的习惯，《折杨柳》盖即思乡之曲。

旅居他乡，春夜不眠，满怀愁绪乃被笛曲挑破，于是回程之意遂坚。乡思郁结而写来条畅潇洒，是李白七绝特色。

安陆白兆山桃花岩寄刘侍御绾[①]

云卧三十年[②]，好闲复爱仙。蓬壶虽冥绝[③]，鸾鹤心悠然。归来桃花岩，得憩云窗眠。对岭人共语，饮潭猿相连。时升翠微上[④]，邈若罗浮巅[⑤]。两岑抱东壑，一嶂横西天。树杂日易隐，崖倾月难圆。芳草换野色，飞萝摇春烟。入远构石室，选幽开上田。独此林下意，杳无区中缘[⑥]。永辞霜台客[⑦]，千载方来旋。

①白兆山：在湖北安陆。桃花岩：在白兆山中，旧有李太白读书堂及洗笔池等遗址。刘绾：《御史台精舍碑》监察御史下有题名，当为李白初入长安所结识者。　②云卧：谓隐居。三十年：泛称，或谓其年岁。时李白三十三岁。　③蓬壶：即蓬莱，传说海中三仙山之一。　④翠微：山色，此代青山。　⑤罗浮：山名，在今广东广州增城区。　⑥区中：世间。　⑦霜台客：指刘绾。霜台，

指御史台。御史台掌纠正百官之职，擅寒霜肃杀之威，故称。

开元二十一年（733）作于安陆。

山中与幽人对酌

两人对酌山花开，一杯一杯复一杯。
我醉欲眠卿且去[①]，明朝有意抱琴来。

①“我醉”句：晋陶渊明性嗜酒，有来访者，无论贵贱，有酒辄设之。渊明若先醉，便语客：“我醉欲眠，卿且去。”其真率如此。事见《宋书·陶潜传》。

安陆山中颓放之作。三句全用陶渊明语，妙绝。

襄阳歌[①]

落日欲没岘山西[②]，倒著接䍦花下迷[③]。襄阳小儿齐拍手，拦街争唱《白铜鞮》[④]。傍人借问笑何事？笑杀山公醉似泥[⑤]。鸬鹚杓，鹦鹉杯[⑥]。百年三万六千日，一日须倾三百杯。遥看汉水鸭头绿[⑦]，恰似葡萄初酦醅[⑧]。此

江若变作春酒，垒曲便筑糟丘台。千金骏马换小妾[⑨]，笑坐雕鞍歌《落梅》[⑩]。东傍侧挂一壶酒，凤笙龙管行相催。咸阳市中叹黄犬[⑪]，何如月下倾金罍[⑫]？君不见，晋朝羊公一片石，龟头剥落生莓苔[⑬]。泪亦不能为之堕，心亦不能为之哀。清风朗月不用一钱买，玉山自倒非人推[⑭]。舒州杓，力士铛[⑮]，李白与尔同死生。襄王云雨今安在[⑯]？江水东流猿夜声。

①襄阳：即今湖北襄阳市。　②岘（xiàn）山：在襄阳南，临汉水。　③接䍦（lí）：头巾。　④《白铜鞮（dī）》：童谣名。⑤山公：指山简，西晋时人，“竹林七贤”之一山涛幼子，字季伦。以上六句用山简事自拟。晋永嘉三年，简任征南将军，镇守襄阳。简性好酒，荆州豪族习氏有佳园池，简常出游，多往池上饮，每醉酒而归。儿童为之歌曰：“山公出何许？往至高阳池。日夕倒载归，酩酊无所知。时时能骑马，倒著白接䍦。”事见《晋书·山涛传附》。　⑥鸬鹚：水鸟，颈长。刻杓为之，称鸬鹚杓。镂杯为鹦鹉形，称鹦鹉杯。皆酒器。　⑦鸭头绿：翠绿似鸭头毛色者。⑧酦醅（pō pēi）：酿酒新熟。　⑨“千金”句：《独异志》载，魏曹彰性倜傥，偶逢骏马，爱之，而其主惜甚。彰曰：“吾有美妾，可换，惟君所选。”马主因指一妓，彰遂换之。　⑩《落梅》：即《梅花落》，古曲名。　⑪“咸阳”句：用李斯事。李斯为秦相，

秦二世二年七月，腰斩咸阳市。斯出狱，顾谓其子曰："吾欲与若复牵黄犬，俱出上蔡东门，逐狡兔，岂可得乎？"遂父子相哭而夷三族。事见《史记·李斯列传》。　⑫金罍（léi）：酒器。　⑬羊公：指羊祜，字叔子。祜西晋时封巨平侯，都督荆州诸军事长达十年。性乐山水，常登岘山，置酒言咏，终日不倦。为政颇得民心，死后，襄阳人于岘山祜平生游憩之所建庙立碑，凡见碑者，莫不堕泪。杜预继任，因名为堕泪碑。事见《晋书·羊祜传》。一片石：指堕泪碑。碑座多刻作龟形，龟头剥落，谓年代久远。　⑭玉山：谓身躯伟岸，仪态美好。《世说新语·容止》："山公曰：'嵇叔夜之为人也，岩岩若孤松之独立，其醉也，傀俄如玉山之将崩。'"　⑮杓、铛（chēng）：皆酒器。唐时舒州（今安徽潜山）土贡酒器，豫章（今江西南昌市）以力士瓷所为饮器具盛名。　⑯襄王云雨：用战国宋玉《高唐赋》典，见前《寄远十二首》（其十二）诗注。

开元二十二年（734）游襄阳时作。时韩朝宗以荆州大都督府长史兼判襄州刺史，李白曾往谒见。韩朝宗以喜接纳下士出名当时，时人为之语云："生不愿封万户侯，但愿一识韩荆州。"白有《与韩荆州书》，书中于韩属望甚殷，然似为韩所拒。积数年追求失败之愤懑，一化而为此诗。富贵功名如李斯、羊祜者，俱为过眼云烟；旷达无检束如山简、曹彰者，风流犹存。诗中鄙视前者而钦羡后者，未尝不是对包括韩朝宗在内的权贵的讥刺。宋欧阳修极欣赏诗中“清风朗月不用一钱买”两句，云：“其所以惊动千古者，固不在此乎！”（见《苕溪渔隐丛话》）可谓独具慧眼。诗中寓旷放、傲慢于消极、颓废之中，若尽作消极语读，定非李白知音。

江夏别宋之悌[①]

楚水清若空，遥将碧海通。
人分千里外，兴在一杯中。
谷鸟吟晴日，江猿啸晚风。
平生不下泪，于此泣无穷。

①宋之悌：初唐诗人宋之问之弟。

开元二十二年暮春由襄阳至江夏作。时宋之悌以河东节度使坐事流朱鸢（今属越南河内），与白相遇于江夏。“平生不下泪”二句，兼为宋之悌之远流及己之遭遇而发。

太原早秋[①]

岁落众芳歇， 时当大火流[②]。

霜威出塞早，云色渡河秋。
梦绕边城月，心飞故国楼。
思归若汾水[3]，无日不悠悠。

①太原：即今山西太原。 ②大火：星宿名，即心宿，六月在南，七月则西倾，谓之“七月流火”。 ③汾水：源出管岑山，南流经太原、汾、晋、绛等州，于蒲州入于黄河。

开元二十三年（735）秋作于太原。本年五月，李白应友人元演之邀游太原，居留达一年之久。

将进酒[1]

君不见，黄河之水天上来，奔流到海不复回。君不见，高堂明镜悲白发，朝如青丝暮成雪。人生得意须尽欢，莫使金樽空对月。天生我材必有用，千金散尽还复来。烹羊宰牛且为乐，会须一饮三百杯[2]。岑夫子，丹丘生[3]，将进酒，杯莫停。与君歌一曲，请君为我倾耳听。钟鼓馔玉不足贵[4]，但愿长醉不用醒。古来圣贤皆寂寞，惟有饮者留其名。陈王昔时宴平乐，斗酒十千恣欢谑[5]。主人何为言少钱？径须沽取对君酌。五花马[6]，千金裘，呼儿将出换美酒，与尔同销万古愁。

①《将进酒》：乐府“鼓吹铙歌曲”名。将（qiāng），愿词，“将进酒”犹言请喝酒。　②会须：应当，一定。　③岑夫子：指岑勋。丹丘生：指元丹丘。皆李白故交。　④钟鼓：古代豪贵之家每有宴会，必鸣钟鼓以奏乐。馔（zhuàn）玉：谓饮食之精洁。⑤陈王：指曹植，植以太和六年（232）封陈王。平乐：观名，在洛阳。曹植《名都篇》有句云：“归来宴平乐，美酒斗十千。”　⑥五花马：剪马鬃为五花状。泛指名贵之马。

开元二十四年（736）秋自晋归洛阳在元丹丘颍阳山居作。元丹丘山居近洛阳，临黄河。此诗意趣略同于《梁园吟》《梁甫吟》等诗：旋发牢骚，旋自慰解，于悲愁之中见豪放，于失望之中寄希望。元范德机谓：“如兵家之陈，方以为正，又复为奇；方以为奇，忽复是正。奇正出入，变化不可纪极。”（《诗评》）诗法固然如此，实亦际遇使然，时代使然。开元之际，虽然种种迹象使李白频频失望，然圣主、明时之光辉犹在，诗人虽逾而立，未届不惑，亦觉来日方长，尚属大有可为。发而为诗，遂有此大悲大嚎、大抑大扬、明暗交错之特点。

长歌行[①]

桃李得日开，荣华照当年。东风动百物，草木尽欲言。枯枝无丑叶，涸水吐清泉。大力运天地[②]，羲和无停鞭[③]。功名不早著，竹帛将何宣[④]？桃李务青春，谁能贳白日[⑤]？富贵与神仙，蹉跎成两失。金石犹销铄，风霜无久质。畏落日月后，强欢歌与酒。秋霜不惜人，倏忽侵蒲柳[⑥]。

①《长歌行》：乐府“相和歌辞”名。　②大力：即大自然运行规律。　③羲和：日御者。传说日乘车，驾以六龙，羲和为御。④竹帛：指史籍。古无纸，史书皆书于竹帛。　⑤贳（shì）：赊，借贷。　⑥蒲柳：蒲柳均早落叶，以喻人之早衰。《世说新语·言语》：“顾悦与简文同年而发早白。简文曰：‘卿何以先白？’对曰：‘蒲柳之姿，望秋而落；松柏之质，经霜弥茂。’”

大约是开元后期所作。乐府古辞多写荣华不久、人生如梦之感慨，此诗意在慨叹青春易逝而功业未立。诗的风格质朴无华，一似汉魏古诗。

寄淮南友人

红颜悲旧国[①]，青岁歇芳洲[②]。
不待金门诏[③]，空持宝剑游。
海云迷驿道，江月隐乡楼。
复作淮南客，因逢桂树留[④]。

①红颜：指青春年少。旧国：故乡，此当指安陆。 ②青岁：指时令，即春季。 ③金门：即金马门。汉武帝时使学士待诏金马门，以备顾问。 ④“复作”句：《楚辞》淮南小山《招隐士》：“桂树丛生兮山之幽。”此以桂树喻佳士，即淮南友人。

开元二十六至二十七年（738—739），李白有一次大漫游。离开安陆后，大致路线是：经南阳、陈州、宋城等地，复南折至淮阴、楚州、扬州、杭州等地，溯江西上，到荆州、岳州，返于安陆。此诗是二十七年春暮抵扬州时寄人之作。开元十四年，白初游扬州，故此诗云“复作淮南客”。

夜泊牛渚怀古[①]

牛渚西江夜，青天无片云。

登舟望秋月，空忆谢将军[②]。
余亦能高咏，斯人不可闻。
明朝挂帆席，枫叶落纷纷。

①牛渚：即牛渚矶，又名采石矶，在今安徽马鞍山市北，山突出江中，古来为形胜之地。 ②谢将军：即谢尚，东晋镇西将军。尝识拔袁宏于贫贱之中。袁宏字彦伯，有逸才，少贫，为人佣载运租。时谢尚屯牛渚，乘月夜泛江，闻运船中讽咏之声，甚有情致，所诵五言，又其所未尝闻，遣问之，即袁宏咏其自作《咏史诗》，于是大相叹赏，引为参军。见《世说新语·文学》。

开元二十七年秋溯江西上至当涂作。怀古情深而不着痕迹。唐司空图尝云“不着一字，尽得风流”（《二十四诗品》）；南宋严羽尝云“镜中之花，水中之月，羚羊挂角，无迹可求”（《沧浪诗话》）。清王士祯以为此篇足以当之（《带经堂诗话》）。此诗八句平仄皆协，然通篇却不对偶，前人或以为律，或以为古。王琦以为律诗注重调与声韵，对偶与否可不论，此诗仍当视为五律。其说是。

江上寄元六林宗[①]

霜落江始寒，枫叶绿未脱。客行悲清秋，永路苦不达。沧波眇川汜[2]，白日隐天末。停棹依林峦，惊猿相叫聒。夜分河汉转[3]，起视溟涨阔。凉风何萧萧，流水鸣活活[4]。浦沙净如洗，海月明可掇。兰交空怀思，琼树讵解渴[5]？勖哉沧洲心，岁晚庶不夺[6]。幽赏颇自得，兴远与谁豁？

①元六林宗：或为李白故交元丹丘。 ②眇（miǎo）：盲目，引申作高远难辨貌。汜（sì）：水流。 ③夜分：夜半。 ④活活（guō guō）：水流声。《诗经·国风·硕人》："河水洋洋，北流活活。" ⑤兰交、琼树：皆谓友朋。 ⑥勖（xù）：勉励。沧洲：指隐者所居处。沧洲心：即隐逸之志。二句意为晚年终当隐逸，此志是不可改变的。

开元二十七年秋江行途中作。功业未就之前，隐逸之志虽不能忘，但是要缓后才能实践的。"勖哉沧洲心"二句，晚唐李商隐"永忆江湖归白发，欲回天地入扁舟"正与此同。

赠孟浩然[1]

吾爱孟夫子，风流天下闻。
红颜弃轩冕[2]，白首卧松云。

醉月频中圣[3]，迷花不事君。
高山安可仰[4]？徒此揖清芬。

①孟浩然：湖北襄阳人，盛唐诗人，其山水诗与王维齐名。②红颜：指年少。轩冕：华美的车与冠，皆达官所有。句谓孟浩然早岁逸居，厌弃官场。　③中圣：即酒醉。古时酒徒称清酒为圣，浊酒为贤。　④“高山”句：《诗经·小雅·车舝》：“高山仰止，景行行止。”句用其意，谓孟浩然品格高尚，高山亦不足以当之。

开元二十七年暮秋返安陆后访襄阳时作。二十六年正月，孟浩然辞张九龄幕归襄阳，时年五十一岁，故诗有“白首卧松云”句。

五月东鲁行答汶上翁[1]

五月梅始黄，蚕凋桑柘空[2]。鲁人重织作，机杼鸣帘栊。顾余不及仕[3]，学剑来山东。举鞭访前途，获笑汶上翁。下愚忽壮士，未足论穷通。我以一箭书，能取聊城功[4]。终然不受赏，羞与时人同。西归去直道，落日昏阴虹[5]。此去尔勿言，甘心如转蓬。

①东鲁：即鲁地，唐时为河南道兖州，即今山东兖州。汶上：即汶水之上。汶水在兖州北。 ②蚕凋：犹言蚕老。柘：桑属，可以饲蚕。 ③顾：语助，其义略同于“因”。 ④“我以”二句：用鲁仲连事。战国时，燕将攻下聊城，聊城人或离间于燕，燕将不敢归，保守聊城。齐将田单攻聊城，士卒多死而聊城不下。鲁仲连乃为书，以矢射入城中。燕将见仲连书，泣三日，乃自杀，田单遂取聊城。田单欲赏仲连，仲连不受，逃隐于海上。事见《史记·鲁仲连邹阳列传》。聊城，今属山东。 ⑤落日、阴虹：隐喻朝政不明。二句意谓己当西入于秦，以直道干谒君王，惜朝廷昏蔽，身不得用。

开元二十八年(740)移家东鲁时作。移家东鲁之原因，此篇谓“学剑来山东”，恐不足凭信。悬揣之，或有二：一、安陆许氏病故，安陆难以居留；二、鲁地有其近族，可以依靠。

赠范金乡二首[①](其一)

君子枉清盼[②]，不知东走迷[③]。离家未几月，络纬鸣中闺[④]。桃李君不言，攀花愿成蹊[⑤]。那能吐芳信[⑥]？惠好相招携。我有结绿珍[⑦]，久藏浊水泥。时人弃此物，乃与燕珉齐[⑧]。摭拭欲赠之，申眉路无梯。辽东惭白豕[⑨]，

楚客羞山鸡⑩。徒有献芹心⑪，终流泣玉啼⑫。只应自索漠，留舌示山妻⑬。

①金乡：即今山东金乡县，唐时为兖州属县。范金乡，金乡县令姓范者，名字不详。　②清盼：喻人惠顾自己的客套话。③东走迷：谦称其东鲁之行漫无目的。《淮南子·说山训》："狂者东走，逐者亦东走。"《庄子·徐无鬼》："七圣皆迷，无所问途。"句兼用其意。　④络纬：俗名纺织娘，秋始鸣。　⑤"桃李"二句：《史记·李将军列传赞》："桃李不言，下自成蹊。"两句以桃李拟范金乡，谓己景慕其美姿洁行。　⑥芳信：犹言佳音。⑦结绿珍：美玉名。　⑧燕珉：燕山所产石，似玉，无足贵。　⑨"辽东"句：昔时辽东有豖（猪），生子白头，有人异而欲献于帝。行至河东，见群豖皆白，怀惭而返。见《汉书·朱浮传》。　⑩"楚客"句：楚人有担山鸡者，路人问之，欺曰："凤凰也。"路人遂高其值买之，欲献楚王。楚王感其诚，召而厚赐之。见《笑林》。以上二句皆自谦之辞。　⑪献芹：自谦情意之微薄。芹，物之微者。语出《列子·杨朱》。　⑫"终流"句：用楚人献玉事。楚人和氏，得玉璞楚山中，献之厉王。厉王使玉人视之，玉人曰："石也。"王以为诳，刖其左足。厉王死，和氏又奉其璞献之武王，武王复以为诳，刖其右足。武王死，文王即位，和氏抱其璞而哭于楚山之下，三日三夜，泪尽而继之以血。文王闻之，使人问其故，和氏曰："悲夫！

宝玉而题之以石，贞士而名之以诳，此吾所以悲也。”王乃使人理其璞，得宝玉，命曰和氏璧。见《韩非子·和氏》。 ⑬“只应”二句：用战国时张仪事。张仪贫时，尝从楚相饮，已而楚相亡璧。下人以为张仪所为，共执张仪，掠笞数百释之。其妻曰：“子不读书游说，安得此辱乎？”张仪谓其妻曰：“视吾舌尚在否？”妻曰：“舌在也。”仪曰：“足矣。”见《史记·张仪列传》。

开元二十八年在东鲁干谒之作。从末四句看，干谒无成。留得舌在，犹俗语“留得青山在，不怕没柴烧”也。

酬中都小吏携斗酒双鱼于逆旅见赠①

鲁酒若琥珀，汶鱼紫锦鳞。山东豪吏有俊气，手携此物赠远人。意气相倾两相顾，斗酒双鱼表情素。双鳃呀呷鳍鬣张，跋刺银盘欲飞去。呼儿拂几霜刃挥，红肥花落白雪霏。为君下箸一餐饱，醉著金鞍上马归。

①中都：本春秋时鲁国邑名，隋唐时为平陆县，属兖州。治所在今山东汶上县西北。逆旅：即客舍。

开元二十八年初至东鲁时之作。写鱼数句，鱼之新鲜肥美，视觉、听觉、味觉皆可感知。馈鱼小吏之豪俊，亦可于数句中见出。“为君下箸一餐饱”即王维《少年行》之“相逢意气为君饮”，诗人唯饱餐一顿方能答谢馈者之豪。区区小鱼，写来字挟风霜。

客中作

兰陵美酒郁金香[①]，玉碗盛来琥珀光。
但使主人能醉客，不知何处是他乡？

①兰陵：在今山东枣庄市南。后魏于此置兰陵郡，隋为兰陵县，唐初改为承县。郁金：香草名。

此篇因酒之美而引乡愁作衬，未必为浇愁而作。故读来但觉酒之美，饮之豪。清沈德潜谓“强作宽解之词”（《唐诗别裁》）；清李锳谓“作客之苦，愈觉沉痛”（《诗法易简录》），似皆求之过深。

嘲鲁儒

鲁叟谈五经，白发死章句[①]。问以经济策[②]，茫如坠烟雾。足著远游履，首戴方山巾[3]。缓步从直道，未行先起尘。秦家丞相府[4]，不重褒衣人[5]。君非叔孙通[6]，与我本殊伦。时事且未达，归耕汶水滨。

①“鲁叟”二句：谓鲁儒虽言必五经，但皓首白发，仅知死守章句之学。　②经济策：经邦济世之策。　③远游履、方山巾：皆汉时儒生所服。　④秦家丞相：谓李斯。李斯相秦时黜儒术，罢百家。　⑤褒衣人：指儒者。褒衣谓褒大之衣、广博之带。⑥叔孙通：汉初儒者，为高祖定朝仪。叔孙通为博士，征鲁诸生二十人，有两人以叔孙通所为不合古制，不肯行。叔孙通曰：“若真鄙儒也，不知时变。”事见《史记·刘敬叔孙通列传》。

与《五月东鲁行答汶上翁》当并读，鲁儒或即彼汶上翁。此篇活画出鲁儒之刻板及不通权变，是绝妙的讽刺诗。东鲁为孔子故乡，儒学特盛，儒风特浓。具有勃勃生机的新型知识分子，与代表千余年传统的老儒之间的冲突和摩擦发生在鲁地，尤具有其典型意义。

送韩准、裴政、孔巢父还山[1]

猎客张兔罝[2]，不能挂龙虎。所以青云人，高歌在岩

户。韩生信英彦，裴子含清真。孔侯复秀出，俱与云霞亲。峻节凌远松，同衾卧盘石。斧冰漱寒泉[③]，三子同二屐[④]。时时或乘兴，往往云无心。出山揖牧伯[⑤]，长啸轻衣簪[⑥]。昨宵梦里还，云弄竹溪月。今晨鲁东门，帐饮与君别[⑦]。雪崖滑去马，萝径迷归人。相思若烟草，历乱无冬春[⑧]。

①韩准、裴政、孔巢父：据两《唐书》的《李白传》，白在山东时，曾与孔巢父、韩准、裴政、张叔明、陶沔隐于徂徕山，时号“竹溪六逸”。诗题中韩、裴、孔皆“竹溪六逸”之一。韩、裴生平不详，孔巢父《旧唐书》有传，冀州人，字弱翁，早岁即勤于文史。永王璘起兵江淮，闻其贤，辟之从事，巢父知其必败，潜遁不就。德宗时，任给事中，河中、陕、华等州招讨使，不久兼御史大夫，充魏博宣慰使，遇害。 ②兔罝（jū）：猎兔之网，此以喻科举功名。③斧冰：以斧凿冰。 ④“三子”句：谓三人如双屐，行则同行，止则同止。 ⑤牧伯：州郡长官。揖：即拱手，是平交之礼。 ⑥衣簪：即衣冠簪缨，皆富贵之服。此以代官绅贵胄。 ⑦帐饮：古人送别，每于郊外设帐而饮，谓之帐饮。 ⑧历乱：杂乱无次。

李白与孔巢父等的交游，在开元二十八年秋。诗中有“斧冰”“雪崖”字样，当作于是年冬。详诗意，白已居家而不再与游。

赠从弟冽

楚人不识凤，重价求山鸡[①]。献主昔云是，今来方觉迷。自居漆园北[②]，久别咸阳西[③]。风飘落日去，节变流莺啼。桃李寒未开，幽关岂来蹊？逢君发花萼，若与青云齐[④]。及此桑叶绿，春蚕起中闺。日出布谷鸣，田家拥锄犁。顾余乏尺土，东作谁相携[⑤]？傅说降霖雨[⑥]，公输造云梯[⑦]。羌戎事未息[⑧]，君子悲涂泥[⑨]。报国有长策，成功羞执珪[⑩]。无由谒明主，杖策还蓬藜。他年尔相访，知我在磻溪[⑪]。

①山鸡：事见前《赠范金乡二首》注。　②漆园：地名，庄周为吏处，在曹州（今山东曹县）。漆园北：即兖州一带。　③咸阳：代指长安。句谓其一入长安。　④“桃李”四句：皆用“桃李不言，下自成蹊”典。前二句谓其欲攀附而无门径，后二句谓与冽相识，情同兄弟。花萼指桃李，兼喻兄弟。《诗经·小雅·常棣》：“常棣之华，鄂不韡韡。凡今之人，莫如兄弟。”华：同“花”。鄂：通“萼”。　⑤东作：春耕。古人以为春位在东，耕者始作，故曰东作。　⑥傅说：殷时贤相。霖雨：谓贤相在位，恩泽普降。　⑦公输：名般，春秋时鲁之巧匠，曾造云梯之具以攻城。此以喻时吏之推贤荐士。以上二句皆希冀之词。　⑧羌戎：此指吐蕃。自开元

二十五年以来，唐与吐蕃之间频有战争。 ⑨涂泥：即泥涂，喻穷困之境。 ⑩执珪：春秋时爵位名。此以代功名。 ⑪磻（pán）溪：商朝末年时姜尚垂钓处。详见前《梁甫吟》诗注。

开元二十九年（741）春作于东鲁。是干谒之作。

咏邻女东窗海石榴[①]

鲁女东窗下，海榴世所稀。珊瑚映绿水，未足比光辉。清香随风发，落日好鸟归。愿为东南枝，低举拂罗衣。无由一攀折，引领望金扉。

①海石榴：即石榴，以自海外移植，故名。

据唐魏颢《李翰林集序》，李白自许氏夫人去世后，"次合于鲁一妇人"。此诗爱屋及乌，借海石榴以抒爱慕之情。鲁女，或即与白结婚的"鲁一妇人"。

齐有倜傥生（《古风五十九首》其十）

齐有倜傥生[①]，鲁连特高妙[②]。明月出海底[③]，一朝开光曜。却秦振英声，后世仰末照。意轻千金赠，顾向平原笑。吾亦淡荡人[④]，拂衣可同调。

①倜傥：潇洒不群貌。　②鲁连：即鲁仲连，战国时齐人。好为奇谋，而无意仕宦。游赵，会秦围赵，魏使客将军辛垣衍说赵帝秦。鲁仲连见赵平原君及辛垣衍，陈说帝秦之害。赵不帝秦，秦军为之却五十里。适会魏公子信陵君救赵击秦，秦军遂引去。平原君欲封鲁仲连，仲连辞让。又以千金赠仲连，仲连笑曰："所为贵于天下之士者，为人排患释难解纷乱而无所取也。"遂辞而去，终身不复见。事见《史记·鲁仲连邹阳列传》。　③明月：珠玉名。古谓明月之珠出于江海。　④淡荡：坦荡脱俗貌。

鲁仲连为齐人，鲁地后归于齐，此篇当为李白在东鲁时所作。鲁仲连是李白最敬慕的古人之一，故于诗中一再咏及。所敬慕者，以平常之士而为帝王师，一也；功成身退，不慕荣华，千金为轻，二也；建不世之奇功，尽在谈笑之间，三也。此可视作李白处世为人的主观设想。

秋日炼药院镊白发赠元六兄林宗[①]

木落识岁秋，瓶冰知天寒[②]。桂枝日已绿[③]，拂雪凌

云端。弱龄接光景④，矫翼攀鸿鸾。投分三十载⑤，荣枯同所欢。长吁望青云，镊白坐相看。秋颜入晓镜，壮发凋危冠⑥。穷与鲍生贾⑦，饥从漂母餐⑧。时来极天人，道在岂吟叹？乐毅方适赵⑨，苏秦初说韩⑩。卷舒固在我，何事空摧残？

①炼药院：大约是道观中炼药之所。元林宗：当即元丹丘。　②“木落”二句：《淮南子·说山训》：“见一叶落而知岁之将暮，睹瓶中之冰而知天下之寒。”两句由此化出。　③桂枝：即桂林一枝。晋郤诜谓武帝曰：“臣举贤良对策，为天下第一，犹桂林之一枝，昆山之片玉。”（《晋书·郤诜传》）后遂用桂枝、片玉喻人才之美者。此以喻元林宗。　④弱龄：少时。　⑤投分：犹言结交。⑥壮发：覆额之发，少壮时乃有。危冠：高冠。　⑦鲍生：即鲍叔牙，春秋时齐人。管仲贫时，尝与鲍叔牙行商。贾（gǔ）：行商。句以管仲自拟。　⑧漂母：洗衣妇。韩信贫困时，尝从一漂母乞食。句以韩信自拟。　⑨“乐毅”句：乐毅为燕将，燕王使乐毅说赵、魏、楚等合纵伐齐。　⑩“苏秦”句：苏秦为赵武安君，说燕、韩、魏、齐、楚等合纵伐秦。以上二句以乐毅、苏秦自拟，谓其终当有风云际会之时，施展才能，建立奇功。

李白交游中，元丹丘（元林宗）是至关重要的人物。李、元二人订交在蜀中时，由白诗可考知，二人交谊一直保持到安史之乱前后。天宝元年，元丹丘以道家流受召入朝为道门威仪，同年李白亦受召入朝，白之荐主很可能即是元丹丘。此篇作于开元二十九年冬，其时元丹丘入朝的消息或已有分晓，故诗中有“桂枝日已绿”“长吁望青云”之句，对元丹丘的发达极表倾慕。镊白发以赠友的目的显而易见，诗中“矫翼攀鸿鸾”“荣枯同所欢”等句，皆是希冀汲引之辞。

黄河走东溟（《古风五十九首》其十一）

黄河走东溟，白日落西海。逝川与流光，飘忽不相待。春容舍我去，秋发已衰改。人生非寒松，年貌岂长在？吾当乘云螭①，吸景驻光彩②。

①云螭（chī）：云中龙。　②吸景：吸日月之景。道家语。

开元之末多有感叹韶光易逝、白发种种之句，或与前篇为同时之作。

南陵别儿童入京[1]

白酒新熟山中归[2]，黄鸡啄黍秋正肥[3]。呼童烹鸡酌白酒，儿女嬉笑牵人衣。高歌取醉欲自慰，起舞落日争光辉。游说万乘苦不早，著鞭跨马涉远道。会稽愚妇轻买臣[4]，余亦辞家西入秦。仰天大笑出门去，我辈岂是蓬蒿人？

①南陵：今山东曲阜县南有陵城南庄，时人呼为南陵。儿童：指白女平阳及子伯禽。　②山中：指泰山。　③黍：北方呼小米之黏者为黍。　④买臣：即朱买臣，字翁子，西汉时人。买臣家贫，好读书，不治产业，樵薪自给。常担束薪，行且诵书，其妻数止之，买臣不听。其妻羞之，求去，买臣曰："我年五十当富贵，今已四十余矣，汝苦日久，待我富贵报女功。"妻恚怒，曰："如公等，终饿死沟中，何能富贵？"买臣不能留，即听去。买臣后富贵，为会稽太守，其妻愧悔自缢。事见《汉书·朱买臣传》。

天宝元年（742）秋奉诏入朝时作。题一作《古意》，当为初题，今题为李白后所改定者。南陵，前人多以为安徽宣州属县之南陵，大误。白入朝始发之地在东鲁，其《酬张卿夜宿南陵见赠》诗有"月出鲁城东""鲁女惊莎鸡"之句，可知南陵必在白东鲁寓家处。诗中“会稽愚妇”当指与白结婚之“鲁一妇人”，乃弃白而离去者，如汉之朱买臣妻，诗题初作《古意》，意在此。妻已离去，故入朝时只与子女为别。结末“仰天大笑出门去”二句，写得意昂扬之态，如见其颜色，是情神俱到之笔。《唐宋诗醇》评曰：“结句以直致见风格，所谓辞意俱尽，如截奔马。”

驾去温泉后赠杨山人①

少年落魄楚汉间，风尘萧瑟多苦颜。自言管葛竟谁许②，长吁莫错还闭关③。一朝君王垂拂拭，剖心输丹雪胸臆。忽蒙白日回景光，直上青云生羽翼。幸陪鸾辇出鸿都④，身骑飞龙天马驹⑤。王公大人借颜色⑥，金章紫绶来相趋⑦。当时结交何纷纷，片言道合唯有君。待吾尽节报明主，然后相携卧白云⑧。

①温泉：即华清宫，在今陕西临潼骊山上。山有温泉，故名。玄宗时多于冬日驾往温泉。山人：谓隐居者。杨山人名字不详。　②管葛：指管仲、诸葛亮。　③莫错：空虚寂寞。　④鸾辇：鸾旗与辇。《汉书·贾捐之传》颜师古注：“鸾旗，编以羽毛……载于车上，大驾出，则陈于道而先行。”辇，天子之车。鸿都：即皇都，指长安。　⑤飞龙：御厩名，唐时宫禁中有飞龙厩。

天马：御厩之马。　⑥借：借重之意。　⑦金章紫绶：指官位显达者。章，官印。绶，系印之绶带。汉制，相国、丞相、太尉、大司马、大司空等金章紫绶。　⑧卧白云：谓隐居。

天宝元年冬十月作于长安。诗写其初入翰林侍驾之荣幸得意并功成身退的理想。

子夜吴歌四首[①]

其　三

长安一片月，万户捣衣声[②]。
秋风吹不尽，总是玉关情[③]。
何日平胡虏，良人罢远征[④]？

①《子夜吴歌》：即吴声歌曲《子夜歌》，乐府“清商曲辞”名。《新唐书·乐志》谓“晋有女子名子夜，造此声”。后人即此调衍为四时行乐之词，谓之《子夜四时歌》。李白此篇《乐府诗集》每首分题“春歌”“夏歌”“秋歌”“冬歌”。　②捣衣：将衣料置砧上，以杵捣之，使平展。　③玉关：即玉门关。此处代指西北边关。　④良人：妻谓夫为良人。

此首写妇人捣衣（将寄寒衣于远戍丈夫）。前四句浑涵苍茫，有色有声，而情在其中。王夫之评云：“前四句是天壤间生成好句，被太白拾得。”（《唐诗评选》）

其　四

明朝驿使发[①]，一夜絮征袍。
素手抽针冷，那堪把剪刀？
裁缝寄远道，几日到临洮[②]？

①驿使：驿站间传送文书、物件之人。　②临洮：即洮州，唐时属陇右道，即今甘肃临潭县。此处泛指西北边关。

此首与前首时序相接。“明朝”“一夜”写裁缝之刻不容缓，“抽针”“把剪”写裁缝之辛苦。

宫中行乐词八首

其　一

小小生金屋[①]，盈盈在紫微[②]。

山花插宝髻，石竹绣罗衣[③]。
每出深宫里，常随步辇归[④]。
只愁歌舞散，化作彩云飞。

①金屋：用汉武帝、陈皇后事。据《汉武故事》，武帝幼时，其姑馆陶长公主抱置膝上，问曰："儿欲得妇否？"指左右长御百余人，皆云不用。指其女阿娇（即陈皇后）问好否，帝笑对曰："好，若得阿娇作妇，当作金室贮之。" ②盈盈：仪态美好貌。紫微：星座名，古天文家以为天帝之所居。此处代称天子之宫。③石竹：花草名，花如钱，可爱，唐人多以为衣服之饰。 ④步辇：无轮之车，以人力舁之而行，天子宫中所乘。

其　六

今日明光里[①]，还须结伴游。
春风开紫殿[②]，天乐下朱楼。
艳舞全知巧，娇歌半欲羞。
更怜花月夜，宫女笑藏钩[③]。

①明光：即明光宫，汉长安宫名。此处代指唐宫廷。 ②紫殿：帝王宫殿，紫为紫微之省。见前首注。 ③藏钩：游戏名。其

起源，据《汉武故事》，武帝钩弋夫人少时手拳，后入宫，帝扳其手，得一玉钩，手始得展。后衍为藏钩之戏。其法：人分为二曹，一钩藏在某人手中，当猜知其所在。一藏为一筹，三筹为一都。又据《嫏嬛记》所引《采兰杂志》，每月下九（十九日），置酒为妇女之欢，女子以是夜为藏钩诸戏，以待月明，至有忘寝而达曙者。

《宫中行乐词》题下原注："奉诏作五言。"皆天宝二年（743）春宫中应制之作。孟棨《本事诗·高逸》："玄宗……尝因宫人行乐，谓高力士曰：'对此良辰美景，岂可独以声伎为娱？倘时得逸才词人吟咏之，可以夸耀于后。'遂命召白。时宁王邀白饮酒，已醉。既至，拜舞颓然。上知其薄声律，谓非所长，命为宫中行乐五言律十首。白顿首曰：'宁王赐臣酒，今已醉。倘陛下赐臣无畏，始可尽臣薄技。'上曰：'可。'即遣二内臣掖扶之，命研墨濡笔以授之，又令二人张朱丝栏于其前。白取笔抒思，略不停缀，十篇立就，更无加点，笔迹遒利，凤跱龙拏，律度对属，无不精绝。"今十首只存八首。宋黄徹尝谓："愚观唐宗渠渠（按：殷勤貌）于白，岂真乐道下贤者哉？其意急得艳词媟语以悦妇人耳。"（《䂬溪诗话》）话似太刻薄，就玄宗一方来说，未似不一语中的。就李白一方来说，天子在前，命题为诗，为此"艳词媟语"，其情势固所难免，但语涉尘下之讥，也是难以避免的了。

清平调词三首[①]

其　一

云想衣裳花想容[②]，春风拂槛露华浓。
若非群玉山头见[③]，会向瑶台月下逢[④]。

①《清平调》：乐曲调名。据任半塘《唐声诗》下编，谓创始于玄宗天宝间，乐律在古清调与平调之间，别名《清平词》。②想：如，若，比喻之词。又，羡慕之意，亦通。　③群玉山：传说西王母所居处。　④瑶台：传说西王母宫名，在昆仑山。

其　二

一枝秾艳露凝香，云雨巫山枉断肠[①]。
借问汉宫谁得似？可怜飞燕倚新妆[②]。

①云雨巫山：用宋玉《高唐赋》楚王梦遇神女事。见前《寄远十二首》诗注。　②怜：爱。飞燕：即赵飞燕，汉成帝后，以其歌舞体轻如燕，故名。

其　三

名花倾国两相欢[①]，长得君王带笑看。
解释春风无限恨[②]，沉香亭北倚阑干[③]。

①名花：指牡丹。倾国：绝色女子，此指杨贵妃。　②解释：消除。春暮则花事凋零，是为花之恨事。而妃子之宠不衰，故可解释。　③沉香亭：在长安兴庆宫中。

天宝二年春作于长安。唐韦叡《松窗杂录》载："开元中，禁中初重木芍药，即今牡丹也。得四本，红、紫、浅红、通白者。上因移植于兴庆池东沉香亭前。会花方繁开，上乘照夜白（按：良马名），太真妃以步辇从。诏特选梨园弟子中尤者，得乐十六部。李龟年以歌擅一时之名，手捧檀板，押众乐前，将歌之。上曰：'赏名花，对妃子，焉用旧乐词为？'遂命龟年持金花笺，宣赐李白，立进《清平调》辞三章。白欣然承旨，犹苦宿酲未解，因援笔赋之，其辞曰……龟年遽以辞进。上命梨园弟子约略调抚丝竹，遂促龟年以歌。太真妃持玻璃七宝盏，酌西凉州蒲桃酒，笑领歌，意甚厚。上因调玉笛以倚曲。每曲遍将换，则迟其声以媚之。……上自是顾李翰林尤异于他学士。"（《太平广记》卷二〇四引）可知此篇性质与《宫中行乐词》同属一类。唯此篇风流旖旋，神丰韵高，自《唐诗三百首》选入后，虽历久而犹令人把玩不已。三首合写人与花，花似人，人似花，人又强似花，末归结到帝王恩宠，颇得体。

小说家又谓高力士以脱靴之耻，因此诗而谗之贵妃，玄宗以是疏李白（乐史《太白遗事》）。虽不足尽信，然此诗因此而流布更广。

关山月[①]

明月出天山[②]，苍茫云海间。长风几万里，吹度玉门关[③]。汉下白登道[④]，胡窥青海湾[⑤]。由来征战地，不见有人还。戍客望边色，思归多苦颜。高楼当此夜，叹息未应闲[⑥]。

①《关山月》：乐府“横吹曲辞”名。　②天山：即今甘肃境内之祁连山，匈奴谓天曰祁连，故名。　③“吹度”句：天山在西而玉门关更在天山之西，自征人目光看，明月出自天山而东渡玉门。　④白登：山名，在今山西大同市东北。汉时，匈奴冒顿围困汉高祖于此。　⑤青海：即今青海湖，唐时在吐蕃境。以上二句，白登、青海概言征战之地，非实指。　⑥闲：停息。

前十句皆自征人言之，末二句转，悬揣高楼中人（征妇）相思之苦，则征人之苦更进一层。“明月出天山”以下四句真力弥满，气盖一世。与《子夜吴歌》之“长安一片月”境界略同而雄浑过之。

乌夜啼[1]

黄云城边乌欲栖，归飞哑哑枝上啼。
机中织锦秦川女[2]，碧纱如烟隔窗语。
停梭怅然忆远人，独宿孤房泪如雨。

①《乌夜啼》：乐府“清商曲辞”名。　②“机中”句：用苏蕙回文织锦事。晋窦滔妻苏蕙，字若兰，善属文。滔时为苻坚秦州刺史，被徙流沙。苏氏思之，织锦为回文璇玑图诗以赠滔。诗宛转循环可读，词甚凄婉。见《晋书·列女传》。庾信同题诗有“织锦秦川窦氏妻”句，为此句出处。

诗有“秦川女”字样，当为天宝初在长安作。《乌夜啼》为荆楚间“西曲”旧调，特点是语浅而情意绵长。李白拟之，风格宛然。

夜坐吟[①]

冬夜夜寒觉夜长，沉吟久坐坐北堂。冰合井泉月入闺，金釭青凝照悲啼[②]。金釭灭，啼转多。掩妾泪，听君歌。歌有声，妾有情。情声合，两无违。一语不入意，从君万曲梁尘飞[③]。

①《夜坐吟》：乐府“杂曲歌辞”名。　②釭（gāng）：灯。青：谓灯光之青荧。　③梁尘飞：谓歌声激越，惊动梁尘。

清陈沆评曰：“人之相知，贵相知心，而知心之言不在多。苟于此心曲之一言既不合，则万语款洽，皆虚文矣。喻君臣之际，惟志同而后道合。”（《诗比兴笺》）则此篇当作于待诏翰林后期，其时李白对玄宗已有怨望之意。

秋夜独坐怀故山

小隐慕安石[①]，远游学子平[②]。天书访江海，云卧起咸京[③]。入侍瑶池宴[④]，出陪玉辇行。夸胡新赋作[⑤]，谏猎短书成[⑥]。但奉紫霄顾[⑦]，非邀青史名。庄周空说剑[⑧]，墨翟耻论兵[⑨]。拙薄遂疏绝，归闲事耦耕[⑩]。顾无苍生

望，空爱紫芝荣[11]？寥落暝霞色，微茫旧壑情。秋山绿萝月，今夕为谁明？

①小隐：谓隐于山林。西晋王康琚《反招隐诗》："小隐隐陵薮，大隐隐朝市。"安石：指东晋谢安（字安石）。谢安出仕前曾隐于东山。　②子平：东汉人向长之字。向长隐居不仕，安于贫贱，子女婚嫁一毕，即敕断家事，与同好游五岳名山，不知所终。事见《后汉书·逸民列传》。　③"天书"二句：谓已奉诏入朝事。　④瑶池宴：指帝王之宴。瑶池传说为西王母宫。　⑤"夸胡"句：用汉扬雄事。汉成帝欲大夸胡人以多禽兽，扬雄作《长杨赋》以讽谏。　⑥"谏猎"句：用汉司马相如事。《史记·司马相如列传》："常从上至长杨猎，是时天子方好自击熊彘，驰逐野兽，相如上疏谏之。"　⑦紫霄：帝王所居，此处指帝王。　⑧"庄周"句：《庄子》有《说剑》篇，略谓：赵文王喜剑，剑士三千余人日夜相击，死伤者岁百余人。如是三年，国衰。太子以千金请庄周说王止剑，周辞金不受，入而说王曰："臣有三剑，天子剑、诸侯剑、庶人剑。天子剑用以匡诸侯，服天下；诸侯剑使四方之内宾服而从君命；庶人剑则无所用于国事，而王有天子之位而好庶人之剑。"文王闻之，三月不出宫门，剑士皆服毙（伏剑自杀）。句谓其说不为玄宗所纳。　⑨墨翟：春秋时人，非攻而善用兵。公输般为荆王造云梯欲以攻宋，墨子往说之。公输般设攻宋之械，墨子设守宋之备，

九攻而九却之，荆辍不攻宋。事见《吕氏春秋·开春论·爱类》。句谓其非战主张不为玄宗所用。　⑩耦（ǒu）耕：两人各执一耜，左右并行，相偶而耕。句用隐者长沮、桀溺耦耕见孔子事。见《论语·微子》。　⑪顾：岂、难道，反诘之词。苍生望：拯济天下之志。紫芝：仙草类，隐士所食者。荣：犹言虚名。二句当连读，而以“顾”字贯之，谓己非无拯济天下之志而空邀隐士之虚名。

待诏翰林后期所作。已萌归山之志。

忆东山二首[①]

其　一

不向东山久，蔷薇几度花？
白云还自散，明月落谁家[②]？

①东山：山名，在浙江上虞，晋谢安曾隐居于此。此处以东山代其归隐之志。　②白云、明月：谢安东山有蔷薇洞及白云、明月堂，此借指归隐情趣。

其　二

我今携谢妓[①]，长啸绝人群。
欲报东山客[②]，开关扫白云。

①携谢妓：谢安隐东山时，常携妓游宴。　②东山客：泛指隐者。

待诏翰林后期作。遭玄宗疏远后，李白"乃浪迹纵酒，以自昏秽，咏歌之际，屡称东山"（唐李阳冰《草堂集序》），所指即此类诗。

翰林读书言怀呈集贤诸学士[①]

晨趋紫禁中[②]，夕待金门诏[③]。观书散遗帙[④]，探古穷至妙。片言苟会心，掩卷忽而笑。青蝇易相点[⑤]，《白雪》难同调[⑥]。本是疏散人，屡贻褊促诮[⑦]。云天属清朗[⑧]，林壑忆游眺。或时清风来，闲倚栏下啸。严光桐庐溪[⑨]，谢客临海峤[⑩]。功成谢人间，从此一投钓[⑪]。

①翰林：指翰林院。玄宗初，置翰林待诏，掌四方表疏批答、

应和文章。后乃选文学之士，号翰林供奉，与集贤院学士分掌制诏书敕。开元二十六年，又改翰林供奉为学士，别置学士院，专掌内命，如拜免将相、号令征伐等，皆用白麻书之。凡充其职者无定员，自诸曹尚书下至校书郎，皆得预选。李白在朝，即为翰林学士，然未授他官。集贤：即集贤殿书院，隶中书省，中有学士、直学士，掌刊辑古今经籍。　②紫禁：天子之宫。紫即紫微，宫门设禁，故称。　③金门：即金马门，汉宫殿名，此代指翰林院。④帙：书衣。遗帙：指前代之书。　⑤“青蝇”句：《诗经·小雅·青蝇》：“营营青蝇，止于樊。岂弟君子，无信谗言。”蝇矢污白使黑，污黑使白，变乱黑白，以喻谗言。句谓其在朝为谗言所中。　⑥白雪：即《阳春》《白雪》。宋玉《对楚王问》：“客有歌于郢中者，其始曰《下里》《巴人》，国中属而和者数千人。其为《阳阿》《薤露》，国中属而和者数百人。其为《阳春》《白雪》，国中属而和者不过数十人而已。……是其曲弥高，其和弥寡。”句谓其在朝清高寡相知者。　⑦褊（biǎn）促：器量狭隘。诮：讥笑。⑧属（zhǔ）：同“瞩”，远眺。　⑨严光：字子陵，汉会稽人。少与东汉光武帝同游学，及光武即位，光隐身不见，披羊裘钓泽中。光武聘入朝，除为谏议大夫，不屈，乃耕于富春山。桐庐：即今浙江桐庐县，县南富春江有严子陵垂钓处。　⑩谢客：指谢灵运，灵运小名客，喜游山水，有《登临海峤》诗。　⑪投钓：仍用严光垂钓事。

诗作于待诏翰林后期，谗谤已起。诗末云“功成谢人间”，仍有所希冀。

玉壶吟

烈士击玉壶，壮心惜暮年[①]。三杯拂剑舞秋月，忽然高咏涕泗涟。凤凰初下紫泥诏[②]，谒帝称觞登御筵[③]。揄扬九重万乘主[④]，谑浪赤墀青琐贤[⑤]。朝天数换飞龙马[⑥]，敕赐珊瑚白玉鞭。世人不识东方朔，大隐金门是谪仙[⑦]。西施宜笑复宜颦，丑女效之徒累身[⑧]。君王虽爱蛾眉好，无奈宫中妒杀人[⑨]。

①“烈士”二句：曹操《步出夏门行》：“老骥伏枥，志在千里。烈士暮年，壮心不已。”东晋王敦酒后辄咏此数句，以如意击唾壶，壶口尽缺。事见《世说新语·豪爽》。　②“凤凰”句：后赵武帝石虎在台观上以五色纸为诏书，衔凤凰口中，侍人放数百丈绯绳，辘轳回转，凤凰飞下，谓之凤诏。凤凰，木为之，五色漆画。后遂以凤诏谓皇帝诏书。紫泥，缄封诏书所用，上加印玺。　③称：举。④揄扬：宣扬。　⑤谑浪：戏谑。赤墀：天子宫殿，皇宫阶地以丹漆涂之，故名。青琐：天子之门，刻为连环文，涂青，故名。　⑥飞龙马：御厩之马。详见前《驾去温泉后赠杨山人》诗注。　⑦东方

朔：汉武帝近臣，滑稽多智，语多讽喻，尝云：“如朔等，所谓避世于朝廷间者也，古之人，乃避世于深山中。”又尝坐席中，酒酣，据地歌曰：“陆沉于俗，避世金马门。宫殿中可以避世全身，何必深山之中、蒿庐之下？”谪仙：李白自称。二句以东方朔喻己。⑧西施：春秋时越国美女，患心疼而蹙眉，人以为美。有丑女者效之，人以为更丑，或闭门不出，而举家他迁。二句以西施自喻，无论隐居出仕，皆能洁身自好。　⑨蛾眉：蚕蛾眉细曲而长，后以蛾眉代指美女。屈原《离骚》：“众女嫉余之蛾眉兮，谣诼谓余以善淫。”二句用其意，谓宫中和朝臣中有进谗言以离间者。

说到其受宠情节，笔下不无得意之辞，但因为谗言屡进，所以又用东方朔“大隐金门”解嘲。从中可以看出诗人矛盾的心态：既不满足于文学侍臣地位，又依恋宫阙，不忍离开。

设辟邪伎鼓吹《雉子斑》曲辞①

辟邪伎作鼓吹惊，《雉子斑》之奏曲成，喔咿振迅欲飞鸣②。扇锦翼，雄风生。双雌同饮啄，趫悍谁能争③？乍向草中耿介死④，不求黄金笼下生。天地至广大，何惜遂物情？善卷让天子，务光亦逃名⑤。所贵旷士怀，朗然合太清⑥。

①辟邪伎：扮为辟邪兽之形状而舞者。辟邪，神兽名，谓能辟御妖邪。《雉子斑》：乐府“鼓吹曲辞”名。　②喔咿：禽鸟鸣声。振迅：疾飞貌。　③趫（qiáo）悍：勇捷。　④乍：宁可。雉鸟性情耿介，被人所获，必自屈折其颈而死。　⑤善卷、务光：皆传说中古高士名。传说舜以天下让善卷，善卷曰：“余立于宇宙之中，冬日衣皮毛，夏日衣葛絺。春耕种，形足以劳动；秋收敛，身足以休食。日出而作，日入而息，逍遥于天地之间而心意自得，吾何以天下为哉？”不受，入深山，莫知其处。传说汤伐桀，克之，让天下于务光，务光辞曰：“废上，非义也；杀民，非仁也；人犯其难，我享其利，非廉也。吾闻之曰：非其义者，不受其禄；无道之世，不践其土，况尊我乎！吾不忍久见也。”负石自沉于庐水。俱见《庄子·让王》。　⑥太清：天道、自然。

此篇借歌舞以写其性情。“乍向草中耿介死，不求黄金笼下生”，实为李白人格气骨写照。“草中”以喻在野，“笼下”以喻在朝，与后来之“安能摧眉折腰事权贵，使我不得开心颜”（《梦游天姥吟留别》）同为骇俗惊世之警句。

绿萝纷葳蕤（《古风五十九首》其四十四）

绿萝纷葳蕤[①]，缭绕松柏枝。草木有所托，岁寒尚不移[②]。奈何夭桃色，坐叹葑菲诗[③]？玉颜艳红彩，云发非素丝[④]。君子恩已毕，贱妾将何为？

①萝：即女萝，攀缘植物，常绕松柏而上，又名松萝。葳蕤：茂盛貌。　②移：改。以上四句谓草木有托于松柏，而松柏亦岁寒不改。　③夭桃：美好之貌。《诗经·周南·桃夭》："桃之夭夭，灼灼其华。"葑菲诗：指《诗经·邶风·谷风》，中有句曰："采葑采菲，无以下体。"葑菲为蔓菁类菜蔬，下体谓其根茎，原意谓采葑菲者勿以根茎不良而弃其叶。朱熹注："妇人为夫所弃，故作此诗。"二句谓色如夭桃而有色衰被弃之叹。　④"玉颜"二句：写其貌美色盛。云发，发美如乌云。素丝，白发。

通篇全用比兴。王琦云："古称色衰爱弛，此诗则谓色未衰而爱已弛，有感而发，其寄讽之意深矣。"得其旨。以下三篇皆为玄宗恩弛宠衰而发，皆作于翰林待诏后期。

郢客吟《白雪》（《古风五十九首》其二十一）

郢客吟《白雪》，遗响飞青天。徒劳歌此曲，举世谁为传？试为《巴人》唱，和者乃数千[①]。吞声何足道？叹息空凄然。

①“郢客”六句：用宋玉《对楚王问》事。《白雪》即《阳春》《白雪》，《巴人》即《下里》《巴人》，见前《翰林读书言怀呈集贤诸学士》诗注。

松柏本孤直（《古风五十九首》其十二）

松柏本孤直，难为桃李颜[①]。昭昭严子陵，垂钓沧波间[②]。身将客星隐[③]，心与浮云闲。长揖万乘君，还归富春山。清风洒六合，邈然不可攀。使我长叹息，冥栖岩石间。

①桃李颜：喻人媚以取容，屈己悦人。　②严子陵：事见前《翰林读书言怀呈集贤诸学士》诗注。　③客星：亦指严子陵。严子陵尝与光武帝共偃卧，以足加帝腹上。明日，太史奏客星犯御座甚急，帝笑曰：“朕与故人严子陵共卧耳。”见《后汉书·逸民列传》。此以自拟。

宋玉事楚王（《感遇四首》其四）

宋玉事楚王，立身本高洁。
巫山赋彩云，郢路歌《白雪》。

举国莫能和，《巴人》皆卷舌[1]。
一感登徒言，恩情遂中绝[2]。

①赋彩云：谓宋玉《高唐赋》。《白雪》《巴人》：谓宋玉《对楚王问》。俱见前注。　②登徒：即登徒子，楚国大夫。战国宋玉《登徒子好色赋》："大夫登徒子侍于楚王，短宋玉曰：'玉为人体貌闲丽，口多微词，又性好色，愿王勿与出入后宫。'王以登徒子之言问宋玉，玉曰：'体貌闲丽，所受于天也；口多微词，所学于师也；至于好色，臣无有也。'"

李《集》中《感遇四首》与《古风五十九首》同，非一时一地所作。此首当作于待诏翰林后期。登徒子，善进谗言离间者，诗以宋玉自拟其遭遇。

玉阶怨[1]

玉阶生白露，夜久侵罗袜。
却下水精帘[2]，玲珑望秋月[3]。

①《玉阶怨》：乐府"相和歌辞"名。　②却：犹还、仍。③玲珑：月光明亮貌。

是宫怨诗，然其中又有李白个人遭遇之寄托。诗极尽含蓄不露之妙。元萧士赟云："无一字言怨，而隐然幽怨之意见于言外。"《唐宋诗醇》云："妙写幽情，于无字处得之。'玉颜不及寒鸦色，犹带昭阳日影来'，不免露却色相。"是王昌龄不及李白处。刘拜山云："谢朓同题诗云：'夕殿下珠帘，流萤飞复息。长夜缝罗衣，思君此何极？'可谓工于言情矣。然明说'思君'，尚觉意尽言内。此诗则情在景中，神传像外，真严羽所谓'不涉理路，不落言诠'者矣。"（《千首唐人绝句》）是谢朓不及李白处。白亦有《怨情》诗，云："美人卷珠帘，深坐颦蛾眉。但见泪痕湿，不知心恨谁。"著"颦"字、"泪"字、"恨"字，亦不及此诗之含蓄无尽。

妾薄命[①]

汉帝重阿娇，贮之黄金屋[②]。咳唾落九天，随风生珠玉。宠极爱还歇，妒深情却疏[③]。长门一步地，不肯暂回车。雨落不上天，水覆难再收。君情与妾意，各自东西流。昔日芙蓉花，今成断根草。以色事他人，能得几时好？

①《妾薄命》：乐府"杂曲歌辞"名。　②"汉帝"二句：汉武帝宠陈皇后事，见前《宫中行乐词》诗注。阿娇，陈皇后名。

③“宠极”二句：阿娇立为皇后后，擅宠娇贵，而十余年无子。复闻武帝宠卫子夫，骄妒兹甚，几死者数焉，武帝遂怒而疏。后又交通女巫，事觉，被废处长门宫。事见《汉武故事》及《汉书·外戚传》。

此亦借宫怨而抒其在朝失意之情。待诏翰林，不过以其艳词丽句博君王欢心而已，亦即“以色事他人”。

乌栖曲[①]

姑苏台上乌栖时，吴王宫里醉西施[②]。吴歌楚舞欢未毕，青山欲衔半边日。银箭金壶漏水多[③]，起看秋月坠江波。东方渐高奈乐何[④]？

①《乌栖曲》：乐府“清商曲辞”名。　②吴王：即吴王夫差。夫差败越国，纳越国美女西施，为筑姑苏台。姑苏台旧址在今江苏苏州，据《述异记》，台周环诘屈，横亘五里，崇饰土木，殚耗人力，三年乃成。内充宫妓千人，又别立春宵宫，造千石酒钟，作大池，池中造青龙舟，陈妓乐，吴王日与西施为长夜欢。　③银箭金壶：指刻漏，为古代计时工具。其制，用铜壶盛水，水下漏；水中置刻有度数箭一枝，视水面下降情况确定时辰。　④高：同“杲”，

明亮貌。

“乌栖时”“半边日”，谓天将暮，暗示宫中之乐已自旦至暮；“秋月坠”、东方高（杲），则宫中之乐复自暮至旦。末句缀以单句，“有不尽之妙”（《唐宋诗醇》）。可作吴王之反诘解：虽东方之杲，其奈我乐何？又可作诗人之反诘解：虽东方之杲，无奈尔乐何？然“为乐终难久也”（清沈德潜《唐诗别裁》）。明唐汝询又评云：“此因明皇与贵妃为长夜饮，故借吴宫事以讽之。……若谓此诗无关世主而追刺吴王，何异痴人说梦邪？”（《唐诗解》）其说得诗之旨。范传正《李白新墓碑》曾谓秘书监贺知章在长安读此诗，赞“此诗可以哭鬼神矣”，则此诗当作于待诏翰林时。

送贺宾客归越①

镜湖流水漾清波②，狂客归舟逸兴多③。
山阴道士如相见，应写《黄庭》换白鹅④。

①贺宾客：即贺知章，天宝初官太子宾客兼秘书监。知章字季真，越州永兴（今浙江萧山）人。天宝二年十二月乙酉，贺知章请度为道士还乡，三载（本年诏改年为载）正月庚子，诏令供帐

东门外，百僚祖饯于长乐坡作诗送之。 ②镜湖：在会稽、山阴两县界，以水平如镜，故名。宋改为鉴湖，后渐淤废为田。知章归越时，诏赐其镜湖剡溪一曲。 ③狂客：谓贺知章。知章晚年尤加纵诞，无复规检，曾自号“四明狂客”。四明：山名，在会稽。④“山阴”二句：晋王羲之好鹅，山阴有一道士养好鹅，羲之求购心切，道士云：“为写《黄庭经》，当举群鹅相赠。”羲之欣然写毕，笼鹅而归。事见《晋书·王羲之传》。《黄庭经》，为道家书。知章好道，又善草隶，书法为时所宝，故云。

李白待诏翰林期间，与贺知章最称友善，同为“饮中八仙”。送人归而殊无分别留恋之苦，连用镜湖之幽、王羲之换鹅等事以美之，可见二人性格相契之深。

行路难三首（其三）

有耳莫洗颍川水[①]，有口莫食首阳蕨[②]。含光混世贵无名，何用孤高比云月？吾观自古贤达人，功成不退皆殒身。子胥既弃吴江上[③]，屈原终投湘水滨[④]。陆机雄才岂自保[⑤]？李斯税驾苦不早[⑥]。华亭鹤唳讵可闻，上蔡苍鹰何足道？君不见，吴中张翰称达生，秋风忽忆江东行。且乐生前一杯酒，何须身后千载名[⑦]？

①“有耳”句：用许由、巢父事。尧让天下于许由，由不欲闻之，洗耳于颍水之滨。时其友巢父牵犊过，见由洗耳，问其故，对曰：“尧欲召我为九州长，恶闻其声，是故洗耳。”巢父曰：“子若处高岸深谷，人道不通，谁能见子？子故浮游，欲求其名誉，污吾犊口。”牵犊上流饮之。见《高士传》。　②“有口”句：用伯夷、叔齐事。武王伐殷，天下宗周，伯夷、叔齐耻食周粟，隐于首阳山，采薇而食，遂饿死于首阳山。见《史记·伯夷叔齐列传》。蕨：即薇。　③子胥：即伍子胥，春秋时楚人，后奔吴，有大功。子胥谏吴王而不听，又为太宰嚭所谗，吴王赐剑使自刭死。既死，又取子胥尸，以鸱夷皮囊之，浮于江中。见《史记·伍子胥列传》。　④屈原：战国时楚人，为怀王左徒，后遭谗被疏。顷襄王时更遭迁逐，自沉汨罗江死。见《史记·屈原贾生列传》。汨罗江近湘水，故云“湘水滨”。　⑤陆机：三国吴人，后归西晋。字士衡，少有异才，文章冠世。后事成都王司马颖，官平原内史。颖起兵讨河间王司马乂，机为后将军、河北大都督，及战而败，复遭谗谮，为颖所杀。临刑，叹曰：“华亭鹤唳，岂可复闻乎？”华亭：在今上海松江，吴未灭时，机与弟陆云共游于此十余年。　⑥李斯：秦丞相，二世时，被腰斩咸阳。临刑时，谓其子曰；“吾欲与若复牵黄犬，俱出上蔡东门逐狡兔，岂可得乎？”见《史记·李斯列传》。税驾：即息驾，犹言退身。上蔡：即今河南上蔡。李斯为上蔡人。田猎时，臂上架苍鹰。今本《史记》无臂苍鹰事，而李白诗中屡称苍鹰，当另

有所本。《太平御览》引《史记》李斯事，即有“牵黄犬、臂苍鹰”字样。 ⑦“君不见”五句：俱用张翰事。张翰，西晋吴郡人，为齐王司马冏大司马东曹椽，因见秋风起，思吴中菰菜、莼羹、鲈鱼脍美，遂弃官归。翰为人任心自适，不求当世，或问曰：“卿乃可纵适一时，独不为身后名耶？”翰曰：“使我有身后名，不如即时一杯酒。”事见《晋书·张翰传》。

诗写全身隐退之志，与本题其一、其二不同，是去朝前心情，当是天宝三载所作。首四句谓其隐退非为沽名钓誉，故对许由、伯夷、叔齐有所批判。中间援引古事，皆为被谗而身亡者，当是比喻其在朝之遭遇。

月下独酌四首

其　一

花间一壶酒，独酌无相亲。举杯邀明月，对影成三人。月既不解饮，影徒随我身。暂伴月将影[①]，行乐须及春。我歌月徘徊，我舞影零乱。醒时同交欢，醉后各分散。永结无情游[②]，相期邈云汉[③]。

①将：及，共。　②无情游：月、影俱为无情之物，故云。一说无情犹忘情，即忘却世俗之情，亦通。　③云汉：银河。

《月下独酌》四首为一组，其三有“三月咸阳城”句，当为待诏翰林后期所作。此首初读似一片天籁，实则充满人生感慨；看似奇趣横生，实则深沉曲折。蘅塘退士评曰：“题本独酌，诗偏幻出三人，月影伴说，反复推勘，愈形其独。”（《唐诗三百首》）可谓知人论世之说。难得之处是，于孤独凄清中辟出自得其乐之小天地，是谓之旷达。

其　二

天若不爱酒，酒星不在天[①]。地若不爱酒，地应无酒泉[②]。天地既爱酒，爱酒不愧天。已闻清比圣，复道浊如贤[③]。贤圣既已饮，何必求神仙？三杯同大道，一斗合自然。但得酒中趣，勿为醒者传。

①酒星：天有酒旗三星，为酒官之旗，主宴飨酒食。　②酒泉：即今甘肃酒泉，旧俗传城下有金泉，泉味如酒。　③“已闻”二句：三国魏徐邈好饮，每醉客，谓清者为圣人，浊者为贤人。

此首非徒为贪杯者宣言，当与同组诗合看，始得其旨。

把酒问月[①]

青天有月来几时？我今停杯一问之。人攀明月不可得，月行却与人相随。皎如飞镜临丹阙，绿烟灭尽清辉发[②]。但见宵从海上来，宁知晓向云间没。白兔捣药秋复春，嫦娥孤栖与谁邻[③]？今人不见古时月，今月曾经照古人。古人今人若流水，共看明月皆如此。唯愿当歌对酒时[④]，月光常照金樽里。

①题下原注："故人贾淳令予问之。" ②绿烟：指云雾。③"白兔"二句：传说月中有白兔捣药。嫦娥：传说为后羿妻。羿请不死之药于西王母，嫦娥窃之以奔月。 ④当歌对酒：曹操《短歌行》："对酒当歌，人生几何？"句用此意。

诗与《月下独酌》同一意趣。

东武吟[①]

好古笑流俗，素闻贤达风。方希佐明主，长揖辞成功。白日在高天，回光烛微躬[2]。恭承凤凰诏[3]，欻起云萝中[4]。清切紫霄迥[5]，优游丹禁通[6]。君王赐颜色，声价凌烟虹。乘舆拥翠盖[7]，扈从金城东[8]。宝马丽绝景[9]，锦衣入新丰[10]。依岩望松雪，对酒鸣丝桐。因学扬子云，献赋甘泉宫[11]。天书美片善[12]，清芬播无穷。归来入咸阳，谈笑皆王公。一朝去金马[13]，飘落成飞蓬。宾客日疏散，玉樽亦已空。才力犹可倚，不惭世上雄。闲作《东武吟》，曲尽情未终。书此谢知己，吾寻黄绮翁[14]。

①《东武吟》：乐府“相和歌辞”名。题一作《出金门后书怀留别翰林诸公》。 ②烛：照。微躬：犹言自身。 ③凤凰诏：指皇帝诏书。详见《玉壶吟》诗注。 ④云萝：指隐者居处。⑤清切：清静严肃。紫霄：义同紫宫，帝王居处。 ⑥优游：远且长貌。丹禁：义同紫禁，帝王宫廷。 ⑦翠盖：有翠羽装饰的车盖，此处代帝王之车。 ⑧金城：谓城之坚，如金铸成。此指长安。以上二句谓其侍从温泉宫。温泉宫在骊山，位于长安之东。⑨绝景：良马名。句谓马奔驰之快。景，同“影”。 ⑩新丰：县名，即今陕西临潼。 ⑪扬子云：即扬雄，汉赋家。甘泉宫：汉宫名，一名云阳宫，故址在今陕西淳化县西北甘泉山。《汉书·扬雄传》：“孝成帝时……召雄等诏承明之庭，正月，从上甘泉，还，奏《甘泉赋》以风。”此以扬雄自拟。 ⑫天书：皇帝诏书。片善：

小善。据上四句，白侍从温泉宫后曾有献赋事，所赋或寓有讽谏意，玄宗尝嘉许之。 ⑬金马：谓朝廷。 ⑭黄绮翁：指夏黄公、绮里季，皆商山四皓中人。秦末，四皓避乱，隐于商山。句谓其将与隐者为侣。

天宝三载（744）春，李白上疏请还山，玄宗诏许，赐金还山。此诗是白离京时告别翰林院知己时作。元萧士赟云：“此诗乃太白放黜之后，作此以别知己者。抱才于世，始遇而卒不合，见知而不见用。卒章曰：‘闲作《东武吟》，曲尽情未终。书此谢知己，吾寻黄绮翁。’眷恋不忘之意，悠悠然见于辞外，亦可慨叹也已。”（《分类补注李太白集》）

赠崔侍御[①]

黄河二尺鲤，本在孟津居。
点额不成龙，归来伴凡鱼[②]。
故人东海客，一见借吹嘘。
风涛倘相见，更欲凌昆墟[③]。

①崔侍御：名成甫，曾官监察御史。为李白故交。 ②孟津：津名，在今河南孟州市。传说禹凿龙门，导河东至于孟津。《白氏

六帖》:“大鲤鱼登龙门,化为龙,不登者点额暴腮矣。”相传禹导河凿龙门山,阔一里许,黄河自中流下,两岸不通车马。每当暮春之际,有黄鲤鱼逆流而上,得者便化为龙,不得者仍为鱼。以上四句,谓其待诏翰林,不得志而还。 ③昆墟:即昆仑墟,此处泛指昆仑山。昆仑相传为神仙居处,又为黄帝所休处。以上四句是希冀语气,希望能得到崔成甫的揄扬,再度回到长安,政治上有所作为。

据诗中“黄河”“孟津”字样,当是因其地而有触感,约作于天宝三载李白离京至洛阳一带时。崔成甫为李白交游中关系至密者,集中酬唱之作甚多。

送蔡山人

我本不弃世,世人自弃我。一乘无倪舟①,八极纵远柂②。燕客期跃马,唐生安敢讥③?采珠勿惊龙,大道可暗归④。故山有松月,迟尔玩清晖⑤。

①无倪舟:谓舟之大。倪,边际。 ②柂:同“舵”,船舵。③“燕客”二句:用战国时人蔡泽事。蔡泽,燕人,遍游诸侯,不遇,使相者唐举相其貌。唐举熟视蔡泽,讥曰:“先生曷鼻、巨肩、

魋颜、蹙齃、膝挛。吾闻圣人不相，殆先生乎？”蔡泽知其讥，乃曰：“富贵吾所自有，吾所不知者寿也，愿闻之。”唐举曰：“先生之寿，从今以往者四十三岁。”蔡泽笑谢而去，谓其御者曰：“吾持梁啮肥，跃马疾驱，怀黄金之印，结紫绶于要，揖让人主之前，食肉富贵，四十三年足矣。”后果为秦相。见《史记·范雎蔡泽列传》。此以蔡泽喻蔡山人，谓其来日当有大富贵，他人未可轻讥。④采珠惊龙：语出《庄子·列御寇》。人有见宋王，宋王赐车十乘，遂以其十乘骄于庄子。庄子曰：“千金之珠，必在九重之渊而骊龙颔下，子能得珠者，必遭其睡也。使骊龙而寤，子尚奚微之有哉！今宋国之深，非直九重之渊；宋王之猛，非直骊龙也。子能得车者，必遭其睡也。使宋王而寤，子当齑为粉乎？”二句谓侍君如采珠惊龙，贸然躁进，必致大祸。　⑤迟：待。

天宝三载出朝后游梁、宋（今河南开封、商丘一带）时作。时高适、杜甫与白同游。高适集中亦有《送蔡山人》诗，诗中有云“山东布衣明今古，自言独未逢知音”，“看书学剑长辛苦，近日方思谒明主”，与李白此诗相合，二诗当为同时之作。高诗于蔡多同情激励语，因为高适其时尚未入仕。李诗于蔡却多警戒语，因为李白已有待诏翰林、攀龙坠天的经历。“采珠惊龙”，正是李白入朝与出朝的惨痛教训。

赠任城卢主簿[①]

海鸟知天风，窜身鲁门东。
临觞不能饮，矫翼思凌空。
钟鼓不为乐，烟霜谁与同[②]？
归飞未忍去，流泪谢鸳鸿[③]。

①任城：属河南道兖州，即今山东济宁。主簿：县令之佐，位在丞之下、尉之上。 ②"海鸟"六句：用《庄子》事。《庄子·至乐》："昔者海鸟止于鲁郊，鲁侯御而觞之于庙，奏《九韶》以为乐，具太牢以为膳。鸟乃眩视忧悲，不敢食一脔，不敢饮一杯，三日而死。"此以海鸟自喻，以鲁门东切鲁郊，以鲁侯拟卢主簿，谓虽受主人款待，然忧闷难解。 ③鸳鸿：同僚，朋侣。此指任城县中诸公。

天宝三载冬归东鲁后作。此诗况味凄伤，知李白去朝后并非一味旷达，因无所归依，自有其隐痛。

怀仙歌

一鹤东飞过沧海[①]， 放心散漫知何在？

仙人浩歌望我来，应攀玉树长相待[②]。
尧舜之事不足惊，自余嚣嚣直可轻[③]。
巨鳌莫戴三山去，我欲蓬莱顶上行[④]。

①鹤：白自喻。 ②玉树：传说中仙境之树。 ③自余：犹其余。嚣嚣：自得无欲之貌。二句意谓尧、舜之事尚不足惊，其余世间事更不足道。 ④三山：指传说中海上方壶、瀛洲、蓬莱三仙山。传说海上原有五仙山，所居之人皆仙圣之种。而五山之根无所连着，常随潮波上下往还，不得峙立。仙圣苦之，诉之于天帝，帝命禺彊使巨鳌十五举首而戴之，迭为三番，六万年一交替，五山遂峙。后被龙伯国巨人一钓而连六鳌，岱舆、员峤二山流于北极，沉于大海，唯留三山。见《列子·汤问》。

此诗出世之念甚浓，似是去朝后所作。

鲁郡东石门送杜二甫[①]

醉别复几日，登临遍池台。
何时石门路，重有金樽开？
秋波落泗水[②]，海色明徂徕[⑤]。
飞蓬各自远，且尽手中杯。

①鲁郡：即兖州。石门：即石门山，在今山东曲阜市东北。山不甚高，石峡对峙如门，故名。 ②泗水：源出泗水县境，东南流经曲阜，于安徽境内入淮河。 ③徂徕：山名，在曲阜东北乾封县（今属山东泰安）境内。

天宝四载（745）秋送杜甫入京作。本年春，李白与高适、杜甫同游齐鲁，至秋，甫始辞去西入长安。杜甫当时有多首诗记其同游之事，《与李十二白同寻范十隐居》诗云："余亦东蒙客，怜君如弟兄。醉眠秋共被，携手日同行。"其后复有诗多首忆及同游事，《遗怀》诗云："忆与高李辈，论交入酒垆。"《寄李十二白二十韵》："醉舞梁园夜，行歌泗水春。"李、杜齐名，李、杜交谊亦至厚，皆为中国文学史美谈。

单父东楼秋夜送族弟沈之秦[1]

尔从咸阳来，问我何劳苦？沐猴而冠不足言，身骑土牛滞东鲁[2]。沈弟欲行凝弟留，孤飞一雁秦云秋。坐来黄叶落四五[3]，北斗已挂西城楼[4]。丝桐感人弦亦绝，满堂送客皆惜别。卷帘见月清兴来，疑是山阴夜中雪[5]。明日斗酒别，惆怅清路尘。遥望长安日，不见长安人。长安宫阙九天上，此地曾经为近臣。一朝复一朝，发白心

不改。屈平憔悴滞江潭⑥，亭伯流离放辽海⑦。折翮翻飞随转蓬，闻弦虚坠下霜空⑧。圣朝久弃青云士，他日谁怜张长公⑨？

①单父：即今山东单县。　②沐猴：即猕猴。沐猴而冠：用项羽事。项羽见秦宫室皆以烧残破，思欲东归，曰："富贵不归故乡，如衣绣夜行，谁知之者？"说者曰："人言楚人沐猴而冠耳，果然。"见《史记·项羽本纪》。沐猴而冠，谓猕猴不耐久着冠带，以喻楚人性情暴躁。身骑土牛：亦猕猴事。三国魏司马懿召辟州泰，仅三十六日，擢泰为新城太守。尚书钟繇戏谓泰曰："君释褐登宰府，三十六日拥麾盖，守兵马郡，乞儿乘小车，一何驶乎？"泰曰："诚有此。君，名公之子，少有文采，故守吏职，猕猴骑土牛，又何迟也！"见《三国志·魏书·邓艾传》裴松之注引《世语》。猕猴骑土牛，喻困顿、升迁之慢。二句以猕猴自喻，前句谓己不堪着冠带在朝，后句谓己困顿迟滞于东鲁。　③坐来：犹言适才、正当其时。　④"北斗"句：北斗在西，指时令入秋。古人云"斗柄指西，天下皆秋"。　⑤山阴夜雪：晋王子猷在山阴，夜大雪，忽发清兴，思见剡溪戴逵，即命舟前往。见《世说新语·任诞》。⑥屈平：即屈原。《楚辞·渔父》："屈原既放，游于江潭，行吟泽畔，颜色憔悴，形容枯槁。"　⑦亭伯：东汉人崔骃字。崔骃为车骑将军窦宪掾属，宪擅权骄恣，骃数谏不听，被出为长岑长。

见《后汉书·崔骃传》。长岑汉时属乐浪郡，其地在辽东。以上二句以屈原、崔骃自喻，言其出朝事。　⑧“折翮”二句：古有善射者名更嬴，尝于京台之下为魏王引弓，虚发而下雁。魏王问之，更嬴曰：“其飞徐而鸣悲。飞徐者，故疮痛也；鸣悲者，久失群也。故疮未息而惊心未去也，闻弦音引而高飞，故疮陨也。”见《战国策·楚策四》。句以自喻，言其心灵创痛之深巨。　⑨张长公：名挚，西汉张释之之子，官至大夫，后免官。以抗直不能取容于当世，故终身不仕。此以张长公自喻。

天宝四载秋作。诗借送人还京，自抒被放去朝之恨及眷恋长安之情。可知此期李白出世思想原非本心，而用世之志未尝少废。

金乡送韦八之西京①

客自长安来，还归长安去。
狂风吹我心，西挂咸阳树②。
此情不可道，此别何时遇？
望望不见君，连山起烟雾。

①金乡：县名，属兖州，即今山东金乡。西京：长安。

②咸阳：代指长安。

诗旨同上首。“狂风吹我心”二句，写眷恋京阙，情见乎辞。全诗语言平易，独此二句构想奇特，如千仞之峰陡起平川，极文势之妙，是传诵的名句。

长绳难系日（《拟古十二首》其三）

长绳难系日，自古共悲辛[①]。黄金高北斗[②]，不惜买阳春。石火无留光[③]，还如世中人。即事已如梦，后来我谁身？提壶莫辞贪，取酒会四邻。仙人殊恍惚，未若醉中真。

①“长绳”二句：西晋傅玄《九曲歌》：“岁暮景迈群光绝，安得长绳系白日？”二句用其意。 ②“黄金”句：极言财富之多。 ③“石火”句：石火无恒焰，以喻人寿之短。

此诗感叹日月迫促、年命有尽、浮荣不足珍、神仙亦不可求，遂转于饮酒中寻求寄托。李白去朝后，曾于任城构酒楼，日与朋侣荒宴，少有醒时。此诗或即此期所作。

鲁郡尧祠送窦明府薄华还西京[1]

朝策犁眉騧[2]，举鞭力不堪。强扶愁疾向何处？角巾微服尧祠南[3]。长杨扫地不见日，石门喷作金沙潭[4]。笑夸故人指绝境，山光水色青于蓝。庙中往往来击鼓，尧本无心尔何苦？门前长跪双石人，有女如花日歌舞。银鞍绣毂往复回，簸林蹶石鸣风雷。远烟空翠时明灭，白鸥历乱长飞雪。红泥亭子赤阑干，碧流环转青锦湍。深沉百丈洞海底，那知不有蛟龙蟠[5]？君不见，绿珠潭水流东海，绿珠红粉沉光彩。绿珠楼下花满园，今日曾无一枝在[6]。昨夜秋声阊阖来[7]，洞庭木落骚人哀[8]。遂将三五少年辈，登高远望形神开。生前一笑轻九鼎[9]，魏武何悲铜雀台[10]？我歌白云倚窗牖，尔闻其声但挥手。长风吹月渡海来，遥劝仙人一杯酒。酒中乐酣宵向分[11]，举觞酹尧尧可闻？何不令皋繇拥彗横八极[12]，直上青天挥浮云？高阳小饮真琐琐[13]，山公酩酊何如我[14]？竹林七子去道赊[15]，兰亭雄笔安足夸[16]？尧祠笑杀五湖水，至今憔悴空荷花。尔向西秦我东越，暂向瀛洲访金阙[17]。蓝田太白若可期[18]，为余扫洒石上月。

①尧祠：在兖州东南七里。明府：县令别称。唐时兖州治瑕

丘，窦薄华当为瑕丘县令。 ②犁眉騧（guā）：马黄而黑喙者。犁，通“黧”，黑。 ③角巾：头巾之有角者，隐者所戴。微服：平民的服装。 ④石门：在兖州东泗水边金口坝附近，坝两边有巨石若门，有沟槽，挡水若潭。 ⑤“深沉”二句：以深潭、蛟龙喻东鲁有贤能之士。 ⑥绿珠：晋石崇宠妓名，美而艳。孙秀欲求之，崇不与，秀乃劝赵王伦诛崇，并矫诏夺之。武士抵门，崇正宴于楼上，绿珠投楼而死。事见《晋书·石崇传》。洛阳昭仪寺有池，原为石崇家池，即绿珠潭。池南有楼，即绿珠楼。石崇为西晋首富，豪奢逾帝王。以上五句以石崇、绿珠为喻，谓人生富贵荣华俱不足恃。 ⑦阊阖：即西方。《史记·律书》：“阊阖风，居西方。” ⑧骚人：谓屈原。屈原《九歌·湘夫人》：“袅袅兮秋风，洞庭波兮木叶下。” ⑨九鼎：史载禹曾铸九鼎，以象征九州。后以九鼎喻国家政权。 ⑩魏武：即曹操。铜雀台：建安十五年曹操建于邺下，高十丈，故址在今河北临漳县西南。据东晋陆机《吊魏武帝文》，操死前遗令其婕妤妓人，皆居铜雀台上。于台堂上施八尺床繐帐，朝暮备肉饭之类，每月十五，即向帐作妓乐。又令其妻妾时时登铜雀台，观其西陵墓田。 ⑪宵向分：夜将半时。⑫皋繇：亦作皋陶，舜时被任命为狱官之长，肃法纪。彗：扫帚。句谓朝廷应以皋繇一类人执法，扫除奸佞，平靖天下。 ⑬高阳小饮：指汉人郦食其。郦食其自号“高阳酒徒”。参见《梁甫吟》诗注。琐琐：猥小不足道。 ⑭山公：指晋人山简，好饮。详见《襄阳歌》诗注。 ⑮竹林七子：即晋人阮籍、嵇康、山涛、刘伶、阮咸、向秀、王戎，七人常集于竹林中酣饮，时号“竹林七贤”。赊（shē）：远。句谓竹林七贤虽好饮，然距至道遥远。 ⑯兰亭雄笔：指晋王羲之所书《兰亭序》帖。晋穆帝永和九年三月暮春，羲之与谢安等四十二人修祓禊之礼于山阴兰亭，亲为作序并书之。书法遒媚劲健，被誉为“天下第一行书”，为世所重。 ⑰瀛洲：海上三仙山之一。金阙：仙山宫阙。据说仙山俱以黄金白银为宫阙。 ⑱蓝田、太白：俱长安附近山名。蓝田，在长安东。太白，在长安西南。

此诗于送人入京之际，因尧祠而寄感慨。诗中“庙中往往来击鼓，尧本无心尔何苦”“酒中乐酣宵向分，举觞酹尧尧可闻”数句，俱以尧喻玄宗，欲其举贤明法，去奸佞，远小人；复感慨其闭目塞听，不纳忠言。末数句灰心国事，放言自夸，亦言将有越中之游，诗宜作于天宝五载（746）。此诗写来有弛有张，得心应手，绝无法度而法度自在其中。《唐宋诗醇》评云：“起灭在手，变化从心，初曷尝沾沾于矩矱，而意之所到，无不应节合拍。歌行至此，岂非神品？”按：《唐宋诗醇》以此篇为歌行，可见古人“歌行”概念较为淆乱。此诗若于题中加一“歌”字，即是歌行。

鲁东门观刈蒲[①]

鲁国寒事早，初霜刈渚蒲。挥镰若转月，拂水生连珠。此草最可珍，何必贵龙须[②]？织作玉床席，欣承清夜娱。罗衣能再拂，不畏素尘芜[③]。

①蒲：水草，柔滑而温，可以织席。 ②龙须：草名，丛生，可以织席。 ③“罗衣”二句：南朝齐谢朓《同咏坐上所见一物》：“但愿罗衣拂，无使素尘弥。”二句承其意。

“挥镰若转月，拂水生连珠”，随手取譬，转觉新鲜无比。

梦游天姥吟留别[①]

海客谈瀛洲[②]，烟涛微茫信难求。越人语天姥，云霞明灭或可睹。天姥连天向天横，势拔五岳掩赤城[③]。天台四万八千丈[④]，对此欲倒东南倾。我欲因之梦吴越，一夜飞度镜湖月[⑤]。湖月照我影，送我至剡溪[⑥]。谢公宿处今尚在[⑦]，渌水荡漾清猿啼。脚著谢公屐[⑧]，身登青云梯[⑨]。半壁见海日，空中闻天鸡[⑩]。千岩万转路不定，迷花倚石忽已暝。熊咆龙吟殷岩泉[⑪]，栗深林兮惊层巅。

云青青兮欲雨，水淡淡兮生烟[12]。列缺霹雳[13]，丘峦崩摧。洞天石扇，訇然中开。青冥浩荡不见底，日月照耀金银台[14]。霓为衣兮风为马，云之君兮纷纷而来下[15]。虎鼓瑟兮鸾回车，仙之人兮列如麻。忽魂悸以魄动，怳惊起而长嗟。惟觉时之枕席，失向来之烟霞。世间行乐亦如此，古来万事东流水。别君去兮何时还？且放白鹿青崖间[16]，须行即骑访名山。安能摧眉折腰事权贵，使我不得开心颜。

①题一作《别东鲁诸公》《梦游天姥山别东鲁诸公》。天姥（mǔ）山，在今浙江新昌县境。　②瀛洲：海上仙山，传说在东海中，对会稽，去西岸七十万里。　③赤城：山名，在今浙江天台县北。土色皆赤，状似云霞，望之如雉堞，故称。　④天台：山名，在今浙江天台县北。据说山高一万八千丈，周回八百里，山有八重，四面如一，当斗、牛之分，上应台宿，故曰天台。　⑤镜湖：在今浙江绍兴。详见《越女词》诗注。　⑥剡溪：水名，在今浙江嵊州。　⑦谢公：指谢灵运。其《登临海峤初发强中作与从弟惠连可见羊何共和之》诗有句云："暝投剡中宿，明登天姥岑。"⑧谢公屐：《宋书·谢灵运传》："寻山陟岭，必造幽峻，岩障千重，莫不备尽。登蹑常著木履，上山则去前齿，下山去其后齿。"⑨青云梯：谓山岭高峻，如上入青云。　⑩天鸡：传说中神鸡名。

《初学记》卷三十引郭璞《玄中记》："桃都山有大树曰桃都，枝相去三千里，上有天鸡。日出照木，天鸡即鸣，天下鸡皆鸣。" ⑪殷：震动。 ⑫淡淡：水波动荡貌。 ⑬列缺：谓闪电。霹雳：谓雷。 ⑭金银台：仙山上之宫阙。传说海上仙山俱以黄金白银为宫阙。 ⑮云之君：云神。此指从天而降的神仙。 ⑯白鹿：仙人所乘骑。

天宝五载南游越中时告别东鲁朋侣时作。诗似山水之作，又似游仙之作，其旨迷离惝恍，颇难捉摸。清陈沆云："太白被放以后，回首蓬莱宫殿，有若梦游，故托天姥以寄意。"（《诗比兴笺》）切中题旨。李白入侍翰林，无异好梦一场，梦中情景，或神奇华美，或阴森恐怖，正是入朝得宠与被谗放逐之真实写照。梦醒之后，幻景顿失，惊魂乍定，唯余无限怅惘。于今重回味之，则知其虚妄而无所留恋，故以"世间行乐亦如此，古来万事东流水"二语收束，复以"安能摧眉折腰事权贵，使我不得开心颜"砥励其志。

留别广陵诸公[①]

忆昔作少年，结交赵与燕。金羁络骏马，锦带横龙泉[②]。寸心无疑事，所向非徒然。晚节觉此疏，猎精草《太玄》[③]。空名束壮士，薄俗弃高贤。中回圣明顾，挥

翰凌云烟。骑虎不敢下，攀龙忽堕天④。还家守清真，孤洁励秋蝉⑤。炼丹费火石，采药穷山川。卧海不关人，租税辽东田⑥。乘兴忽复起，棹歌溪中船⑦。临醉谢葛强，山公欲倒鞭⑧。狂歌自此别，垂钓沧浪前。

①广陵：即今江苏扬州。　②龙泉：宝剑名，即龙渊，唐时避高祖讳改称。　③“猎精”句：用扬雄事。扬雄晚年淡泊自守，著《太玄》。猎精，猎取精华妙义。　④“中回”四句：言其入朝供奉翰林事。　⑤“孤洁”句：古人以为蝉升于高木，吟风饮露，潜蜕弃秽，为虫之精洁者。　⑥“卧海”二句：用管宁事。东汉末，天下大乱，管宁闻公孙度令行海外，遂至辽东，躬耕自守。魏武帝、文帝、明帝时交相征辟，固辞不就。见《三国志·魏书·管宁传》。⑦“乘兴”二句：用王子猷雪夜乘兴访戴逵于剡溪事。见《世说新语·任诞》。　⑧“临醉”二句：用山简事。晋山简镇襄阳，唯酒是耽，每出游，辄醉而归。时有童儿歌曰：“山公出何许？往至高阳池。日夕倒载归，酩酊无所知。时时能骑马，倒著白接䍦。举鞭向葛强，何如并州儿？”葛强，山简爱将，家在并州。见《晋书·山简传》。

“还家守清真，孤洁励秋蝉”，指其去朝居于东鲁；“乘兴忽复起，棹歌溪中船”，指其南游吴越。此诗当作于天宝六载（747）南游经扬州时。

登金陵凤凰台[①]

凤凰台上凤凰游，凤去台空江自流。
吴宫花草埋幽径，晋代衣冠成古丘[②]。
三山半落青天外[③]，二水中分白鹭洲[④]。
总为浮云能蔽日[⑤]，长安不见使人愁。

①凤凰台：在金陵城内。南朝宋元嘉十六年，有三鸟翔集山间，文彩五色，状如孔雀，时人谓之凤凰，遂起台于山，谓之凤凰台。　②"吴宫"二句：吴、晋皆建都于金陵，故云。衣冠，犹言知名人物。　③三山：在金陵西南江滨，三峰排列，南北相连，故号三山。　④白鹭洲：在金陵西大江中。秦淮河贯金陵城中，西流入长江，而白鹭洲横截其间，故云"二水中分"。　⑤浮云：喻朝中奸佞。日：喻玄宗。

南游吴、越途经金陵时作。诗因怀古而动怀君之思。望帝乡而不见，遂触景生愁。崔颢曾有《黄鹤楼》诗，与李诗题材、用韵相类，前人多有评论，妄定甲乙。崔诗写望云思仙、仙不可待及日暮乡关之思，一气呵成，余韵悠悠，是咏黄鹤楼绝唱。李诗合怀古、写景、抒情于同一机杼，而末联以眷念朝廷、憎恨奸佞的报国思想振起全篇，格调高于崔诗。

此诗二三两句、四五两句失粘，颔联与颈联平仄雷同，王琦将此诗归于古风，《唐诗三百首》则归于七律。

答湖州迦叶司马问白是何人①

青莲居士谪仙人②，酒肆藏名三十春③。
湖州司马何须问？　金粟如来是后身④。

①湖州：即今浙江湖州吴兴区。迦叶：复姓。司马：州郡长官之佐。　②青莲居士：李白自号。一说，李白生于彰明县（今四川江油）之青莲乡，故有此号。又据江油李白纪念馆编《李白故里》，青莲乡原名清廉坝，为纪念青莲居士李白，始改为青莲乡。未知孰是。青莲，佛家语，梵语优钵罗，意即青色之莲花。其叶修广，青白分明，有大人眼目之相，故取以譬佛之眼。又，莲花中，佛家最重青莲。白自号青莲，未知取何义。居士，居家之佛徒。谪仙人：李白别称。详见下《对酒忆贺监二首》诗注。　③三十春：泛指。④金粟如来：佛名，即维摩诘大士。

迦叶为复姓，迦叶又适为释迦之后佛教长老名，故有此答。作戏谑看可，作旷达看亦可。

越中览古

越王勾践破吴归[①]，义士还家尽锦衣[②]。
宫女如花满春殿，只今惟有鹧鸪飞[③]。

①“越王”句：吴王夫差破越，越王勾践卧薪尝胆，以图报吴。周敬王三十八年（前482）及周元王三年（前473），勾践两次袭吴，灭之。事见《史记·吴太伯世家》及《越王勾践世家》。

②义士：犹言战士。　③鹧鸪：鸟名，常向日而飞，彩翼斑斓。

或为天宝六载南游越中所作。清李锳评云：“前三句极写其盛，末一句始用转笔以写其衰，格法奇矫。”（《诗法易简录》）七绝以第三句作转，末句收束，是为常格。此诗以末句兜转作结，所以“格法奇矫”。

对酒忆贺监二首并序[①]

太子宾客贺公，于长安紫极宫一见余，呼余为“谪仙人”，因解金龟，换酒为乐[②]。殁后对酒，怅然有怀，而作是诗。

其　一

四明有狂客，风流贺季真[③]。
长安一相见，呼我谪仙人。
昔好杯中物，翻为松下尘。
金龟换酒处，却忆泪沾巾。

①贺监：即贺知章，知章曾官秘书监。天宝三载上疏请为道士，诏许之，回乡不久而卒。参见前《送贺宾客归越》诗注。②金龟：所佩杂玩之类，与武后时内外官所佩之金龟（印）不同。唐孟棨《本事诗·高逸》："李太白初自蜀至京师，舍于逆旅，贺监知章闻其名，首访之。既奇其姿，复请所为文。出《蜀道难》以示之，读未竟，称叹者数四，号为'谪仙'，解金龟换酒与倾尽醉，期不间日，由是称誉光赫。"　③四明：山名。季真：知章字。知章性旷逸，晚节尤诞放，自号"四明狂客"。参见前《送贺宾客归越》诗注。

其　二

狂客归四明，　山阴道士迎。
敕赐镜湖水，　为君台沼荣[①]。

人亡余故宅[2]，空有荷花生。
念此杳如梦，凄然伤我情。

①“敕赐”二句：贺知章辞归，玄宗以镜湖剡川一曲赐之。②故宅：贺知章故宅在会稽。

天宝六载作于会稽。贺知章与李白为知音，兼有知遇之恩，故写来一往情深。

登高丘而望远海

登高丘，望远海。六鳌骨已霜，三山流安在[1]？扶桑半摧折，白日沉光彩[2]。银台金阙如梦中[3]，秦皇汉武空相待[4]。精卫费木石，鼋鼍无所凭[5]。君不见，骊山茂陵尽灰灭[6]，牧羊之子来攀登。盗贼劫宝玉，精灵竟何能？穷兵黩武今如此，鼎湖飞龙安可乘[7]？

①六鳌、三山：见前《怀仙歌》诗注。　②扶桑：神木名。传说日出于扶桑之下，拂其树杪而升，因谓为日出处。　③银台金阙：海上仙山之宫阙。参见前《梦游天姥吟留别》诗注。　④“秦皇”句：秦始皇尝使人带童男童女入海求三仙山，不果。汉武帝亦

曾遣方士入海求蓬莱仙山及仙人，莫能得。见《史记·封禅书》。⑤精卫：鸟名。传说炎帝少女名女娃，游于东海，溺而不返，化为精卫之鸟，常衔西山之木石填于东海。鼋鼍（yuán tuó）：大龟之属。传说周穆王率师伐越，至九江，架鼋鼍以为梁。以上二句，谓东海深广，非木石可填；鼋鼍为梁之说，亦虚诞不可凭信，则海上三山必不能到达。 ⑥骊山：在今陕西临潼，秦始皇陵在此。茂陵：即汉武帝陵，在今陕西兴平。《汉书·刘向传》："秦始皇帝葬于骊山之阿，下锢三泉，上崇山坟，其高五十余丈，周回五里有余。石椁为游馆，人膏为灯烛，水银为江海，黄金为凫雁。珍宝之藏，机械之变，棺椁之丽，宫馆之盛，不可胜原。……项籍燔其宫室营宇，往者咸见发掘。其后牧儿亡羊，羊入其凿，牧者持火照求羊，失火烧其臧椁。"《晋书·索靖传》："汉天子即位一年而为陵，天下贡赋三分之：一供宗庙，一供宾客，一充山陵。汉武帝享年久长，比崩而茂陵不复容物，其树皆已可拱。赤眉取陵中物，不能减半。于今犹有朽帛委积，珠玉未尽。" ⑦"鼎湖"句：据《史记·封禅书》，黄帝曾在荆山之下铸鼎，鼎成，黄帝乘龙飞升成仙。

此诗是观海而生感触，借古以托讽，秦皇、汉武皆以拟玄宗。玄宗晚年，尤喜方士邪说，好神仙，求长生；又轻启边衅，穷兵黩武，一似秦皇、汉武。明末清初王夫之评云："后人称杜陵为诗史，乃不知此九十一字中，有一部开元、天宝本纪在内。"（《唐诗评选》）

日出入行[1]

日出东方隈[2]，似从地底来。历天又入海，六龙所舍安在哉[3]？其始与终古不息，人非元气[4]，安得与之久徘徊？草不谢荣于春风，木不怨落于秋天[5]。谁挥鞭策驱四运[6]？万物兴歇皆自然。羲和羲和，汝奚汩没于荒淫之波[7]？鲁阳何德，驻景挥戈[8]？逆道违天，矫诬实多[9]。吾将囊括大块[10]，浩然与溟涬同科[11]。

①《日出入行》：乐府“相和歌辞”名。　②隈：隅。　③六龙：传说日神所乘车驾六龙。　④元气：古代哲学家称天地未分之前的混一之气。天地万物，皆由元气化育而成。　⑤“草不谢”二句：明杨慎《丹铅录》谓郭象《庄子注》多俊语，如“暖焉若春阳之自和，故蒙泽者不谢；凄乎若秋霜之自降，故凋落者不怨”。二句即由此化出，谓自然变化，草木或荣，或凋落，不谢亦不怨。　⑥四运：四季。　⑦羲和：此指日神。汩没：沉落。荒淫之波：谓大海。　⑧鲁阳：传说中楚国力士。鲁阳与韩国作战，战酣，日暮，鲁阳援戈而挥之，日为之返三舍。见《淮南子·览冥训》。　⑨矫诬：荒唐欺诈。　⑩大块：大自然。　⑪溟涬（xìng）：自然之气，即元气。同科：同类。句谓将与天地元气浑然为一。

此诗意谓日出日没，草木荣枯，皆自然规律，非关神、人，羲和、鲁阳，同属荒诞。这种思想，在李白实属难能可贵。诗之要旨，在“人非元气，安得与之久徘徊”与“吾将囊括大块，浩然与溟涬同科”两处。前意承汉乐府古辞，感叹生命岂能长驻；后意承《庄子》“齐生死”说，从精神与物质上做到与天地同在。虽然不无消极，仍具朴素唯物观点。诗“似为求仙者发”（《唐宋诗醇》），诗意沉着苍凉，当为中年以后所作。

野田黄雀行①

游莫逐炎洲翠②，栖莫近吴宫燕③。
吴宫火起焚巢窠，炎洲逐翠遭网罗。
萧条两翅蓬蒿下，纵有鹰鹯奈若何④？

①《野田黄雀行》：乐府“相和歌辞”名。　②炎洲：指南方炎热之地。翠：翡翠鸟。陈子昂《感遇》：“翡翠巢南海，雌雄珠树林。何知美人意，骄爱比黄金？杀身炎洲里，委羽玉堂阴。”此用其意。　③“栖莫近”句：据《越绝书·吴地传》，秦始皇十一年，吴宫守宫者举火照燕，失火烧之。句用其意。　④鹰鹯（zhān）：猛禽。

天宝六载，朝中迭起大狱。相继被杀者，除北海太守李邕、淄川太守裴敦复外，又有皇甫惟明、韦坚、李适之等。此诗似为李林甫擅权杀戮，兼幸自己远祸避害而发。

夷则格上《白鸠》《拂舞》辞①

铿鸣钟，考朗鼓②。歌《白鸠》，引《拂舞》。白鸠之白谁与邻？霜衣雪襟诚可珍，含哺七子能平均③。食不噎④，性安驯。首农政，鸣阳春⑤。天子刻玉杖，镂形赐耆人⑥。白鹭之白非纯真⑦，外洁其色心匪仁。阙五德，无司晨⑧。胡为啄我葭下之紫鳞？鹰鹯雕鹗，贪而好杀⑨。凤凰虽大圣，不愿以为臣⑩。

①题一作《白鸠辞》，乐府“舞曲歌辞”名。夷则格：古十二乐律之一。《史记·律书》：“夷则，言阴气之贼万物也。”《白鸠》《拂舞》：皆古舞曲名。　②铿：撞。考：击。　③“白鸠”三句：《诗经·曹风·鸤鸠》：“鸤鸠在桑，其子七兮。”《毛传》：“鸤鸠之养其子，朝从上下，暮从下上，平均如一。”鸤（shī）鸠，即白鸠。　④食不噎：据说鸠为不噎之鸟。喻不贪。　⑤“首农政”二句：春时鸠鸣，田家以为督促农事。　⑥“天子”二句：古礼：老人年始七十者，授之以玉杖，馆之以糜粥。八十、九十礼

有加，赐玉杖长九尺，顶端刻以鸠鸟之形，欲老人食而不噎。耆：古六十岁为耆，此泛指老人。　⑦白鹭：鸟名，此以喻奸佞。⑧五德：古人谓鸡有五德。《韩诗外传》卷二："君独不见夫鸡乎？首戴冠者，文也；足搏距者，武也；敌在前敢斗者，勇也；得食相告，仁也；守夜不失时，信也。鸡有此五德。"司晨：谓鸡黎明时啼叫。二句说白鹭德不如鸡。　⑨鹰鹯雕鹗：皆猛禽，形状亦相似：曲喙、金睛、剑翅、利爪，盘旋空中，俟物而击之。　⑩凤凰：鸟中之王，此以喻人君。二句说人君当斥退贪残凶暴者。

此诗特多比兴，指言朝政，而以诸禽类喻人。清陈沆评云："刺臣不仁也。鸤鸠洁白均平，如姚、宋、曲江贤相，则为苍生之福。鹰鹭贪而好杀，如林甫专位媢嫉，则为善类之殃。以若人为相臣，所谓子孙黎民，亦曰殆哉者也。凤君百鸟，奈何用此败类之臣哉？"（《诗比兴笺》）此诗当与上篇写于同时。

苏台览古①

旧苑荒台杨柳新，菱歌清唱不胜春②。
只今惟有西江月，曾照吴王宫里人。

①苏台：即姑苏台，为吴王夫差与西施行乐之处，故址在今江

苏苏州市西姑苏山上。 ②菱歌：江南女子采菱之歌。

天宝七载（748）作于苏州。杨柳、菱歌，多少春色，与“旧苑荒台”成鲜明对比。末二句吊古，于无限凄婉中含冷峻。

示金陵子[①]

金陵城东谁家子？ 窃听琴声碧窗里。
落花一片天上来， 随人直渡西江水。
楚歌吴语娇不成， 似能未能最有情。
谢公正要东山妓[②]， 携手林泉处处行。

①金陵子：金陵女妓名。 ②谢公：指东晋谢安。谢安隐东山时，常携妓而行。见前《忆东山二首》诗注。

天宝七载作于金陵。唐魏颢《李翰林集序》称李白出朝后浪游江南情形云：“间携昭阳、金陵之妓，迹类谢康乐，世号为李东山，骏马美妾，所适二千石郊迎，饮数斗，醉则奴丹砂抚《青海波》……”携妓饮乐，固不足为训，然亦是李白在政治极度失望后寻求精神慰藉之一途。

金陵凤凰台置酒[①]

置酒延落景，金陵凤凰台。长波写万古，心与云俱开。借问往昔时，凤凰为谁来？凤凰去已久，正当今日回[②]。明君越羲轩，天老坐三台[③]。豪士无所用，弹弦醉金罍。东风吹山花，安可不尽杯？六帝没幽草[④]，深宫冥绿苔。置酒勿复道，歌钟但相催。

①凤凰台：见前《登金陵凤凰台》诗注。 ②“凤凰去已久”二句：古人以凤凰为吉祥之物，天下有道，则凤凰来之。③羲轩：谓伏羲、轩辕。合神农，即古所谓三皇。天老：传说为黄帝之臣。三台：星宿名，共六星，两两而居，古以象三公之位。④六帝：指吴、东晋及南朝四朝君主。六朝皆建都金陵。

“明君越羲轩，天老坐三台”，极言时世之盛，是表面文章；“豪士无所用，弹弦醉金罍”故作反语，以泄奸臣当道、贤士摈斥之愤。应是天宝七载之作。《唐宋诗醇》云：“意在语言之外，其畅适处正是牢骚处耳。眼前景，意中事，若隐若显，风人妙指。”

酬崔侍御[①]

严陵不从万乘游，归卧空山钓碧流[②]。
自是客星辞帝坐[③]，元非太白醉扬州[④]。

①崔侍御：即崔成甫，见前《赠崔侍御》诗注。　②“严陵”二句：用汉严子陵事，见前《翰林读书言怀呈集贤诸学士》诗注。③客星：指严子陵，见前《松柏本孤直》（《古风五十九首》其十二）诗注。　④扬州：此指金陵。东汉末，孙策定江东，曾置扬州治所于建业（金陵）。因为趁韵，不用金陵而用扬州。

崔成甫赠李白（《赠李十二》）诗云：“我是潇湘放逐臣，君辞明主汉江滨。天外常求太白老，金陵捉得酒仙人。”成甫天宝五载因韦坚案牵连贬湘阴，六载还至金陵，与李白相遇。此诗之作，当在天宝七载。

玩月金陵城西孙楚酒楼，达曙歌吹，日晚乘醉著紫绮裘乌纱巾，与酒客数人棹歌秦淮，往石头访崔四侍御[①]

昨玩西城月，青天垂玉钩[②]。朝沽金陵酒，歌吹孙楚楼。忽忆绣衣人[③]，乘船往石头。草裹乌纱巾，倒披紫绮裘。两岸拍手笑，疑是王子猷④。酒客十数公，崩腾醉中流。谑浪棹海客，喧呼傲阳侯⑤。半道逢吴姬，卷帘出揶揄⑥。我忆君到此，不知狂与羞。一月一见君，三杯便回桡⑦。舍舟共连袂，行上南渡桥。兴发歌《绿水》⑧，秦客为之摇⑨。鸡鸣复相招，清宴逸云霄。赠我数百字，百字凌风飚。系之衣裘上，相忆每长谣。

①孙楚酒楼：金陵酒楼名，或以孙楚命名。孙楚，晋人，富文才。石头：即石头城，战国时楚国依石头山所建，故址在今南京市西。崔四侍御：即崔成甫，见前《赠崔侍御》诗注。　②玉钩：谓上弦月。　③绣衣人：指御史。汉时御史监察百官，着绣衣，因称。此指崔成甫。　④王子猷：晋王子猷雪夜乘船访友。已屡见前注。　⑤阳侯：即凌阳侯，水波之神。　⑥揶揄：戏笑。揄，此读如“由”。汉贾谊《新书》：“冶由，女子笑貌。”冶由即揶揄。⑦桡：船桨。此句仍用王子猷事。王子猷访戴安道，至门前不见而返。　⑧《绿水》：曲名。　⑨秦客：似指崔成甫及同船酒客。摇：摇荡动情。摇，似应作“谣”，但与末句谣字犯复。一本作“讴”，韵不叶。

此诗写其在金陵狂放醉饮情形。据诗，李白先于江上玩月达曙，复至孙楚酒楼歌吹至晚，乘醉访崔成甫。合而观之，此次游乐历两夜一日。诗题文字似有差误。

闻王昌龄左迁龙标遥有此寄[1]

杨花落尽子规啼，闻道龙标过五溪[2]。
我寄愁心与明月，随君直到夜郎西[3]。

①左迁：唐人谓贬官。龙标：县名，在今湖南怀化一带。②五溪：为辰溪、酉溪、巫溪、武溪、沅溪，在今湖南西北一带，俱在龙标以北。自江南一带到龙标，须过五溪。 ③夜郎：县名，在今贵州桐梓县境。龙标在夜郎东约百里。唐贞观八年于龙标分置夜郎、郎溪、思微三县，则龙标与夜郎原为一地。

据《唐才子传》，王昌龄因"晚节不护细行，谤议沸腾"，由江宁丞贬龙标尉。其时约在天宝七载秋，而李白不及送别。此诗之作，当在天宝八载（749）春。清黄生评云："若单说愁，便直率少致，衬入景语，无其理而有其趣。"（《唐诗摘抄》）

寄东鲁二稚子

吴地桑叶绿，吴蚕已三眠[1]。我家寄东鲁，谁种龟阴

田[②]？春事已不及[③]，江行复茫然。南风吹归心，飞堕酒楼前[④]。楼东一株桃，枝叶拂青烟。此树我所种，别来向三年[⑤]。桃今与楼齐，我行尚未旋。娇女字平阳，折花倚桃边。折花不见我，泪下如流泉。小儿名伯禽，与姐亦齐肩。双行桃树下，抚背复谁怜？念此失次第[⑥]，肝肠日忧煎。裂素写远意[⑦]，因之汶阳川[⑧]。

①蚕三眠：谓蚕已老，春已暮。　②龟阴田：《左传·定公十年》："齐人来归郓、讙、龟阴田。"杜预注："泰山博县北有龟山。阴田，在其北也。"此以龟阴田谓己在东鲁的田产。　③春事：春天农事。　④酒楼：李白去朝后曾在任城（今山东济宁）构酒楼，诗即指此。　⑤"别来"句：李白天宝六载离东鲁，至此（天宝八载）已首尾三年。　⑥失次第：谓心绪纷乱不宁。⑦素：生帛，色白，用以书写。　⑧汶阳川：即汶水。此以代东鲁。

天宝八载作于金陵一带。清沈德潜云："家常语，琐琐屑屑，弥见其真。"（《唐诗别裁》）诗中间一段，集中于"楼东一株桃"下展开，"桃"字凡四见，将父子之情的抒发推向高潮。

诗云："双行桃树下，抚背复谁怜？"可知李白自许氏夫人去世后，与一鲁妇人暂合而离，此后一直未能续弦。

金陵城西楼月下吟

金陵夜寂凉风发，独上高楼望吴越。
白云映水摇空城，白露垂珠滴秋月。
月下沉吟久不归，古来相接眼中稀[1]。
解道澄江净如练，令人长忆谢玄晖[2]。

①“古来”句：谓古来诗人有成就者寥寥无几。 ②谢玄晖：即谢朓，朓字玄晖。朓《晚登三山还望京邑》有句云：“余霞散成绮，澄江静如练。”

南朝诗人中，李白最欣赏谢朓。又尝云：“玄晖难再得，洒酒气填膺。”（《秋夜板桥浦泛月独酌怀谢朓》）“蓬莱文章建安骨，中间小谢又清发”（《宣州谢朓楼饯别校书叔云》）。所以有李白“一生低首谢宣城”（清王士禛《论诗绝句》）的说法。

答王十二寒夜独酌有怀[1]

昨夜吴中雪，子猷佳兴发[2]。万里浮云卷碧山，青天中道流孤月。孤月沧浪河汉清[3]，北斗错落长庚明[4]。怀余对酒夜霜白，玉床金井冰峥嵘[5]。人生飘忽百年内，且须酣畅万古情。君不能狸膏金距学斗鸡[⑥]，坐令鼻息吹虹霓[⑦]。君不能学哥舒，横行青海夜带刀，西屠石堡取紫袍[⑧]。吟诗作赋北窗里，万言不直一杯水。世人闻此皆掉头，有如东风射马耳。鱼目亦笑我，谓与明月同[⑨]。骅骝拳跼不能食[⑩]，蹇驴得志鸣春风[⑪]。《折杨》《皇华》合流俗[⑫]，晋君听琴枉《清角》[⑬]。《巴人》谁肯和《阳春》[⑭]？楚地由来贱奇璞[⑮]。黄金散尽交不成，白首为儒身被轻。一谈一笑失颜色，苍蝇贝锦喧谤声[⑯]。曾参岂是杀人者？谗言三及慈母惊[⑰]。与君论心握君手，荣辱于余亦何有？孔圣犹闻伤凤麟[⑱]，董龙更是何鸡狗[⑲]？ 一生傲岸苦不谐，恩疏媒劳志多乖[⑳]。严陵高揖汉天子[㉑]，何必长剑拄颐事玉阶[㉒]？达亦不足贵，穷亦不足悲。韩信羞将绛灌比[㉓]，祢衡耻逐屠沽儿[㉔]。君不见李北海[㉕]，英风豪气今何在！君不见裴尚书[㉖]，土坟三尺蒿棘居。少年早欲五湖去[㉗]，见此弥将钟鼎疏[㉘]。

①王十二：白友人，名字不详。 ②“昨夜”二句：王子猷雪夜乘兴驾舟访戴安道，屡见前注。此以王子猷拟王十二。 ③沧浪：寒凉之意。 ④错落：分布貌。北斗共七星，分布如斗杓。长庚：星名，亦曰太白，昏见于西方为长庚，晨见于东方为启明。⑤床：井栏。玉、金：饰词。 ⑥狸膏、金距：皆斗鸡者所为。狸

膏，以狸膏涂鸡头，可使对方畏惧。金距，在鸡脚爪上加以薄金属假距，便于斗时刺击。唐人盛斗鸡，玄宗尤宠斗鸡之徒。参见前《大车扬飞尘》(《古风五十九首》其二十四)诗注。　⑦"坐令"句：谓斗鸡者意气飞扬之状。　⑧哥舒：指哥舒翰，胡人血统，时为唐边将。青海：今青海湖一带，吐蕃所据。石堡：城堡名，唐与吐蕃交通要冲，地在今青海西宁市西南，其城三面绝险，唯一径可上。石堡为吐蕃所据，玄宗欲攻取之。诏问河西、陇右节度使王忠嗣攻取之策，忠嗣奏："石堡险固，吐蕃举国而守之，若顿兵坚城之下，必死者数万，然后可图，恐所得不如所失。不如休兵秣马，伺隙而取之，为上策。"又尝曰："今争一城，得之未制于敌，不得之未害于国，忠嗣岂以数万人之命博一官？"由是见怒于玄宗，又为李林甫构陷，几陷于死，于天宝六载十一月贬汉阳太守，由哥舒翰代王忠嗣为陇右节度。八载六月，玄宗以十万之兵委哥舒攻石堡，拔取之，俘吐蕃兵四百人，唐士卒死者数万，果如王忠嗣所言。玄宗录哥舒翰功，拜特进，加摄御史大夫，服紫。唐制：三品以上官服紫。特进为正二品，故曰取紫袍。　⑨鱼目：似珠。明月：珠名。即鱼目混珠意。此以鱼目喻庸碌之人，明月喻贤能之士。　⑩骅骝：良马名。拳跼：四肢不伸貌。　⑪蹇：跛足。　⑫《折杨》《皇华》：古俗曲名，常人所能懂者。　⑬《清角》：古曲名，传为黄帝所造。据《韩非子·十过》，晋平公尝问师旷："《清角》可得而闻乎？"师旷曰：

“不可。惟有德者可听之。今主君德薄，不足听之，听之将恐有败。”平公再三欲听，师旷不得已而鼓之，一奏而玄云起，再奏而大风至，大雨随之，裂帷幕，毁廊瓦。平公恐惧，伏于廊室之间。此后，晋国大旱，赤地三年，平公亦患病。此句刺玄宗薄德。

⑭《巴人》《阳春》：战国时楚曲名。据战国宋玉《对楚王问》，唱《巴人》曲时，属而和者数百人，而唱《阳春》时，则无人能和。详见前《郢人歌白雪》（《古风五十九首》其二十一）诗注。

⑮“由来”句：用卞和事。详见前《赠范金乡二首》诗注。

⑯“苍蝇”句：《诗经·小雅·青蝇》：“营营青蝇，止于樊。岂弟君子，无信谗言。”又《小雅·巷伯》：“萋兮斐兮，成是贝锦。彼谮人者，亦已大甚。”句谓谗谤之起，如苍蝇之喧；构人罪过，如编织贝锦。　⑰曾参：孔子弟子。《战国策·秦策二》：“昔者曾子处费，费人有与曾子同名族者而杀人，人告曾子母曰：‘曾参杀人。’曾子之母曰：‘吾子不杀人。’织自若。有顷焉，人又曰：‘曾参杀人。’其母尚织自若也。顷之，一人又告之曰：‘曾参杀人。’其母惧，投杼逾墙而走。”　⑱“孔圣”句：《论语·子罕》：“子曰：‘凤鸟不至，河不出图，吾已矣夫！’又，《孔子家语·辨物》载，叔孙氏于大野获麟，折其前左足，叔孙氏弃之郊外。孔子往观之，曰：“此麟也，胡为来哉！胡为来哉！”涕泣沾襟。子贡问之，孔子曰：“麟之至为明王也，出非其时而见害，吾是以伤焉。”句谓世道之衰。　⑲董龙：名荣，小字龙，

前秦右仆射。司空王堕性刚峻，董荣以佞幸得宠，堕疾之如仇，每朝见，未尝与荣言。人有劝堕待荣颜色和缓者，堕曰："董龙是何鸡狗？而令国士与之言乎！"见《十六国春秋》。此代朝中权幸。　⑳恩疏：指己为朝廷所弃。媒劳：谓引荐者徒劳。㉑严陵：即严子陵。见前《翰林读书言怀呈集贤诸学士》诗注。㉒玉阶：指宫廷。长剑拄颐：是臣仆侍奉君主之状。　㉓绛灌：指绛侯周勃、颍阴侯灌婴。汉初，韩信被贬为淮阴侯，自恃功高，羞于与勃、婴等同列。见《史记·淮阴侯列传》。　㉔祢衡：东汉末文士，尚气刚傲，人或劝其与名士陈长文、司马朗交往，衡曰："吾焉能从屠沽儿耶？"　㉕李北海：北海太守李邕。天宝六载，因事牵连，李林甫罗织以罪，使人就郡杖杀之，时年七十。参见前《上李邕》诗注。　㉖裴尚书：淄川太守裴敦复，敦复曾任刑部尚书。天宝六载，裴敦复与李邕并以事牵连，李林甫使人杀之。　㉗五湖去：用春秋越人范蠡事。范蠡佐勾践灭吴，功成身退，隐名于五湖。　㉘钟鼎：谓功名富贵。古时权贵之家钟鸣鼎食。

李林甫杖杀李邕、裴敦复在天宝六载，哥舒翰屠古堡在天宝八载，此诗之作，当在八载冬。此篇抨击时事，直言指斥权臣李林甫、杨国忠辈，直至玄宗，为李白抒情诗中现实政治色彩最强者。天宝中期之冤狱及石堡之役，为玄宗后期政治急转直下的标志。如此重大事件，唐人诗作中却很少反映。唯李白此篇及杜甫《兵车行》。李、杜之作，堪称时代最强音。

战城南[1]

去年战，桑干源[2]；今年战，葱河道[3]。洗兵条支海上波[4]，放马天山雪中草。万里长征战，三军尽衰老。匈奴以杀戮为耕作，古来唯见白骨黄沙田[5]。秦家筑城备胡处[6]，汉家还有烽火燃。烽火燃不息，征战无已时。野战格斗死，败马号鸣向天悲[7]。乌鸢啄人肠，衔飞上挂枯树枝[8]。士卒涂草莽，将军空尔为。乃知兵者是凶器，圣人不得已而用之[9]。

①《战城南》：乐府“鼓吹曲辞”名。　②桑干源：即桑干河，自今山西北部东流入今河北北部。二句概言唐东北边境战争。③葱河道：地当今帕米尔高原一带，葱河即喀什噶尔河，唐时属安西都护府管辖。二句概言唐西北边境战争。　④洗兵：《文选》左思《魏都赋》李善注：“大将将行，雨濡衣冠，是谓洗兵。”又有洗净兵器，藏而不用，休兵罢战意。条支：古国名，地当今伊拉克。条支海即今波斯湾。唐安西都护府所辖有条支都督府。⑤“匈奴”二句：汉王褒《四子讲德论》：“匈奴，百蛮之最强者

也，其耒耜则弓矢鞍马，播种则捍弦掌拊，收秋则奔狐驰兔，获刈则颠倒殪仆。”二句由此化出。匈奴，汉时北方少数部族，此泛指唐东北、西北边境少数部族。 ⑥“秦家”句：秦始皇时，曾派大将蒙恬筑长城御胡人。西汉贾谊《过秦论》：“乃使蒙恬北筑长城而守藩篱，却匈奴七百余里，胡人不敢南下而牧马。” ⑦“野战”二句：古乐府《战城南》古辞曰：“枭骑战斗死，驽马徘徊鸣。”二句由此化出。 ⑧“乌鸢”二句：《战城南》古辞曰：“野死不葬乌可食。”二句由此化出。 ⑨“乃知”二句：《老子》：“兵者不祥之器，非君子之器，不得已而用之。”二句由此化出。

唐王忠嗣尝云：“太平之将，但常抚循训练士卒而已，不可疲中国之力以邀功名。”此即本诗末二句用意所在。当与前篇为同时所作。

庐山东林寺夜怀[①]

我寻青莲宇[②]，独往谢城阙[③]。霜清东林钟，水白虎溪月[④]。天香生虚空，天乐鸣不歇[⑤]。宴坐寂不动，大千入毫发[⑥]。湛然冥真心[⑦]，旷劫断出没[⑧]。

①东林寺：在庐山之麓，东晋僧慧远建。寺之所处，尽林壑之

美。②青莲宇：即佛寺。③谢：辞去。④虎溪：在东林寺近旁，传说慧远送客至虎溪即止。⑤天香、天乐：佛教谓清静中有自然清气，名曰天香；又有自然清意，名曰天乐。⑥大千：即佛家语大千世界，广大无边的佛土。⑦湛然：明净貌。真心：佛家语，谓众生本来具有的成佛因性。凡真心，真净明妙，离虚妄之想。⑧旷劫：佛家语，犹万劫。佛教谓世界生灭之一周期为一劫，旷劫则历时极久。

李白于天宝九载（750）五月自金陵至庐山，此诗作于九载秋。佛、道二教，于李白皆有很深影响，此诗并非因在佛地而故作佛语。

雪谗诗赠友人

嗟予沉迷，猖獗已久④。五十知非，古人常有②。立言补过，庶存不朽③。包荒匿瑕④，蓄此顽丑⑤。《月出》致讥，贻愧皓首⑥。感悟遂晚，事往日迁。白璧何辜，青蝇屡前⑦？群轻折轴，下沉黄泉。众毛飞骨，上凌青天⑧。萋斐暗成，贝锦粲然⑨。泥沙聚埃，珠玉不鲜。洪焰烁山，发自纤烟。沧波荡日，起于微涓。交乱四国⑩，播于八埏⑪。拾尘掇蜂，疑圣猜贤⑫。哀哉悲夫，谁察予之贞坚？彼妇人之猖狂，不如鹊之强强；彼妇人之淫昏，不如鹑之奔奔[13]。坦荡君子，无悦簧言[14]。擢发续罪，罪乃孔多[15]。倾海流恶，恶无以过[16]。人生实难，逢此织罗。积毁销金，沉忧作歌。天未丧文，其如余何[17]？妲己灭纣[18]，褒女惑周[19]。天维荡覆，职此之由[20]。汉祖吕氏，食其在傍[21]。秦皇太后，毐亦淫荒[22]。螮蝀作昏，遂掩太阳[23]。万乘尚尔[24]，匹夫何伤？辞殚意穷，心切理直。如或妄谈，昊天是殛[25]。子野善听[26]，离娄至明[27]。神靡遁响，鬼无逃形。不我遐弃[28]，庶昭忠诚。

①沉迷、猖獗：自谦、自责之词，语出南朝梁丘迟《与陈伯之书》："直以不能内审诸己，外受流言，沉迷猖獗，以至于此。" ②"五十知非"二句：《淮南子·原道训》："蘧伯玉年五十而知四十九年非。"高诱注："伯玉，卫大夫蘧瑗也。今年所行，是也；则还顾，知去年之所行，非也。岁岁悔之，以至于死，故有四十九年非。" ③"立言"二句：《左传·襄公二十四年》："太上有立德，其次有立功，其次有立言。虽久不废，此之谓不朽。"又，《昭公七年》："仲尼曰：能补过者，君子也。"以上六句，自言建功立业理想破灭，遂于困境中思立言以传于不朽。 ④包荒：即包藏荒秽。匿瑕：谓美玉之中亦杂有瑕疵。 ⑤顽丑：顽劣丑陋，是自谦之辞。以上二句谓己虽质如美玉，不为无过。

⑥《月出》:《诗经·陈风》篇名。汉代经学家以为《月出》是“刺好色也”。皓首:谓年老。以上二句似谓谗者以好色诬之,致使自己有皓首之愧。 ⑦白璧:喻己操行之坚贞。青蝇:喻谗者。详见前《答王十二寒夜独酌有怀》。此下二十句,俱言己遭谗事。⑧“群轻”四句:《汉书·中山靖王胜传》:“众口铄金,积毁销骨。丛轻折轴,羽翮飞肉。”颜师古注:“言积载轻物,物多至令车轴毁折。而鸟之所以能飞翔者,以羽翮扇扬之故也。”飞骨,即飞肉。四句言谗言屡兴,遂以无为有,难以防御。 ⑨“萋斐”二句:用《诗经·小雅·青蝇》意,详见前《答王十二寒夜独酌有怀》诗注。 ⑩四国:犹言四方。 ⑪八埏(yán):犹言八方。⑫拾尘:用颜回事。据《孔子家语·在厄》,孔子厄于陈、蔡,从者七日不食。子贡谋得米,颜回炊于坏屋之下,有烟墨尘落于甑中,颜回拾而食之。子贡以为颜回窃食,告于孔子。掇蜂:用伯奇事。据《琴操·履霜操》,伯奇乃周上卿尹吉甫之子,吉甫后妻欲陷害伯奇,乃居空室,取毒蜂缀衣领,伯奇仁孝,前掇之。吉甫登楼而观,大怒,逐伯奇于野。 ⑬“彼妇人”四句:《诗经·鄘风·鹑之奔奔》:“鹑之奔奔,鹊之强强。”郑玄注:“奔奔、强强,言其居有常匹,飞则相随之貌。”据诗意,所谓妇人,与白之遭谗有关,且其品性淫荡,居止不端。 ⑭坦荡:谓胸怀坦直。《论语·述而》:“君子坦荡荡。”簧言:犹言巧语。《诗经·小雅·巧言》:“巧言如簧。”簧,笛类发音薄片,竹为之。

⑮擢：拔取。续：数。孔：甚辞。句谓谗者言其劣迹极多。
⑯"倾海"二句：隋末李密起义，传檄文天下数炀帝之罪，有"罄南山之竹，书罪无穷；决东海之波，流恶难尽"的话。
⑰"天未"二句：孔子曾困于匡人，曰："天之未丧斯文也，匡人其如予何？"二句谓谗者并不能加害于己。 ⑱妲己：殷纣王妃。纣王好酒淫乐，宠妲己，唯妲己之言是从，乱殷政。周武王伐纣，斩纣头，杀妲己。见《史记·殷本纪》。 ⑲褒女：即褒姒，周幽王宠妃。褒姒不好笑，幽王欲其笑，为烽燧大鼓，诸侯皆至。凡有寇至则举火，诸侯既至，至而无寇，褒姒乃大笑。幽王悦之，乃数举烽火，诸侯不信，亦不至。后有寇犯周，幽王举烽火征兵，兵不至，寇遂杀幽王骊山下，虏褒姒。 ⑳天维：犹言政权根基。职：主。二句谓殷纣、周幽之亡，由于女祸。
㉑吕氏：即吕雉，汉高祖后。食其（yì jī），即审食其。高祖死，吕后称制，左丞相审食其不治事，令监宫中，如郎中令（宦官首领），故得幸太后，朝廷公卿皆因食其而后决事。见《史记·吕太后本纪》。 ㉒太后：秦始皇母。毐（ǎi）：即嫪毐。秦太后淫乱，先与吕不韦私通，后又与嫪毐通，生两子。始皇觉之，夷嫪毐三族，杀私生两子，迁太后于雍。见《史记·吕不韦列传》。以上四句以汉、秦事，皆言女祸。 ㉓蝃蝀（dì dōng）：虹的别称。古以虹为阴，虹出日旁，兆后妃胁主。 ㉔万乘（shèng）：指君主。
㉕昊天：犹苍天。殛：诛灭。 ㉖子野：春秋时晋乐师师旷字，善

辨音。　㉗离娄：古之明视者，能于百步之外，见秋毫之末。㉘遐弃：犹言远弃，指朋友与己断交。

据诗"五十知非"，当作于天宝九载，时李白五十岁。此诗缘何而发，为李诗中最难明谕者之一。诸家之说，亦最纷纭。有谓谗者为杨妃，疑贵妃与安禄山淫乱，而李白曾发其奸；有谓似指朋友中菁之嫌，与杨妃淫乱败国无关；有谓谗者为李白离异之刘氏，刘氏不安于室，曾于白友人间播弄是非。以目前掌握资料，此诗所刺，殆难实指。但有几点，可以约略判定：一、天宝八、九载间，李白曾陷于严重谗谤之中，观此诗及上年《答王十二寒夜独酌有怀》诗可知；二、谗谤之事虽难明，但极其严重亦可知，否则，李白不会如此激切分辩；三、谗者绝非刘氏夫人或一般友朋，以此诗看，应当为帝之宠幸者，为女性。

《大雅》久不作（《古风五十九首》其一）

《大雅》久不作①，吾衰竟谁陈②？《王风》委蔓草③，战国多荆榛。龙虎相啖食，兵戈逮狂秦。正声何微茫④？哀怨起骚人⑤。扬马激颓波，开流荡无垠⑥。废兴虽万变，宪章亦已沦⑦。自从建安来，绮丽不足珍⑧。圣代复元古⑨，垂衣贵清真⑩。群才属休明，乘运共跃

鳞[11]。文质相炳焕，众星罗秋旻[12]。我志在删述，垂辉映千春[13]。希圣如有立，绝笔于获麟[14]。

①《大雅》：《诗经》雅诗分大小《雅》。一般认为《大雅》为西周王室贵族之诗。此以《大雅》代《诗经》。句谓《诗经》传统久已断绝。　②"吾衰"句：《论语·述而》："子曰：甚矣吾衰也。"此借孔子以自谓。陈：陈述，展布。句意为发扬《诗经》古道舍我其谁？　③《王风》：《诗经》十五国风之一，此亦代指《诗经》。委蔓草：凋零衰竭之意。　④正声：指《诗经》之声。古代文论，以传统为正，以传统的发展或反传统为变。⑤骚人：指以屈原为代表的《楚辞》作者。《史记·屈原贾生列传》："屈平之作《离骚》，盖自怨生也。"　⑥扬马：指汉赋家扬雄、司马相如。汉赋一体，起于扬、马，此后衍为大观，故曰"开流荡无垠"。西汉诗道崩坏，汉赋仅具宏丽外表，故曰"激颓波"。　⑦宪章：指《诗经》的传统法度（即美刺、比兴等）。二句谓先秦至汉，诗、骚、赋废兴变化虽多，但《诗经》传统法度终归沦丧。　⑧建安：东汉末汉献帝年号。建安时，诗坛有三曹、七子，诗风一变。但建安诗人之绮丽倾向，影响直至唐初，故曰"不足珍"。　⑨圣代：指李唐王朝。复元古：谓上古的大治局面重新出现。　⑩垂衣：谓政治简明，无为而治。清真：政治清明质朴。　⑪休明：政治清明。跃鳞：比喻显露才情。二句说诗

人遭逢清明之世，应运而起，各逞其才。 ⑫秋旻：秋日天空。 ⑬删述：用孔子事。据说古有诗三千余首，孔子删而存三百零五首。又，孔子尝云其“述而不作，信而好古”。二句谓己将效法孔子，为一代文化做出重要贡献，垂光辉于永世。 ⑭希圣：企求达到圣人境界。获麟：据说鲁哀公十四年有人狩猎获麟，孔子以为吉祥之物不当出现于乱世，曰：“吾道穷矣！”所作《春秋》，绝笔于此年。二句意谓倘能如孔子那样，即使有绝笔之时也将无憾。

此篇可视为李白诗歌之发展论。“《大雅》久不作”“《王风》委蔓草”“正声何微茫”，三复其辞，总在慨叹《诗经》传统沦丧，诗道崩坏，所谓传统、诗道，即美刺、比兴，即兴观群怨。所以虽有复古之貌，却具革新之实。此篇又述其文学抱负，“吾衰竟谁陈”“我志在删述”，以孔子自比，自视极高。李阳冰《草堂集序》评论李白文学贡献云“卢黄门曰：‘陈拾遗（陈子昂）横制颓波，天下质文，翕然一变。’至今朝诗体，尚有梁陈宫掖之风，至公（李白）大变，扫地以尽。”李白的创作实践证明他不虚此言。

《雪谗诗》曾云“立言补过，庶存不朽”，即此篇“我志在删述”意。希图以创作存不朽，当为李白晚年始有的思想，姑编于他五十岁时。

丑女来效颦（《古风五十九首》其三十五）

丑女来效颦，还家惊四邻[①]。寿陵失本步，笑杀邯郸人[②]。一曲《斐然子》[③]，雕虫丧天真。棘刺造沐猴，三年费精神[④]。功成无所用，楚楚且华身[⑤]。《大雅》思文王[⑥]，《颂》声久崩沦[⑦]。安得郢中质，一挥成斧斤[⑧]？

①“丑女”二句：丑女效颦事，见前《玉壶吟》诗注。 ②寿陵：战国时燕国城邑。邯郸：战国时赵国都城。据《庄子·秋水》，寿陵有少年学步于邯郸，未得其能，又失本步，匍匐而归。 ③《斐然子》：曲名。 ④“棘刺”二句：《韩非子·外储说左上》载，宋人有能在棘刺之端雕为沐猴者，三月始成。此处云三年，极言其费时之久。 ⑤楚楚：衣冠鲜明貌。以上四句谓诗之雕章琢句，徒劳而无益于世，只邀功名博富贵而已。 ⑥文王：《诗经·大雅》首篇《文王》为歌颂周文王之诗。 ⑦《颂》：《诗经》组成部分，为西周宗庙、祭祀之诗。此处代《诗经》。 ⑧“安得”二句：据《庄子·徐无鬼》，郢人将垩（白泥浆）漫其鼻端如蝇翼，使匠人削之。匠人运斧成风，郢人任其削而不动，尽垩而鼻不伤。宋元君闻之，召匠人曰：“尝试为寡人为之。”匠人曰：“臣尝能斫之，虽然，臣之质死久矣。”质：犹言对手、对象。二句喻创作须挥洒自如，得天然之趣。

此篇亦诗论，旨在批判模拟、雕琢、矫饰之风，提倡诗歌之天然真朴，且须有益于世。

羽檄如流星（《古风五十九首》其三十四）

羽檄如流星①，虎符合专城②。喧呼救边急，群鸟皆夜鸣。白日曜紫微③，三公运权衡④。天地皆得一⑤，淡然四海清。借问此何为？答言楚征兵⑥。渡泸及五月，将赴云南征⑦。怯卒非战士，炎方难远行。长号别严亲⑧，日月惨光晶。泣尽继以血，心摧两无声。困兽当猛虎，穷鱼饵奔鲸⑨。千去不一回，投躯岂全生？如何舞干戚，一使有苗平⑩？

①檄：以木简为之，长尺二寸，军事用以号令。若有急警，加以鸟羽插之，以示疾速。　②虎符：即兵符。以木或铜为之，作虎状，君王与领军将帅各执一半，发兵时合符为凭信。专城：州郡长官，此谓统兵之将。　③白日：指帝王。紫微：指朝廷宫殿。④三公：即太尉、司徒、司空。此处指朝廷要员。权衡：政柄。⑤“天地”句：《老子》：“天得一以清，地得一以宁。”　⑥楚：泛指南方。以上四句谓天下太平，四海宁静，不应有用兵之事，故而发问，始知南方有战事。　⑦泸：水名，即今雅砻江下游及雅砻

江汇合金沙江后之一段。三国诸葛亮曾于五月渡泸南征，其《出师表》云："五月渡泸，深入不毛。"《水经注·若水》引《益州记》："泸水……两峰有杀气，暑月旧不行，故武侯以夏渡为艰。"此以诸葛亮五月渡泸暗示唐对南诏的战争。《资治通鉴》卷二一六：（天宝十载）夏四月壬午，剑南节度使鲜于仲通讨南诏蛮，大败于泸南……士卒死者六万人，仲通仅以身免。杨国忠掩其败状，仍叙其战功。制大募两京及河南、北兵以击南诏。人闻云南多瘴疠，未战，士卒死者什八、九，莫肯应募。杨国忠遣御史分道捕人，连枷送诣军所。于是行者愁怨，父母妻子送之，所在哭声振野。以下八句，即写征兵情景。　⑧严亲：尊亲，总称父母。⑨"困兽"二句：写唐兵必败。困兽、穷鱼以喻唐兵，猛虎、奔鲸以喻南诏兵。　⑩干戚：盾牌与大斧。有苗：古部族名。传说舜时，有苗氏不服管制，禹请舜发兵讨之。舜以为己德不厚而行武，非道。乃修教三年，执干戚而舞（一种军舞），有苗终于归服。此二句意谓何不修列文教使南诏归服，必得诉诸战争呢？

天宝十载（751）夏作。李白已于九载秋冬间返东鲁，此诗之作当在东鲁一带。此诗实写时事，为李白《集》中现实性最强的代表作之一。

留别于十一兄逖、裴十三游塞垣①

太公渭川水②，李斯上蔡门③。
钓周猎秦安黎元，小鱼鵔兔何足言④？
天张云卷有时节，吾徒莫叹羝触藩⑤。
于公白首大梁野⑥，使人怅望何可论？
即知朱亥为壮士，且愿束心秋毫里。
秦赵虎争血中原，当去抱关救公子⑦。
裴生览千古，龙鸾炳天章⑧。
悲吟雨雪动林木，放书辍剑思高堂⑨。
劝尔一杯酒，指尔裘上霜。
尔为我楚舞，吾为尔楚歌。
且探虎穴向沙漠⑩，鸣鞭走马凌黄河⑪。
耻作易水别，临歧泪滂沱⑫。

①于十一：于逖，开元、天宝间诗人，至老未仕。裴十三：名字不详。塞垣：长城，此指幽州。 ②太公：指姜太公吕尚。未遇周文王前曾钓于渭水。 ③李斯：秦相，未入秦前曾在家乡上蔡东门猎兔。 ④"钓周"二句：承上二句，意谓吕尚、李斯后来助周、秦成就大业，当其钓、猎之际，小鱼、狡兔对他们而言又何足道？鵔（jùn）兔，狡兔。 ⑤"天张"二句：意谓终有前途光明之

时，我辈不须丧失信心。天张云卷，犹言天开云收。羝角藩，语出《易·大壮》："羝羊触藩，羸其角。"孔颖达《正义》："藩，藩篱也。羸，拘累缠绕也。""羝触藩"喻处境困顿。 ⑥于公：指于逖。大梁：今河南开封。 ⑦"即知"四句：用侯嬴事。侯嬴，战国时魏之隐士，年七十，家贫，为大梁夷门抱关者（守门人），魏公子信陵君器之，待为上宾。朱亥，嬴之友，屠者，有气力。秦攻赵，围邯郸，信陵君欲救赵，侯嬴为其设窃符救赵之计，并荐朱亥为其效力，后果建奇功。事见《史记·魏公子列传》。秋毫，指笔。束心秋毫，将心思约束于笔墨之中。此以侯嬴拟于逖，谓其明大义，识人，只是暂将心思寄托于笔墨中，日后当非常之际，必建大功业。⑧龙鸾：喻华美之文。天章：即文章。 ⑨"悲吟"二句：用曾子事，谓裴十三的诗歌悲吟雨雪，怀念父母。《琴操》："曾子耕泰山之下，天雨雪冻，旬日不得归，思其父母，作《梁山歌》。" ⑩虎穴、沙漠：皆指幽州。 ⑪凌：渡过。 ⑫"耻作"二句：用荆轲刺秦于易水作别事。见《史记·刺客列传》。

天宝十载（751）暮秋北上幽州途中作于汴州（今河南开封）。李白往幽州，自宋州首途。此诗留别于、裴二位，大半切于、裴二位说话。语及其幽州之行，仅末四句而已。"且探虎穴"四字很值得探究。当时幽州节度使正为安禄山。安禄山为胡人血统，以骁勇、狡诈，从一名普通边将渐次升为边防节度使，到天宝后期，已身兼河东、平卢、范阳三镇节度使，拥兵十数万。唐玄宗对安禄山深信不疑，倚为国之栋梁。天宝十载，李白欲往安禄山麾下谋求出路。李白北赴幽州即是这种心理。但安禄山早蓄异志，随着军事势力的膨胀，其政治野心亦在膨胀，当时朝野中明识之士已有人判断安禄山必反者。诗末云“耻作易水别”，态度复一变而为坚决。此诗反映了李白北上幽州心情从一时冲动到疑虑微妙之变化。

登邯郸洪波台置酒观发兵①

我把两赤羽②，来游燕赵间。天狼正可射③，感激无时闲④。观兵洪波台，倚剑望玉关⑤。请缨不系越⑥，且向燕然山⑦。风引龙虎旗，歌钟昔追攀。击筑落高月⑧，投壶破愁颜⑨。遥知百战胜，定扫鬼方还⑩。

①邯郸：今属河北。洪波台：故址在邯郸北。　②赤羽：箭羽染以赤色者。　③天狼：星名，主侵掠，喻贪残。此指边塞外敌兵。　④感激：感奋激动。　⑤玉关：玉门关，此泛指边城。　⑥“请缨”句：用汉终军事。终军自请于朝，曰：“愿受长缨，必羁南越王而致之阙下。”见《汉书·终军传》。　⑦燕然山：即今蒙古境内杭爱山。东汉时，车骑将军窦宪率大军与北匈奴大战于稽

落山，大胜，遂登燕然山，刻石勒功而还。见《后汉书·窦宪传》。⑧筑：古乐器。燕太子丹遣荆轲刺秦，高渐离击筑相送于易水边。　⑨投壶：古游戏名，详见前《梁甫吟》诗注。　⑩鬼方：指绝远之地。一说为异域国名。

天宝十一载（752）北上幽州途中作。因置酒观发兵，又为报国杀敌、建功立业之心所驱使，情绪颇昂扬，对幽州之行充满信心。

幽州胡马客歌①

幽州胡马客，绿眼虎皮冠。笑拂两只箭，万人不可干。弯弓若转月，白雁落云端。双双掉鞭行，游猎向楼兰②。出门不顾后，报国死何难？天骄五单于③，狼戾好凶残。牛马散北海④，割鲜若虎餐。虽居燕支山⑤，不道朔雪寒。妇女马上笑，颜如赪玉盘⑥。翻飞射鸟兽，花月醉雕鞍。旄头四光芒⑦，争战若蜂攒。白刃洒赤血，流沙为之丹。名将古谁是？疲兵良可叹。何时天狼灭⑧，父子得安闲？

①幽州：今北京市一带。　②楼兰：汉西域国名，在今新疆鄯善一带。此以代边敌。　③天骄：汉时称匈奴为天之骄子。五

单于：汉宣帝时匈奴曾分为五单于，即呼韩邪单于、屠耆单于、呼揭单于、车犁单于、乌藉单于，见《汉书·匈奴传》。 ④北海：即今俄罗斯境内贝加尔湖，匈奴所在地。 ⑤燕支山：一名焉支山，匈奴境内山名，在今甘肃山丹县东。 ⑥赪（chēng）：赤色。 ⑦旄头：星宿名，古代指胡星。 ⑧天狼：星名，主战伐。

天宝十一载秋冬间初至幽州时作。幽州为安禄山大本营，所部多胡兵。诗即写胡兵骁勇尚武情形。末四句作正语，谓安禄山并非良将，一味好战，只是疲弊天下罢了。

北风行[①]

烛龙栖寒门，光耀犹旦开[②]。日月照之何不及此[③]？惟有北风号怒天上来。燕山雪花大如席[④]，片片吹落轩辕台[⑤]。幽州思妇十二月，停歌罢笑双蛾摧。倚门望行人，念君长城苦寒良可哀。别时提剑救边去，遗此虎文金鞞靫[⑥]。中有一双白羽箭，蜘蛛结网生尘埃。箭空在，人今战死不复回。不忍见此物，焚之已成灰。黄河捧土尚可塞，北风雨雪恨难裁[⑦]。

①《北风行》：乐府“杂曲歌辞”名。 ②烛龙：古代传说中

神龙。寒门：传说中极北之地，为积寒所在，故曰寒门。据《淮南子·地形训》，烛龙人面龙身无足，长千里，视为昼，闭目为夜，吹为冬，呼为夏。 ③日月：此指朝廷。 ④燕山：在今天津蓟州区东南。 ⑤轩辕台：故址在今河北怀来县乔山上。 ⑥鞞靫（bǐng chāi）：箭囊。 ⑦裁：抑止。

天宝十一载冬作于幽州。李白幽州之行的热情，至此已降到冰点。明唐汝询云："此为戍妇之辞以讽也。"（《唐诗解》）安禄山之势，已成养虎，幽州局面，岌岌可危。李白目睹此状，忧心如焚而不可明言之，乃托戍妇之辞言之。诗人的用意，观诗的前半对幽州黑暗、寒冷的夸张描写可知。

公无渡河①

黄河西来决昆仑②，咆哮万里触龙门③。波滔天，尧咨嗟④。大禹理百川，儿啼不窥家⑤。杀湍堙洪水⑥，九州始蚕麻。其害乃去，茫然风沙⑦。披发之叟狂而痴⑧，清晨径流欲奚为？旁人不惜妻止之⑨，公无渡河苦渡之。虎可搏，河难冯⑩，公果溺死流海湄。有长鲸白齿若雪山，公乎公乎挂罥于其间⑪。箜篌所悲竟不还⑫。

①《公无渡河》：乐府“相和歌辞”名。一名《箜篌引》。《乐府诗集》引晋崔豹《古今注》：《箜篌引》者，朝鲜津卒霍里子高妻丽玉所作也。子高晨起刺船，有一白首狂夫，披发提葫，乱流而渡，其妻随而止之，不及，遂堕河而死。于是援箜篌而歌曰：“公无渡河，公竟渡河。堕河而死，将奈公何？”声甚凄怆。曲终，亦投河而死。子高还，以语丽玉，丽玉伤之，乃引箜篌而写其声，闻者莫不堕泪饮泣。丽玉以其曲传邻女丽容，名曰《箜篌引》。 ②“黄河”句：古人以为黄河源出昆仑。③龙门：在今山西河津，临黄河，传说为大禹疏导黄河时遗迹。④“波滔”二句：传说上古时天下洪水泛滥，尧叹息曰：“嗟，四岳，汤汤洪水滔天，浩浩怀山襄陵，下民其忧，有能使治者？”见《史记·五帝本纪》。 ⑤“大禹”二句：传说禹治水时，劳身焦思，居外十三年，三过家门而不入。见《史记·夏本纪》。⑥杀：灭，减。堙（yīn）：堵塞。 ⑦“其害”二句：意谓洪水之害虽去，但仍有风沙之患。 ⑧披发之叟：白自谓。 ⑨妻：指白妻宗氏。 ⑩冯（píng）：古义同“凭”，《诗经·小雅》毛《传》云：“徒涉曰冯河，徒搏曰暴虎。” ⑪挂罥（juàn）：缠挂，缠绕。⑫箜篌：古乐器。此句应《箜篌引》题目。

此篇亦李白诗中较难索解之作。有以为是讽当时不安分之人自投宪网（法纪）者，有以为是悲永王璘起兵不成被诛死者，有以为

“披发之叟”系白自指，诗言其从璘陷于罗网者。以上诸说似皆有未妥处。联系李白幽州之行，可知此诗实为幽州冒险经历之总结。“披发狂叟”为白自指，“长鲸白齿”指安禄山。李白在幽州遭际不得其详，细玩此诗，则其处境或异常险恶，几不得脱身而归。

述德兼陈情上哥舒大夫①

天为国家孕英才，森森矛戟拥灵台②。
浩荡深谋喷江海，纵横逸气走风雷。
丈夫立身有如此，一呼三军皆披靡。
卫青谩作大将军③，白起真成一竖子④。

①哥舒大夫：即哥舒翰。天宝初为王忠嗣部将，天宝六载为陇右节度使摄御史中丞。八载因攻取吐蕃石堡城，升赏有加，加摄御史大夫。十一载又加开府仪同三司。大夫，即御史大夫，为御史台（监察机关）之长。当时节镇以兼摄台长为荣。述德陈情：为唐时上书权要习用语，意即备述权要之德兼陈己之情。　②灵台：心。句谓哥舒翰富于军事韬略。　③卫青：汉武帝时名将，前后七次出击匈奴，屡立战功，官至大将军。谩作：犹言虚作、空作。句意谓哥舒翰之才远出卫青之上。　④白起：战国秦昭王时名将，善用兵，战胜攻取凡七十余城，封武安君。竖子：童仆之幼者，

此为轻贱卑微不足道意。

前人有谓此诗“述德有之，而无陈情之辞”，疑有阙文。所疑甚是。此诗内容因此难以备知。但此诗又为考察李白行踪之重要线索。哥舒翰加摄御史大夫，在天宝八载，李白诗题既称“哥舒大夫”，投赠此诗必在八载以后。哥舒翰实际职务为陇右节度使（治所在今青海乐都），并于天宝十一载冬入长安觐见。李白投赠哥舒翰，唯十二载春有此可能。其时，李白恰从幽州归来。即是说，李白自天宝初出朝以后，十一载冬又有三入长安的可能。

白乾元二年（759）所作长诗《经乱后天恩流夜郎忆旧游书怀赠江夏韦太守良宰》有句云：“十月到幽州，戈铤如罗星。君王弃北海，扫地借长鲸。呼吸走百川，燕然可摧倾。心知不得语，却欲栖蓬瀛。弯弧惧天狼，挟矢不敢张。揽涕黄金台，呼天哭昭王。”可知李白于幽州之行后深感危机严重，遂入长安欲向朝廷陈策。当时边将，玄宗所倚重者，除安禄山外，即哥舒翰。可惜诗有阙文，所陈之情不得而知。或者事关重大，又属机密，难以形诸吟咏，于是在投赠之际隐去真情，亦未可知。

一百四十年（《古风五十九首》其四十六）

一百四十年[①]，国容何赫然。隐隐五凤楼，峨峨横三川[②]。王侯象星月，宾客如云烟。斗鸡金宫里[③]，蹴踘瑶台边[④]。举动摇白日，指挥回青天[⑤]。当涂何翕忽[⑥]，失路长弃捐[⑦]。独有扬执戟，闭关草《太玄》[⑧]。

①一百四十年：唐自武德元年（618）至天宝十二载（753）共一百三十六年。此举成数。 ②三川：古关中以泾、渭、洛为三川。 ③斗鸡事：详见前《大车扬飞尘》（《古风五十九首》其二十四）诗注。 ④蹴踘：唐时游戏名，犹踢球，盛行宫中。踘，皮革为之，中充以物，蹴踏为乐。 ⑤“举动”二句：谓斗鸡、蹴踘者意气飞扬貌。 ⑥当涂：指执政者。翕忽：迅疾貌。此指杨国忠代李林甫为相。 ⑦弃捐：抛弃。句谓己长期不得朝廷恩顾。 ⑧扬执戟：即扬雄。雄曾为汉宫廷执戟（守卫）之臣。《太玄》，是扬雄模仿《周易》所作卜筮一类的书。

三入长安时所作。天宝四载，杨国忠仅蜀中一小吏，因杨氏姊妹（国忠为贵妃从兄）始得入宫掌樗蒲（赌博）之事。九载，杨国忠官至兵部侍郎，至十一载冬，竟代李林甫为相。此即诗中“当涂何翕忽”本事。

殷后乱天纪（《古风五十九首》其五十一）

殷后乱天纪[①]，楚怀亦已昏[②]。夷羊满中野[③]，菉葹盈高门[④]。比干谏而死[⑤]，屈平窜湘源[⑥]。虎口何婉娈[⑦]？女媭空婵媛[⑧]。彭咸久沦没[⑨]，此意与谁论？

①殷后：指殷纣王。后，古时亦可指帝王。纣王末年，暴虐无道，为周所灭。　②楚怀：即楚怀王，晚年昏庸，亲佞人，远贤臣，国削于秦。　③夷羊：传说中神兽名。据说殷商亡时，夷羊见于郊外。　④菉葹（lù　shī）：两种恶草名。高门：指权贵。屈原《离骚》："赍菉葹以盈室兮，判独离而不服。"句用其意，谓楚怀王时，谗谄奸佞之辈盈于朝廷。　⑤比干：纣王族叔。纣王淫乱，比干强谏，为纣所杀。　⑥屈平：即屈原。怀王曾放逐屈原于江湘一带。　⑦婉娈：思念留恋貌。句谓时局至此，从政犹入虎口，何用留恋？　⑧婵媛：美好貌。此句以婵娟之女颜喻己报国忠心。　⑨彭咸：殷时贤大夫，传说他谏其君不听，自投水而死。

此诗以殷纣、楚怀拟唐玄宗，是天宝后期所作。

远别离[1]

远别离，古有皇英之二女[2]，乃在洞庭之南，潇湘之浦[3]。海水直下万里深，谁人不言此离苦[4]？日惨惨兮云冥冥，猩猩啼烟兮鬼啸雨[5]。我纵言之将何补？皇穹窃恐不照余之忠诚[6]。雷凭凭兮欲吼怒，尧舜当之亦禅禹[7]。君失臣兮龙为鱼，权归臣兮鼠变虎[8]。或云尧幽囚[9]，舜野死[10]。九疑联绵皆相似[11]，重瞳孤坟竟何是[12]？帝子泣兮绿云间[13]，随风波兮去无还。恸哭兮远望，见苍梧之深山[14]。苍梧山崩湘水绝，竹上之泪乃可灭[15]。

①《远别离》：乐府“杂曲歌辞”名。　②皇英：即娥皇、女英，传说为尧之二女、舜之二妃。　③潇湘：即潇水、湘水。湘水自广西流入湖南，至零陵汇于潇水，又北流入于洞庭湖。④“海水”二句：意谓舜与二妃生死之别，其苦如海水之深，无有底止。　⑤惨惨：无光貌。冥冥：阴晦貌。二句写舜与二妃离别之景。　⑥皇穹：苍天，此指朝廷。二句意谓窃恐己之忠诚不见察于朝廷，即使上书建言，亦无补于事。二句次序或有颠倒，以致失韵。　⑦凭凭：雷盛貌。二句意谓时局极为险恶，即使如尧、舜之君，大祸当前，也只得拱手让出江山。　⑧“君失臣”二句：前句臣指贤臣，后句臣指奸臣。二句意谓君若失去贤臣则地位将

发生动摇，而奸臣当权则如鼠为虎，凶恶异常。　⑨“或云”句：传说尧晚年德衰，为舜所囚。见《史记·五帝本纪》张守节《史记正义》。　⑩野死：死于郊野。传说舜勤于民事，死于苍梧之野。见《国语·鲁语》韦昭注。　⑪九疑：即九嶷山，在今湖南宁远。其山九峰皆相似，故名九疑。传说舜死葬于此。　⑫重瞳：指舜。传说舜有两瞳子。　⑬帝子：指舜二妃娥皇、女英。　⑭苍梧：古称今湖南与两广交界处一带为苍梧。九嶷山亦名苍梧山。⑮“苍梧”二句：传说舜出巡，二妃追之不及。舜死，二妃于竹间啼哭，洒泪于竹，即今洞庭一带有名的湘妃竹。

天宝十二载入长安无所建言，离长安南下宣州时作。“远别离”者，李白与心目中“圣明天子”玄宗及太平盛世之诀别也。诗托言舜与二妃之生离死别，寄其理想破灭之悲怆。诗涉朝政，情在难言，诗旨迷离惝恍，神龙见首不见尾。然云开雾破处，偶露其一鳞半爪，即“我纵言之将何补……”与“君失臣兮龙为鱼……”数句。

横江词六首[①]

其　一

人道横江好，侬道横江恶[②]。

一风三日吹倒山，白浪高于瓦官阁[3]。

①横江：即横江浦，在今安徽和县东南长江边，与隔岸当涂县之采石矶相望，为长江重要渡口之一。 ②侬：吴人自称。③瓦官阁：即瓦官寺，南朝梁时建，高二百四十尺，故址在今江苏南京市。

其 二

海潮南去过浔阳[1]，牛渚由来险马当[2]。
横江欲渡风波恶，一水牵愁万里长。

①海潮：指涌入长江的海水。浔阳：郡名，即今江西九江。长江自九江以下，渐北折，故云“南去”。 ②牛渚：即采石矶。马当：山名，在今江西彭泽县北。其山横枕大江，状如马，江风急击，波浪涌沸。险马当：犹言险于马当。

其 三

横江西望阻西秦，汉水东连扬子津[1]。
白浪如山那可渡？狂风愁杀峭帆人[2]。

①汉水：源出今陕西汉中嶓冢山，至汉口汇于长江。扬子津：在今江苏扬州市江都区，自古为江滨津要处。　②峭帆人：指张挂船上高帆的舟子。峭帆，帆高而陡。

其　四

海神来过恶风回，浪打天门石壁开[①]。
浙江八月何如此？涛似连山喷雪来[②]。

①天门：即天门山。详见前《望天门山》诗注。　②浙江：即钱塘江。钱塘江涛每月三日、十八日极大，高至数丈。每年八月十八日钱塘江涛，为天下壮观。何如此：犹言与此相比究竟如何。二句谓横江渡波涛胜似钱塘江涛。

其　五

横江馆前津吏迎[①]，向余东指海云生。
郎今欲渡缘何事[②]？如此风波不可行。

①横江馆：即采石驿，在横江渡对岸之采石矶。津吏：指掌管舟梁的官吏。　②郎：唐时习用语，表示尊敬。《资治通鉴》卷

二〇七《唐纪二十三》则天后长安三年胡三省注："门生、家奴呼其主为郎。"

其　六

月晕天风雾不开[1]，海鲸东蹙百川回[2]。
惊波一起三山动[3]，公无渡河归去来[4]。

①"月晕"句：古人以为日晕主雨，月晕主风。　②蹙（cù）：压，迫。句意谓横江波浪险恶，似海鲸驱迫东流之水逆向而回。③三山：在今江苏南京市西南滨江处。详见前《登金陵凤凰台》诗注。　④"公无"句：用乐府古调《公无渡河》意。参照前《公无渡河》诗注。

李诗今选本，多以为此诗是李白出蜀初游江东时（开元十三年）作。然此诗极写横江风波，一唱三叹，愁肠百结，忧心如焚，其情绪与初游江东时诸作迥不相类。"一水牵愁万里长"，"横江西望阻西秦"，以李白阅历、情绪、行踪考察，当为天宝后期所作。横江渡头，风高浪急、云愁雾惨、天摇地动的景象，皆为时局之恶兆、诗人之愁媒。若以此诗仅为山水之作，则失之浅。

秋登宣城谢朓北楼[①]

江城如画里，山晚望晴空。
两水夹明镜，双桥落彩虹[②]。
人烟寒橘柚，秋色老梧桐。
谁念北楼上，临风怀谢公？

①宣城：即今安徽宣城。唐时为宣州治所。谢朓：南朝齐诗人。谢朓北楼：即高斋，在宣城郡中，为谢朓任宣州太守时所建。朓有《郡内高斋闲坐》诸诗。 ②两水：指宣城郡内宛溪、句溪二水。双桥：指建于两溪上之凤凰、济川二桥。

天宝十二载（753）秋作于宣州。李白《寄从弟宣州长史昭》诗有云："尔佐宣城郡，守官清且闲。常夸云月好，邀我敬亭山。"自本年至天宝末安史乱起，李白多在宣州一带游历。

宣州谢朓楼饯别校书叔云[①]

弃我去者，昨日之日不可留；乱我心者，今日之日多烦忧。长风万里送秋雁，对此可以酣高楼。蓬莱文章建安骨[②]，中间小谢又清发[③]。俱怀逸兴壮思飞，欲上青天

揽明月。抽刀断水水更流，举杯消愁愁更愁。人生在世不称意，明朝散发弄扁舟④。

①校书：即校书郎，属秘书省，掌校勘图书，为李云所担任官职。题《文苑英华》作《陪侍御叔华登楼歌》，此题是。李华，字遐叔，天宝十一载官监察御史，以文章名天下。　②蓬莱：海中仙山，为道家幽经秘录珍藏处。东汉时，洛阳南宫有东观，明帝曾命班固等人在此修撰《汉书》，后为皇家聚藏图书之处，当时学者称东观为老氏藏室、道家蓬莱山。蓬莱文章：代指汉代文章。建安骨：指东汉建安时曹氏父子及建安七子所作之诗。其诗风力遒劲，文质并茂，世谓之“建安风骨”。　③小谢：指谢朓，与谢灵运并称“大小谢”。清发：清新俊发，即钟嵘《诗品·中品》谓谢朓“奇章秀句，往往警遒”之意。　④散发：发不束整，指解冠隐居。

天宝十二三载所作。此诗写国难将临无计可除、忧心烦乱情景。首二句，前人谓“发兴无端”（清方东树《昭昧詹言》），实乃多日积聚之忧愤的大爆发。中间六句入题，末又跌入忧思难遣的苦闷。虽言不及时事，而国运可知。

独坐敬亭山[①]

众鸟高飞尽，孤云独去闲。
相看两不厌，只有敬亭山。

①敬亭山：在宣城北十里许。

此诗极写孤独寂寞之情。

哭晁卿衡[①]

日本晁卿辞帝都，征帆一片绕蓬壶[②]。
明月不归沉碧海，白云愁色满苍梧[③]。

①晁衡：即日本阿倍仲麻吕，唐时译为仲满。开元初，随日本遣唐使来中国，慕中国之风，因留不去，改姓名为晁衡，或朝衡。历仕左补阙、秘书监等职。天宝十二载冬，随遣唐使归国，至琉球遇风，漂流至安南（今越南），同舟死者多人，而衡等免于难。后复至长安，仍仕于唐，至大历五年（770）去世。衡船初遇难时，中国传闻衡已死，李白作此诗以悼之。　②蓬壶：海中仙山名，此代指日本。　③苍梧：即九嶷山。传说朐山（今江苏东海）东北大海中

有大洲名郁州，郁州上有郁山，是自苍梧飞徙而止，亦称苍梧。此即指郁山，代晁衡死难之处。

晁衡归国在天宝十二载（753）冬，此诗之作当在十三载初。衡在长安时，与唐诗人多有交往，李白与晁衡相结交，亦应在天宝初待诏翰林时。

秋浦歌十七首①

其　二

秋浦猿夜愁，黄山堪白头②。
青溪非陇水，翻作断肠流③。
欲去不得去，薄游成久游④。
何年是归日？雨泪下孤舟。

①秋浦：县名，唐时属池州，即今安徽池州市贵池区。　②黄山：在秋浦南约九十里。二句意谓秋浦、黄山之猿，悲啼之声足以使人头白。　③青溪：在秋浦北五里。陇水：在陇州（今甘肃东南部）。古乐府《陇头歌辞》："陇头流水，鸣声呜咽。遥望秦川，心肝断绝。"二句谓青溪水鸣悲切，一如陇水。暗寓思念长安之意。

④薄游：犹言暂游。

其　四

两鬓入秋浦，一朝飒已衰。
猿声催白发，长短尽成丝。

其　五

秋浦多白猿，超腾若飞雪[①]。
牵引条上儿[②]，饮弄水中月。

①超腾：飞跃。　②条上儿：指树枝上小猿。

其十二

水如一匹练[①]，此地即平天[②]。
耐可乘明月？看花上酒船[③]。

①练：素丝，色白。句谓夜月中水之白、静。　②“此地”句：谓水面宽阔，与天平接。　③耐（读如néng）可：犹云哪可、安

得，愿辞。乘明月即乘船，因月倒映入水，故云。

其十三

渌水净素月，月明白鹭飞。
郎听采菱女，一道夜歌归[①]。

①“郎听”二句：江南习俗，当菱熟时，男女相与采之，故有采菱之歌以相和。

其十四

炉火照天地[①]，红星乱紫烟。
赧郎明月夜[②]，歌曲动寒川。

①炉火：指冶铜之火。秋浦唐时为著名产银、铜之地。

②赧（nǎn）郎：冶铜工人。赧：因惭愧而脸红。此指炉火映照脸色发红。

其十五

白发三千丈，缘愁似个长[1]。
不知明镜里，何处得秋霜？

①个（gè）：唐时口语，犹如此、这般。

其十六

秋浦田舍翁，采鱼水中宿。
妻子张白鹇[1]，结罝映深竹[2]。

①张白鹇（xián）：谓张网捕白鹇。白鹇，鸟名，似山鸡而色白。 ②罝（jū）：捕鸟之网。

其十七

桃波一步地[1]，了了语声闻。
黯与山僧别，低头礼白云[2]。

①桃波：秋浦有桃胡陂，地名。此桃波或桃陂之误。 ②黯

（àn）：默。礼：行礼。二句意谓与山僧行礼告别，不数步即被山中云气所阻断。

天宝十二三载作于秋浦。非一时一事而作，或写山水风物，或抒故国之思。南宋陆游云："李太白往来江东，此州（池州）所赋尤多，如《秋浦歌十七首》……杜牧之池州诸诗，正尔观之，亦清婉可爱，若与太白诗并读，醇醨异味矣。"（《入蜀记》）《秋浦歌》总的特色在于全在不经意间写天然生机、天然情趣及个人情怀，即李白自己标举的"清水出芙蓉，天然去雕饰"境界，读之亦令人获心魂如洗的美感。

赠汪伦①

李白乘舟将欲行，忽闻岸上踏歌声②。
桃花潭水深千尺，不及汪伦送我情。

①汪伦：泾县（今安徽泾县）农人，或谓为隐逸之士。南宋杨齐贤注李白诗，谓："白游泾县桃花潭，村人汪伦常酝美酒以待白。伦之裔孙至今宝其诗。"　②踏歌：多人连手而歌，踏地以为节拍，且踏且歌。

桃花潭信手拈出，深千尺信口道出，唯其景切情真，遂成妙语。

宿五松山下荀媪家[①]

我宿五松下，寂寥无所欢。
田家秋作苦，邻女夜舂寒。
跪进雕胡饭[②]，月光明素盘[③]。
令人惭漂母，三谢不能餐[④]。

①五松山：在今安徽南陵县。南陵，唐时属宣州。媪（ǎo）：老妇人。　②雕胡：即菰米。《本草纲目》："雕胡，九月抽茎，开花如苇芍，结实长寸许，霜后采之，大如茅针，皮黑褐色，其米甚白而滑腻，作饭香脆。"　③素盘：不着漆绘的木盘。　④漂母：用韩信事。韩信少时贫困，有一漂洗老妇常济其饭食。见《史记·淮阴侯列传》。三谢：多次辞谢。

这几乎是李白诗中唯一贴近地描写下层农民的一首诗。农妇对诗人纯朴的敬意和诗人感激之情，都令人怦然心动。纯用白描，风格与杜甫相类似。

秋浦寄内[①]

我今寻阳去，辞家千里余。结荷倦水宿，却寄大雷书[②]。虽不同辛苦，怆离各自居。我自入秋浦，三年北信疏。红颜愁落尽，白发不能除。有客自梁苑[③]，手携五色鱼[④]。开鱼得锦字，归问我何如？江山虽道阻，意合不为殊。

①寄内：寄给妻子。时李白妻宗氏居宋州（今河南商丘）。②结荷水宿：谓宿止于水边。结荷，犹言以荷为屋。大雷书：即南朝宋鲍照《登大雷岸与妹书》。鲍照往寻阳（今江西九江），与妹书信，备言一路辛苦。大雷，地名，在今安徽望江县境内。　③梁苑：指宋州。详见前《梁园吟》诗注。　④五色鱼：谓书信。古人书信，用木两片作鱼状，信即夹在内，外绕以绳及泥封。汉乐府《饮马长城窟行》："客从远方来，遗我双鲤鱼。呼儿烹鲤鱼，中有尺素书。"

诗云："我自入秋浦，三年北信疏。"李白自天宝十二载客游宣州一带，合首尾计之，可知此诗作于天宝十四载。

北上行[①]

北上何所苦?北上缘太行[②]。磴道盘且峻[③],巉岩凌穹苍。马足蹶侧石,车轮摧高冈[④]。沙尘接幽州[⑤],烽火连朔方[⑥]。杀气毒剑戟,严风裂衣裳[⑦]。奔鲸夹黄河[⑧],凿齿屯洛阳[⑨]。前行无归日,返顾思旧乡。惨戚冰雪里,悲号绝中肠。尺布不掩体,皮肤剧枯桑。汲水涧谷阻,采薪陇坂长[⑩]。猛虎又掉尾,磨牙皓秋霜。草木不可餐,饥饮零露浆。叹此北上苦,停骖为之伤[⑪]。何日王道平[⑫],开颜睹天光?

①《北上行》:乐府"相和歌辞"名。乐府古辞备言冰雪溪谷之苦,此以古调写时事。 ②太行:山名,在今山西、河北两省之间。 ③磴(dèng)道:登山石径。 ④曹操《苦寒行》:"北上太行山,艰哉何巍巍。羊肠坂诘屈,车轮为之摧。"以上六句化用此意。 ⑤幽州:在今北京市一带,唐时为幽州节度使驻地,是安禄山大本营。 ⑥朔方:北方。时安禄山兼范阳(幽州)、平卢、河东三镇节度使,皆在中原以北。二句写幽州乱起,北方陷于战乱。 ⑦严风:寒风。 ⑧奔鲸:喻安禄山。 ⑨凿齿:传说中巨兽名,齿长三尺,其状如凿。亦以喻安禄山。安禄山乱起后,势如破竹,很快攻陷洛阳。 ⑩陇坂:山之冈陇坡坂。 ⑪骖

(cān):驾车时位于两旁之马。 ⑫王道平:谓时世安泰。

天宝十五载(即至德元载,756)春初作。十四载十一月,安禄山叛乱于幽州,十二月陷洛阳。十五载正月,僭号称大燕皇帝。时李白妻寓居宋城(今河南商丘),儿女居东鲁,白遂仓促自宣州一带北上。此诗即北上纪行之作。

奔亡道中五首

其　三

谈笑三军却①,交游七贵疏②。
仍留一只箭,未射鲁连书③。

①"谈笑"句:用战国时鲁仲连事。详见前《齐有倜傥生》(《古风五十九首》其十一)诗注。 ②七贵:西汉时以吕、霍、上官、赵、丁、傅、王七外戚为七贵。此处泛指权贵。 ③"仍留"二句:仍用鲁仲连事。详见前《五月东鲁行答汶上翁》诗注。

天宝十五载(即至德元载)携妻南奔途中作。此首写其有退敌(安禄山叛军)之策而不为时所用。

其　四

函谷如玉关，几时可生还①？
洛川为易水②，嵩岳是燕山③。
俗变羌胡语，人多沙塞颜④。
申包惟恸哭，七日鬓毛斑⑤。

①函谷：关名，战国秦置，故址在今河南灵宝。玉关：即玉门关。二句用班超事。《后汉书·班超传》："超自以久在绝域，年老思土，上疏曰：'……臣不敢望到酒泉郡，但愿生入玉门关。'"　②易水：在今河北西部。　③嵩岳：即嵩山，在今河南登封。燕山：在今河北北部。以上四句，将函谷、玉关，洛川、易水，嵩山、燕山对举，言国势危急，中原内地翻如边境。④"俗变"二句：言中原遍布胡兵，民俗多闻羌、胡语音，人亦多见边塞士兵之颜面。　⑤申包：即申包胥，春秋时楚人。楚昭王十年，吴兵破楚入郢都，申包胥往秦乞师，秦兵不出。申包胥乃立于庭墙而哭，日夜不绝声，勺饮不入口七日，秦师乃出。事见《左传·定公四年》。二句以申包胥喻其悲苦愁绝处境。

此首写其国破家亡之痛苦。

其　五

淼淼望湖水，青青芦叶齐。
归心落何处？日没大江西。
歇马傍春草，欲行远道迷。
谁忍子规鸟，连声向我啼[①]？

①子规：即杜鹃，鸣声凄苦，如云“不如归去”。

此首写南归至江南后迷惘无着心境。

西上莲花山（《古风五十九首》其十九）

西上莲花山[①]，迢迢见明星[②]。素手把芙蓉，虚步蹑太清[③]。霓裳曳广带，飘拂升天行。邀我登云台[④]，高揖卫叔卿[⑤]。恍恍与之去，驾鸿凌紫冥[⑥]。俯视洛阳川，茫茫走胡兵。流血涂野草，豺狼尽冠缨[⑦]。

①莲花山：即华山之莲花峰。《华岳志》：“岳顶中峰曰莲花峰，有上宫，宫前有池为玉井，生千叶白莲花。”　②明星：仙女名。　③芙蓉：即莲花。太清：天空。二句写仙女轻举之状。

④云台：即华山之云台峰，在华山东北。华山五峰，唯此为低，而俯视河渭及群山，罗列如线如砂粒。 ⑤卫叔卿：传说中仙人名。据说为汉中山人，服云母得仙，曾谒汉武帝。 ⑥紫冥：天空。 ⑦豺狼：比喻安禄山叛军。

安禄山陷洛阳后作。清陈沆云："皆遁世避乱之词，托之游仙也。"（《诗比兴笺》）此说近是。诗以游仙写现实，然非消极遁世之词。李白不得已避乱东南，而魂未尝不系于中原，故托游仙以寄其家国之痛。

经乱后将避地剡中留赠崔宣城[①]

双鹅飞洛阳[②]，五马渡江徼[③]。何意上东门，胡雏更长啸[④]？中原走豺虎，烈火焚宗庙[⑤]。太白昼经天[⑥]，颓阳掩余照[⑦]。王城皆荡覆，世路成奔峭[⑧]。四海望长安，颦眉寡西笑[⑨]。苍生疑落叶[⑩]，白骨空相吊。连兵似雪山，破敌谁能料？我垂北溟翼[⑪]，且学南山豹[⑫]。崔子贤主人，欢娱每相召。胡床紫玉笛[⑬]，却坐青云叫[⑭]。杨花满州城，置酒同临眺。忽思剡溪去，水石远清妙。雪尽天地明，风开湖山貌。闷为洛生咏[⑮]，醉发吴越调[⑯]。赤霞动金光，日足森海峤[⑰]。独散万古意，闲垂一溪钓。猿近

天上啼，人移月边棹[18]。无以墨绶苦，来求丹砂要[19]。华发长折腰，将贻陶公诮[20]。

①剡中：今浙江嵊县。崔宣城：宣城县令崔钦。　②“双鹅”句：据《晋书·五行志中》，晋怀帝永嘉元年二月，洛阳东北步广里地陷，有苍白二色鹅出。苍者飞翔冲天，白者至于洛阳。时人董养曰：“白者金色，国之行也。苍为胡象，其可尽言乎？”其后刘渊、石勒相继乱华。　③“五马”句：据《晋书·五行志中》，晋惠帝太安年间童谣曰：“五马游渡江，一马化为龙。”后中原大乱，宗室多死于难，唯琅玡、汝南、西阳、南顿、彭城五王逃至江南，而琅玡王即位称帝。五马：指五王，马谐晋姓司马。徼（jiào）：边界。　④“何意”二句：据《晋书·石勒载记上》，石勒十四岁时，随邑人行贩洛阳，倚上东门长啸。晋大臣王衍见而异之，顾左右曰：“向者胡雏，吾观其声视有奇志，恐将为天下之患。”雏：谓小孩。后石勒果为乱。以上四句，以晋朝事喻安禄山之乱。⑤“中原”二句：据《旧唐书·肃宗本纪》，安禄山陷两京，唐室宗庙多焚毁。　⑥太白：星名。古人以为太白昼日经天，天下革政。　⑦颓阳：喻唐室气数衰微。　⑧奔峭：艰难崎岖。⑨“四海”二句：桓谭《新论·祛蔽》：“关东鄙语曰：‘人闻长安乐，则出门西向而笑。’”长安为天下首都，长安乐则天下太平。二句意谓长安已为战乱所危，不复为安乐之地。　⑩疑：似。

句谓百姓死于战乱，如枯叶之落。 ⑪北溟翼：用《庄子·逍遥游》事。句谓己如大鹏，垂翅不飞。 ⑫“且学”句：据《列女传·贤明传》，南山有玄（黑）色豹，为惜其皮毛，雾雨七日而不外出觅食，藏而远害。以上二句以大鹏、南山豹自喻，将敛其志，全身远害。 ⑬胡床：即交椅，可以折叠，又名交床。源自少数民族，故名。 ⑭青云叫：喻笛声嘹亮，如来自云端。叫，义同“啸”。 ⑮洛生咏：洛阳一带书生吟咏诗歌之声，咏声重浊。⑯吴越调：流行于吴越间之歌曲，其声轻慢。以上二句意谓今后将闷时吟诗，醉来唱歌。 ⑰日足：云隙中透出的日光。森：盛貌。海峤（jiào）：海边山。峤，山高而峻。 ⑱棹：船桨。 ⑲墨绶：系于官印上之黑色绶带。汉制，县令墨绶。崔为宣城令，故云墨绶。丹砂要：犹言炼丹砂之要诀。二句劝崔钦辞官学仙。 ⑳陶公：指陶渊明。《南史·陶潜传》：“（潜）为彭泽令……郡遣督邮至县，吏白：应束带见之。潜叹曰：‘我不能为五斗米折腰向乡里小儿。’即日解印去职，赋《归去来》以遂其志。”二句谓崔钦年老，守此小官，过逢迎生活，将被陶渊明所耻笑。

天宝十五载（即至德元载）春避乱东南告别宣城时作。

扶风豪士歌[①]

洛阳三月飞胡沙，洛阳城中人怨嗟。天津流水波赤血[②]，白骨相撑如乱麻。我亦东奔向吴国，浮云四塞道路赊[③]。东方日出啼早鸦，城门人开扫落花。梧桐杨柳拂金井，来醉扶风豪士家。扶风豪士天下奇，意气相倾山可移。作人不倚将军势[④]，饮酒岂顾尚书期[⑤]？雕盘绮食会众客，吴歌赵舞香风吹。原尝春陵六国时[⑥]，开心写意君所知。堂中各有三千士[⑦]，明日报恩知是谁？抚长剑，一扬眉，清水白石何离离[⑧]。脱吾帽，向君笑，饮君酒，为君吟。张良未逐赤松去，桥边黄石知我心[⑨]。

①扶风：郡名，即岐州，唐时属关内道，故址在今陕西凤翔一带。扶风豪士：姓名不详，当是祖籍扶风某人。　②天津：桥名，在洛阳西南，架洛水上。　③道路赊：道路遥远。　④“作人”句：汉辛延年《羽林郎》：“昔有霍家奴，姓冯名子都。依倚将军势，调笑酒家胡。”此句反用其义。扶风豪士或为权势者亲故，但不倚仗权势欺压平民，故有此言。　⑤“饮酒”句：东汉陈遵嗜酒，每大饮，宾客满堂。遵辄关门，取宾客车辖投井中，宾客虽有急事，终不得离去。尝有刺史某奏事经陈遵处，正值其大饮，刺史不得脱身，大

窘迫，候遵醉时，突入见遵母，叩头陈述与尚书有期会情状，遵母令刺史从后阁出去。事见《后汉书·陈遵传》。句以陈遵拟扶风豪士，喻其好饮兼好客。 ⑥原尝春陵：指战国时四公子，即赵平原君、齐孟尝君、楚春申君、魏信陵君。 ⑦三千士：谓四公子门客之多。 ⑧离离：清晰貌。句谓其胸怀坦荡、磊落。 ⑨赤松：即赤松子。据《史记索引》引《列仙传》，赤松子为神农时雨师，能入火自烧，昆仑山上随风雨上下。黄石：即黄石公。据《史记·留侯世家》，张良曾在下邳圮桥边遇黄石公，黄石公传其兵法。二句以张良自比，谓国难当头，自己尚不能随赤松子隐去。

天宝十五载（即至德元载）暮春作。诗中“我亦东奔向吴国”，一作“我亦来奔溧溪上”。溧溪在溧阳，即今江苏溧阳。开首四句写安禄山据洛阳，洛阳残破及百姓惨遭杀戮情况，极沉痛。末二句表明心迹，谓己东南之行，意在靖难复国而不在避乱，亦不在访仙学道，与前首“无以墨绶苦，来求丹砂要。华发长折腰，将贻陶公诮”遁世之词全然不同。可知遁世学仙，只是李白激愤至极时故作消极语而已。

赠王判官时余归隐居庐山屏风叠[①]

昔别黄鹤楼，蹉跎淮海秋[②]。俱飘零落叶，各散洞

庭流。中年不相见，蹭蹬游吴越[③]。何处我思君？天台绿萝月。会稽风月好，却绕剡溪回[④]。云山海上出，人物镜中来。一度浙江北，十年醉楚台[⑤]。荆门倒屈宋，梁苑倾邹枚[⑥]。苦笑我夸诞，知音安在哉？大盗割鸿沟[⑦]，如风扫秋叶。吾非济代人，且隐屏风叠。中夜天中望，忆君思见君。明朝拂衣去，永与海鸥群[⑧]。

①王判官：名字不详。屏风叠：在庐山五老峰下，九叠如屏风，故名。 ②黄鹤楼：在今湖北武汉。淮海：指扬州一带。《尚书·禹贡》以扬州为淮海之地。二句言其昔年与王判官之交游。 ③蹭蹬：失道。二句谓其天宝初去朝后漫游吴越。④“天台”四句：以上天台、会稽、剡溪，俱在越中。此下浙江、楚台、荆门、梁苑，俱为李白游踪所至。 ⑤楚台：战国时楚王游憩之所，如章华台、阳云台等。此处泛指江汉一带。 ⑥荆门：此处指荆州。梁苑：即梁园，在宋州（今河南商丘），为汉梁孝王苑囿。屈宋即屈原、宋玉，战国楚辞赋家。邹枚即邹阳、枚乘，梁孝王文客，此处以屈宋及邹枚代称两地文士。二句意谓两地文士皆为其才华所倾倒。 ⑦大盗：指安禄山。鸿沟：古运河名，故道自今河南荥阳北引黄河水，东流经今中牟、开封北，南折经许昌东，至淮阳东南入颍水。楚汉相争时，项羽曾与刘邦相约中分天下，割鸿沟以西者为汉，以东者为楚。此处指安禄山势力已足以与唐对峙。

⑧海鸥：用《列子》事，《列子·黄帝》："海上之人有好沤鸟者，每旦之海上，从沤鸟游，沤鸟之至者百住而不止。其父曰：'吾闻沤鸟皆从汝游，汝取来，吾玩之。'明日之海上，沤鸟舞而不下也。"此处指息灭机心，隐居不出。

至德元载（即天宝十五载，七月改元）秋将隐居庐山屏风叠时作。李白自本年春"避乱东南"，有吴越之行。所谓"避乱"，并非此行目的，寻觅靖难报国途径，是其真正意图所在。此行至于杭州，无功而返，终于隐于庐山。此诗云："吾非济代人，且隐屏风叠。"是其报国无门的深沉叹息。

赠韦秘书子春二首[①]

谷口郑子真[②]，躬耕在岩石。高名动京师，天下皆籍籍[③]。斯人竟不起，云卧从所适。苟无济代心，独善亦何益[④]？惟君家世者，偃息逢休明[⑤]。谈天信浩荡[⑥]，说剑纷纵横[⑦]。谢公不徒然，起来为苍生[⑧]。秘书何寂寂，无乃羁豪英[⑨]。且复归碧山，安能恋金阙？旧宅樵渔地，蓬蒿已应没。却顾女几峰[⑩]，胡颜见云月[⑪]？徒为风尘苦，一官已白须。气同万里合，访我来琼都[⑫]。披云睹青天，扪虱话良图[⑬]。留侯将绮里，出处未云殊[⑭]。终与安

社稷，功成去五湖[⑮]。

①韦子春：李白故交，曾官秘书省著作郎。至德元载冬永王李璘起兵时，韦为谋主之一。 ②郑子真：名朴，西汉时隐士。谷口：在今陕西礼泉县东北，当泾水出山之处，故名。 ③籍籍：众口喧腾貌。 ④"苟无"二句：郑子真终身隐居不仕，故有此言。以上八句以郑子真作譬，言贤者不应高隐，而应济世立业。 ⑤偃息：高卧貌。休明：政治清明。韦子春或为京兆长安人。韦氏为长安大姓，当高宗、武后时，韦氏数人曾相继为相。二句叙韦子春家世之显赫。 ⑥谈天：用战国齐人邹衍事。邹衍善论辩宇宙之事，时人称其为"谈天衍"。 ⑦说剑：用《庄子》事。《庄子》有《说剑》篇。以上二句，谓韦子春渊博而雄辩。 ⑧谢公：指东晋谢安。谢安有济世志，始隐而后出，位至宰相。参见前《忆东山二首》诗注。此处以谢安拟韦子春。 ⑨"秘书"二句：谓韦子春昔年任职秘书，郁郁不得志。 ⑩女几峰：山名，在今河南宜阳县西南。 ⑪胡颜：犹言有何面目。 ⑫琼都：原指京都，此处指庐山。《郡国志》云："庐山叠嶂九层，崇岩万仞，《山海经》所谓'三天子障'，亦曰'天子都'是也。"二句谓韦子春与己意气相合，来庐山寻访他。 ⑬扪虱：用东晋时王猛事。《初学记》卷五引《前燕录》："王猛隐华山，桓温入关，猛被褐而诣之，一面说当代之事，扪虱而言，旁若无人。" ⑭留侯：即张良。绮里：即绮里季，

“商山四皓”之一。张良佐刘邦定天下，后隐居不出。“四皓”初隐商山，后出山辅太子（即汉惠帝）。俱见《史记·留侯世家》。二句以张良、绮里季喻韦子春与己，将辅佐永王成其大功。 ⑮“功成”句：用春秋时越国范蠡事。范蠡佐勾践灭吴，功成后乘扁舟出三江、入五湖。

至德元载十二月作于庐山。永王李璘是玄宗第十六子、肃宗之弟。时永王领江南四道节度使，屯兵江陵。韦子春是永王谋主之一。因为李白名气甚大，派韦子春往庐山说李白入幕。诗云：“苟无济代心，独善亦何益？”李白以为此举是靖难报国良机，慨然与韦子春下山。安史乱起后一年之中，李白态度由激愤到消极，复由消极到亢奋。时局的大动荡，遂使诗人有此巨大变化。

别内赴征三首

其　一

王命三征去未还[①]，明朝离别出吴关。
白玉高楼看不见，相思须上望夫山[②]。

①王命三征：据李白《与贾少公书》，永王璘征聘李白的使者

前后凡三次。“王命三征”即指此而言。　②望夫山：民间传说妻子望夫处，所在多有。此处系虚写。

其　二

出门妻子强牵衣[①]，问我西行几日归？
归时倘佩黄金印，莫学苏秦不下机[②]。

①妻子：指宗氏。时宗氏与白俱隐于庐山。　②苏秦：战国时洛阳人。据《战国策·秦策一》，苏秦说秦王，书十上而其说不行。归至家，妻不下纴，嫂不为炊，父母不与言。此处反用其事。

其　三

翡翠为楼金作梯[①]，谁人独宿倚门啼？
夜坐寒灯连晓月，行行泪尽楚关西[②]。

①翡翠、金：饰词，非实有其物。　②“夜坐”二句：分说妻子与己。楚关西：指楚地（江南）之西。时永王屯兵江陵。

应永王聘后辞别妻子所作。永王聘使三至，白始下山，当为宗氏阻拦之故。细玩“归时倘佩黄金印”二句，宗氏既预见到入幕风险，又是淡泊功名者。

永王东巡歌十一首[①]

其　一

永王正月东出师[②]，天子遥分龙虎旗[③]。
楼船一举风波静[④]，江汉翻为雁鹜池[⑤]。

①永王：即李璘，玄宗第十六子，开元十三年封永王。天宝十五载六月，安禄山陷潼关，玄宗奔蜀，途中下诏以璘为山南东道等四镇节度使、江陵郡大都督。九月，璘至江陵，招募将士，因江淮租赋山积，破用巨亿。肃宗闻之，惧其有异志，令其归蜀，璘不从。十二月，引舟师东下，甲仗五千人趋广陵（扬州）。肃宗遣将扼守于丹阳、扬州一带。至德二载（757）正月底，璘兵与唐中央军交战。二月，璘败，为肃宗将擒获潜杀。　②“永王”句：永王东巡在至德元载十二月，李白十二月下山，至永王幕，已到二载正月，故云。　③天子：指肃宗。龙虎旗：军中所建之旗，绘以龙虎。句谓永王出师东巡，是奉肃宗之命。　④楼船：有叠层的大战船。⑤雁鹜池：汉梁孝王营造宫室苑囿，曾凿雁池。句谓永王所至之

处，局面平静，风景秀丽，有如梁孝王苑囿。

其　二

三川北虏乱如麻①，四海南奔似永嘉②。
但用东山谢安石，为君谈笑静胡沙③。

①三川：郡名，秦置，当今河南洛阳市一带，以其境内有黄河、洛水、伊水得名。北虏：指安禄山。　②永嘉：西晋怀帝年号。永嘉五年（311），刘曜陷洛阳，俘怀帝，纵兵烧掠，杀王公士民三万余人，中原士族大举南迁，史称“永嘉之乱”。　③谢安石：谢安，字安石，东晋大臣，官至宰相，曾指挥淝水之役，败前秦兵。此处以谢安自况。胡沙：喻安禄山之乱。

其五

二帝巡游俱未回①，五陵松柏使人哀②。
诸侯不救河南地③，更喜贤王远道来。

①二帝：指玄宗、肃宗。时玄宗在蜀，肃宗即位于灵武（今属宁夏），俱未返回长安。　②五陵：指唐高祖献陵、太宗昭陵、高

宗乾陵、中宗定陵、睿宗桥陵。　③诸侯：指各路唐军。

其　七

王出三江按五湖[①]，楼船跨海次扬都[②]。
战舰森森罗虎士，征帆一一引龙驹[③]。

①三江、五湖：泛指永王东巡江南一带地区。　②次：驻扎。《左传·庄公三年》："凡师一宿为舍，再宿为信，过信为次。"　③龙驹：战马。句谓永王军水陆并进。

其　八

长风挂席势难回，海动山倾古月摧[①]。
君看帝子浮江日[②]，何似龙骧出峡来[③]？

①古月：胡之析字，指安禄山。　②帝子：指永王。　③龙骧：指西晋大将王濬。西晋大举伐吴，派遣龙骧将军率巴蜀之卒浮江而下。

其十一

试借君王玉马鞭[1]，指挥戎虏坐琼筵[2]。
南风一扫胡尘静[3]，西入长安到日边[4]。

①玉马鞭：此处比喻军权。　②“指挥”句：用谢安事。以上二句意谓倘得永王倚重，自己便可施展军事奇才。　③南风：喻永王军。时安禄山叛军在北。　④日：指肃宗。日为君象，古人因谓帝所为日边。

至德二载（757）春作于永王军中。组诗大旨：一、颂扬永王军威及北上勤王救难义举；二、抒发自己立功报国情怀。对永王颂扬，李白把握分寸，可谓得体：先云“天子遥分龙虎旗”，末又云“西入长安到日边”，又屡以“帝子”称永王，总不违玄宗制诏意，又严格区分肃宗与永王君臣界限。永王屯兵江陵，复引兵东巡，两《唐书》的《永王传》俱云“有异志”；其后兄弟交兵，咎亦在永王。无论永王本意如何，李白从璘初衷实无可指责之处。

南奔书怀

遥夜何漫漫？空歌白石烂。宁戚未匡齐[1]，陈平终佐汉[②]。搀抢扫河洛[③]，直割鸿沟半[④]。历数方未迁，云雷屡多难[⑤]。天人秉旄钺[⑥]，虎竹光藩翰[⑦]。侍笔黄金台，传觞青玉案[⑧]。不因秋风起，自有思归叹[⑨]。主将动谗疑，王师忽离叛[⑩]。自来白沙上，鼓噪丹阳岸[⑪]。宾御如浮云，从风各消散。舟中指可掬[⑫]，城上骸争爨[⑬]。草草出近关，行行昧前算[⑭]。南奔剧星火，北寇无涯畔[⑮]。顾乏七宝鞭，留连道傍玩[⑯]。太白夜食昴，长虹日中贯[⑰]。秦赵兴天兵，茫茫九州乱[⑱]。感遇明主恩，颇高祖逖言[⑲]。过江誓流水，志在清中原。拔剑击前柱，悲歌难重论[⑳]。

①宁戚：春秋时卫人。宁戚欲见用于齐桓公，穷困无以自达，于是为商旅，驱车至齐，暮宿于齐郭门之外，饭牛车下。时齐桓公出，宁戚乃击牛角而歌，桓公闻之，曰："异哉，歌者非常人。"命于后车载归，以为大夫。事见《淮南子·道应训》。《三齐记》载宁戚《饭牛歌》云："南山矸，白石烂，生不遭尧与舜禅。短布单衣适至骭，从昏饭牛薄夜半，长夜漫漫何时旦？" ②陈平：楚汉间人，佐刘邦，文帝时为丞相。陈平初事魏王，魏王不能用。复事项王，项王亦不能用，后乃归刘邦。事见《史记·陈丞相世家》。以上二句以宁戚、陈平自比，谓己不得任用一如宁戚穷困时，而忠心唐室一如陈平。 ③搀抢：同"欃枪"，即彗星。古人以为彗星现则不吉祥。此处以喻安禄山。 ④鸿沟：楚汉时分界。详见前《赠王

判官时余归隐居庐山屏风叠》诗注。 ⑤历数：谓天道。云雷：指《周易·屯》卦。王琦注："其卦以震遇坎，故取象云雷，其义以乾坤始交而遇险难，故名屯。屯，难也。"二句意谓唐朝气数虽未变迁而艰难多故，国势不昌。 ⑥天人：指永王璘。旄钺：将帅之旌节。 ⑦虎竹：兵符。见前《羽檄如流星》（《古风五十九首》其三十四）诗注。藩翰：即国家重臣。以上二句谓永王以唐宗室秉玄宗意旨兼四镇节度使，执掌一方兵权。 ⑧黄金台：燕昭王筑，详见《燕昭延郭隗》（《古风五十九首》其十五）诗注。青玉案：古时贵重食器，嵌以青玉之类。二句谓其在永王幕中备受优待事。 ⑨"不因"二句：用西晋张翰事。详见前《行路难三首》（其三）诗注。二句谓其在永王幕中虽受优礼，却已萌归心。 ⑩"主将"二句：言永王军溃败事。据《资治通鉴·唐纪三十五》至德二载，当永王东巡至扬州附近时，淮南采访使李成式与河北招讨判官李铣奉肃宗诏合兵讨璘。璘将季广琛召诸将谋曰："吾属从王至此，天命未集，人谋已隳，不如及兵锋未交，早图去就。死于锋镝，永为逆臣矣。"永王诸将皆然之，于是季广琛率部下奔广陵，璘将浑惟明、冯季康等皆投唐军。 ⑪白沙：即白沙洲，滨长江，地多白沙，故名。唐时属扬州，在今江苏仪征。丹阳：郡名，即润州，今江苏镇江。永王军与唐军交战处，即在白沙洲、丹阳一带。 ⑫"舟中"句：语出《左传·宣公十二年》。晋楚战于邲，晋军为楚所袭，中军、下军争舟渡河败走，舟不能载，斫攀舟士兵手指，舟中之指可掬。 ⑬“城上”句：语出《左传·宣公十五年》。楚兵围宋，宋困乏，城中人易子而食，析骸以爨。爨（cuàn），炊也。骸，骨骼。以人骨作燃料，极言死者之多。以上二句写永王军溃败、伤亡之状。 ⑭昧前算：犹言前途暗淡，吉凶难卜。 ⑮剧星火：快于星火。星火，流星。北寇：指江北唐军之追击。寇，掠，犯。至德二载二月九日，永王军大败于丹阳。璘先奔晋陵（今江苏常州），又奔鄱阳（今江西鄱阳），为江西采访使皇甫侁兵所追杀。璘宾从幕僚，一时星散。二句即写其仓皇南奔、北有追兵情况。 ⑯“顾乏”：用晋明帝事。王敦将谋反，明帝乘马便服暗察王敦营垒。军士疑非常人，于是敦遣五骑追之。明帝乘马驰去，马有遗粪，即灌以冷水。又遇一卖食老妇，以七宝鞭与之。追骑至，问老妇，老妇曰：“去已远矣。”以七宝鞭示之。五骑传玩，稽留遂久；又见马粪冷，确以为逃已远，遂止不追。见《晋书·明帝纪》。二句谓已逃离乏术。 ⑰“太白”二句：据《汉书·邹阳传》注，秦将白起伐赵时，派卫先生请秦王益兵，太白食昴。昴，星宿名，当赵地。荆轲为燕太子丹刺秦时，长虹贯日。古人以为精诚所至，可以上干天象。二句喻其为国精诚，亦可以感动天象。 ⑱“秦赵”二句：言中原一带尚在战乱中。唐中央军与安禄山叛军作战之地，当今陕西、山西、河南、河北，在战国时为秦、赵之地。 ⑲明主：指唐玄宗。祖逖：东晋名将。建兴元年祖逖率军北伐，渡江至中流，击楫而誓曰：“祖逖不能清中原而复济者，有如大江！”见《晋书·祖逖传》。

⑳“拔剑”二句：南朝宋鲍照《拟行路难》（其四）：“对案不能食，拔剑击柱长叹息。”二句自伤其理想不能实现，反而陷于王室争斗之中，其中情由当向何人申论？

至德二载二月永王兵溃后自丹阳仓皇南逃途中作。旬日之间，同室操戈、永王兵溃、主将叛离、宾幕星散，大故迭起于仓促之间，李白为之瞠目结舌而且悲愤莫名。

在浔阳非所寄内[1]

闻难知恸哭，行啼入府中。多君同蔡琰，流泪请曹公[2]。知登吴章岭，昔与死无分。崎岖行石道，外折入青云[3]。相见若悲叹，哀声那可闻？

①浔阳：即今江西九江。非所：非常之所，此指牢狱。　②多：赞词，此处作感激解。蔡琰：字文姬，东汉末女诗人，蔡邕女。曹公：即曹操。汉末大乱，琰被虏于南匈奴，曹操以金赎归，嫁董祀。祀为屯田都尉，犯法当死，琰蓬首徒行诣曹操请宽，音辞清辩，旨甚酸哀，听者为之动容。操感其哀诚，赦祀罪。事见《后汉书·列女传》。此以蔡琰拟其妻宗氏。时李白因从璘附逆，入狱，宗氏曾向当地执政者说情营救。　③“知登”四句：是李白悬想

宗氏徒行赴浔阳情景。吴章岭，在浔阳西，南与庐山相接。时宗氏寓居豫章（今江西南昌），由豫章至九江，必经吴章岭。昔，疑为惜字之误。

永王被执杀在至德二载二月，李白入狱，亦在此年春。此诗是初入狱时寄妻之作。

万愤词投魏郎中[①]

海水渤潏，人罹鲸鲵[②]。蓊胡沙而四塞，始滔天于燕齐[③]。何六龙之浩荡，迁白日于秦西[④]？九土星分[⑤]，嗷嗷凄凄。南冠君子[⑥]，呼天而啼。恋高堂而掩泣[⑦]，泪血地而成泥。狱户春而不草，独幽怨而沉迷。兄九江兮弟三峡，悲羽化之难齐[⑧]。穆陵关北愁爱子[⑨]，豫章天南隔老妻[⑩]。一门骨肉散百草，遇难不复相提携。树榛拔桂，囚鸾宠鸡。舜昔授禹，伯成耕犁。德自此衰[⑪]，吾将安栖？好我者恤我，不好我者何忍临危而相挤？子胥鸱夷，彭越醢醢[⑫]。自古豪烈，胡为此繄[⑬]？苍苍之天，高乎视低。如其听卑，脱我牢狴[⑭]。傥辨美玉，君收白珪[⑮]。

①魏郎中：名字不详。郎中，官职名，尚书省各部属员，位在

尚书、侍郎、丞之下。 ②渤潏（jué）：水沸涌貌。罹（lí）：遭遇。鲸鲵：喻安禄山。 ③蓊（wěng）：弥漫。胡沙：指安禄山叛军。燕齐：指安禄山反叛之地。范阳（即幽州）在战国时燕齐交界处。 ④“何六龙”二句：谓安禄山乱起后玄宗迁蜀。六龙，日御，代指君。 ⑤九土：九州，泛指中国。 ⑥南冠君子：指囚徒。详见前《淮南卧病书怀寄蜀中赵征君蕤》诗注。 ⑦高堂：谓父母。按李白年龄推算，其父母其时当已不在人世。王琦谓“所谓疾痛则呼父母，追思而已，非真谓父母尚在也”。此说是。 ⑧羽化：道家谓仙人生羽翼。二句谓兄弟天各一方，欲似仙人羽化轻举相聚一处，难以实现。 ⑨穆陵关：关隘名，在今山东临朐县南大岘山上。时李白子伯禽居止在山东，故云。 ⑩豫章：郡名，即今江西南昌。时李白妻宗氏寓居此。 ⑪伯成：即伯成子高，传说为尧、舜时诸侯。禹继舜时，伯成子高辞诸侯而耕于野，禹往问之，子高曰：“昔尧治天下，不赏而民劝，不罚而民畏。今子赏罚而民且不仁，德自此衰，刑自此立，后世之乱自此始矣。”见《庄子·天地》。 ⑫子胥：即伍子胥，春秋时楚人，后奔吴，助吴王伐楚、越。后遭谗，被吴王赐死。死后，吴王取子胥尸盛鸱夷革，浮之江中。事见《史记·伍子胥列传》。鸱夷：以皮革为囊状。彭越：秦汉间人，从刘邦击项羽，封梁王，因被告发谋反，为刘邦所杀。事见《史记·黥布列传》。醢醢（hǎi xī）：酷刑，剁人为肉酱。 ⑬繄（yī）：语助词。 ⑭牢狴（bì）：牢狱。狴，传说中兽名，形似虎，有威力，故置狴立于狱门。 ⑮白珪：纯白美玉。《诗经·大雅·抑》："白圭之玷，尚可磨也；斯言之玷，不可为也。"圭即珪。二句谓其洁如白珪而蒙流言之玷。

至德二载春作于浔阳狱中。"万愤"者，谓罪非应得。李白在狱中另有《上崔相百忧章》诗，"万愤""百忧"，最能反映其无辜入狱感情。

赠张相镐二首[①]

其二

本家陇西人，先为汉边将[②]。功略盖天地，名飞青云上。苦战竟不侯，当年颇惆怅[③]。世传崆峒勇[④]，气激金风壮[⑤]。英烈遗厥孙，百代神犹王[⑥]。十五观奇书，作赋凌相如[⑦]。龙颜惠殊宠，麟阁凭天居[⑧]。晚途未云已，蹭蹬遭谗毁[⑨]。想像晋末时，崩腾胡尘起[⑩]。衣冠陷锋镝[⑪]，戎虏盈朝市。石勒窥神州[⑫]，刘聪劫天子[⑬]。抚剑夜吟啸，雄心日千里。誓欲斩鲸鲵[⑭]，澄清洛阳水。六合洒霖雨[⑮]，万物无凋枯。我挥一杯水，自笑何区区[⑯]？因人耻成事[⑰]，贵欲决良图。灭虏不言功，飘然陟方壶[⑱]。惟有安期舄，留之沧海隅[⑲]。

①张镐：博州（今山东聊城）人。肃宗即位后，为谏议大夫，寻迁中书侍郎、同中书门下平章事（即丞相）。至德二载八月，兼河南节度使、都统淮南等道诸军事。　②陇西：郡名，秦置，治所在今甘肃临洮。陇西为李姓族望所在。汉边将：指李广。李白以李广为其远祖，广为陇西成纪（今甘肃秦安）人，故云。以下六句，即叙李广事。　③“苦战”二句：《史记·李将军列传》：“广尝与望气王朔燕语曰：‘自汉击匈奴，而广未尝不在其中。而诸部校尉以下，才能不及中人，然以击胡军取侯者数十人，而广不为后人，然无尺寸之功以得封邑者，何也？’”　④崆峒（kōng tóng）：山名，在今甘肃平凉西，古属陇西郡。《尔雅·释地》谓“崆峒之人武”。此指李广勇武善战。　⑤金风：秋风。古代五行说以西方属金。　⑥神王：即神旺。二句谓其仍保留李广英烈之气。　⑦相如：即司马相如，西汉辞赋家。　⑧龙颜：谓玄宗。麟阁：代指翰林院。二句谓其天宝初受玄宗礼遇，待诏翰林。　⑨蹭蹬：失路貌。二句谓其天宝三载遭谗辞朝归山。⑩“想像”二句：西晋怀帝永嘉四年，汉国君主刘渊死，子刘聪继立。次年，聪遣石勒攻灭晋军十余万人，俘晋太尉王衍。同年，遣刘曜率兵破洛阳，俘怀帝，纵兵烧掠，杀王公士民三万余人。⑪衣冠：古代士人戴冠，衣冠连称，引申为世族、士绅。　⑫石勒：十六国时后赵建立者，羯族。先为刘渊部将，后割据自称赵王，史称后赵。　⑬刘聪：匈奴族，十六国时汉国之主刘渊子。后

继父为汉帝。永嘉五年，遣刘曜入洛阳俘晋怀帝。以上六句以晋末事喻安禄山之乱。 ⑭黥鲵：指安禄山。时安禄山据洛阳称帝，国号燕。 ⑮六合：谓天地四方。 ⑯区区：弱小。二句承前，是自谦语，意谓己欲以一杯水遍洒甘霖，拯救天下，何其不自量力！ ⑰"因人"：犹言以凭借他人之力成事为耻。 ⑱方壶：传说中海上仙山名。 ⑲安期：即安期生，传说中道教仙人。舄（xì）：鞋。据说南海滨番禺县（今广东广州市番禺区）东有涧，涧中生菖蒲皆一寸九节，安期生采服之，化仙而去，仅留其舄。见《南方草木状》。以上四句言其功成即去，求仙隐居。

至德二载秋，江南宣慰使崔涣及御史中丞宋若思为李白推覆雪清，获释。宋若思并上书肃宗，荐其可用。九月，白卧病宿松（今属安徽），此诗即卧病宿松时作。此首首言门第及祖宗余烈，末言抱负及功成身退理想，是从政自荐之意。初离牢狱之灾，即思报效国家，其用世心情之切，古今诗人中实不多见。

上留田行①

行至上留田，孤坟何峥嵘②。积此万古恨，春草不复生。悲风四边来，肠断白杨声③。借问谁家地，埋没蒿里茔④？古老向余言，言是上留田。蓬科马鬣今已平⑤，

昔之弟死兄不葬，他人于此举铭旌[⑥]。一鸟死，百鸟鸣；一兽走，百兽惊。桓山之禽别离苦[⑦]，欲去回翔不能征。田氏仓卒骨肉分，青天白日摧紫荆[⑧]。交让之木本同形，东枝憔悴西枝荣[⑨]。无心之物尚如此，参商胡乃寻天兵[⑩]？孤竹延陵，让国扬名[⑪]。高风缅邈，颓波激清。尺布之谣，塞耳不能听[⑫]。

①《上留田行》：乐府“相和歌辞”名。《古今乐录》引西晋崔豹《古今注》曰：“上留田，地名也。其地人有父母死，兄不字其孤弟者，邻人为其弟作悲歌以风其兄，故曰《上留田》。” ②峥嵘：高峻貌。此处作孤立、特出解。 ③“悲风”二句：《古诗十九首》：“出郭门直视，但见丘与坟。……白杨多悲风，萧萧愁杀人。”二句化用其意。 ④蒿里：葬人处。 ⑤蓬科：亦作蓬颗。颗，块，蓬科即蓬草生于土块。马鬣：谓坟墓土封之状。马鬣乃马脖颈上部分，其肉薄，状若斧，坟墓封土状如马鬣，用功少而寒俭。 ⑥铭旌：即明旌，竖在棺柩前标识死者姓名之旗幡。⑦“桓山”句：《孔子家语》卷五：“孔子在卫，昧旦晨兴。颜回侍侧，闻哭者之声甚哀。子曰：‘回，汝知此何所哭乎？’对曰：‘回以此哭声非但为死者而已，又有生离别者也。’子曰：‘何以知之？’对曰：‘回闻桓山之鸟生四子焉，羽翼既成，将分于四海，其母悲鸣而送之。哀声有似于此，谓其往而不返也。’” ⑧“田氏”二

句：据《续齐谐记》，京兆田真兄弟三人，共议分赀。财物皆平均，唯堂前一株紫荆树，共议欲破三片。明日往截之，其树即枯死，状如火焚。兄弟见状大惊，因不复解树，树立声荣茂。兄弟交感，更合财宝，遂为孝门。　⑨交让木：楠木别称。据《寻阳记》，黄金山有楠树，一年东边荣，西边枯；后年西边荣，东边枯，年年如此。　⑩参商：二星名，参西商东，此出彼没，永不同见。据说参、商原为兄弟，因互不相让，日以干戈相征讨，为天帝所迁。见《左传·昭公元年》。此处即以参、商代兄弟。　⑪孤竹：殷商时诸侯国名。孤竹君有二子，长为伯夷，次为叔齐。孤竹君欲立叔齐。及父死，叔齐让伯夷，伯夷让叔齐。伯夷逃去，叔齐不肯立，亦逃去。见《史记·伯夷列传》。延陵：即春秋时吴公子季札，号延陵季子。吴王有四子，季札为最幼。季札贤，吴王欲立之，季札让，于是乃立长子。后其兄又让季札，季札固辞之。吴人欲固立季札，季札弃其室而耕。见《史记·吴太伯世家》。　⑫"尺布"二句：淮南厉王刘长，为汉高祖少子，骄恣不法。汉文帝六年（前174）谋反，事觉被废，不食而死。文帝十二年（前168），民间有歌曰："一尺布，尚可缝；一斗粟，尚可舂。兄弟二人，不能相容。"事见《史记·淮南衡山列传》。

此以乐府旧题写时事，暗寓肃宗不能相容永王事。永王被执杀在至德二载二月，此诗之作，亦当在此期。

独漉篇[①]

独漉水中泥，水浊不见月。不见月尚可，水深行人没。越鸟从南来，胡雁亦北渡。我欲弯弓向天射，惜其中道失归路。落叶别树，飘零随风。客无所托，悲与此同。罗帏舒卷，似有人开。明月直入，无心可猜。雄剑挂壁，时时龙鸣[②]。不断犀象，绣涩苔生[③]。国耻未雪，何由成名？神鹰梦泽，不顾鸱鸢。为君一击，鹏抟九天[④]。

①《独漉篇》：乐府“舞曲歌辞”名。独漉，一作独鹿、独禄。一说为地名，在今河北涿州；一说为罜麗（小网，音dú lù）。②雄剑：即干将，雌剑为莫邪。详见前《梁甫吟》诗注。龙鸣：据《拾遗记》，古颛顼帝有宝剑，若四方有战事，则腾空而起，指其方则克敌，若不用时，在匣中常如龙虎吟。两句谓其胸怀奇才而不为时所用。 ③断犀象：谓剑之锋利。犀象，兽中皮最坚者。绣：同“锈”。 ④“神鹰”四句：据《幽明录》，有人献鹰于楚文王，文王猎于云梦之泽，毛群羽族，共皆争先，独此鹰瞪目，远瞻云际。俄有一物，鲜白不辨，此鹰竦身而起，疾若飞电，须臾羽堕如雪，血下如雨，良久有大鸟坠地，其两翅广十余里，喙边有黄。时有博物者曰：此大鹏雏也。文王乃厚赏之。以上四句以神鹰自喻，谓己用世之志远大，如神鹰不顾凡物，但击九天之鹏。

此诗意旨亦颇难明。据诗中“国耻未雪”句，当作于安禄山乱起后。首四句以行途险恶，稍不慎即陷入泥淖，当喻其从璘误触法网。“越鸟”“胡雁”或分指永王及禄山。“罗帏舒卷”四句，谓己从璘居心端正，无可猜疑。以下则抒其胸怀大志而不被用于世之悲愤。此诗之作，可能在浔阳出狱后、被判长流夜郎之前。

流夜郎闻酺不预[①]

北阙圣人歌太康[②]，南冠君子窜遐荒[③]。
汉酺闻奏钧天乐[④]，愿得风吹到夜郎。

①夜郎：县名，唐时属黔中道珍州，故址在今贵州桐梓县。酺（pú）：众人聚饮。汉律规定，三人以上无故聚饮酒，罚金四两，唯国家有吉庆事，许民聚饮。　②北阙：古代宫殿北面门楼，是大臣等候朝见或上书奏事处。此处指朝廷。太康：即太平安康。歌太康，犹言歌舞升平。　③南冠君子：指囚犯。详见前《淮南卧病书怀赠蜀中赵征君蕤》诗注。遐荒：远方荒僻之地，此指夜郎。④汉酺：汉时之酺。此处以汉代唐。唐颜师古《汉书·文帝纪》注：“酺之为言布也，王德布于天下，而合聚饮食。”钧天乐：天庭仙乐。

至德二载八月，肃宗还长安，遣使迎玄宗（时称太上皇）于蜀。十二月四日，玄宗还长安。十五日，大赦天下，赐酺五日。此诗之作当在十二月底，时李白已判长流夜郎，以囚徒身份而不得参与国家大庆。

流夜郎赠辛判官

昔在长安醉花柳，五侯七贵同杯酒[①]。气岸遥凌豪士前[②]，风流肯落他人后？夫子红颜我少年，章台走马著金鞭[③]。文章献纳麒麟殿，歌舞淹留玳瑁筵[④]。与君自谓长如此，宁知草动风尘起？函谷忽惊胡马来，秦宫桃李向胡开[⑤]。我愁远谪夜郎去，何日金鸡放赦回[⑥]？

①五侯：指公、侯、伯、子、男五等诸侯。七贵：原指西汉时以外戚把持朝政之七人。此处五侯七贵皆泛指权贵。　②气岸：犹言岸然之气。凌：凌越。　③章台：即章台宫，秦建，在咸阳，以宫内有章台而得名，台下有街名章台街。此处代指长安街市。　④麒麟殿：汉长安未央宫中殿名，藏秘书。此处代指唐翰林院。玳瑁筵：以玳瑁装饰坐具之宴席。二句谓其天宝初待诏翰林时经历。　⑤函谷：关名，在今河南灵宝。秦宫：代指长安。二句言安禄山叛军破潼关并进据长安。　⑥金鸡：古时宣布大赦时所置。

《新唐书·百官志三》："赦日，树金鸡于仗南，竿长七丈，有鸡高四尺，黄金饰首，衔绛幡，长七尺，承以彩盘，维以绛绳。"

乾元元年（即至德三载，二月改元乾元，758）春流夜郎时作。李白流夜郎，自浔阳首途，沿江西上。夜郎至长安五千五百余里（据《元和郡县志》），"西接夷獠"，在流刑中属重判。诗中愁远谪而多以恋往昔之笔出之，是对玄宗知遇之恩曲折的感戴。

与史郎中钦听黄鹤楼上吹笛①

一为迁客去长沙②，西望长安不见家。
黄鹤楼中吹玉笛，江城五月《落梅花》③。

①史郎中：名钦，事迹不详。钦：一作"饮"。　②迁客：被窜谪之人。去长沙：用汉贾谊贬长沙事。　③《落梅花》：即《梅花落》，古笛曲名，多述离情。

乾元元年五月流夜郎至江夏时作。《梅花落》点化为《落梅花》，写笛曲自高处（黄鹤楼）因风而下，既富动态，又兼有立体感，历来为评论家所激赏。

流夜郎题葵叶

惭君能卫足[①]，叹我远移根。
白日如分照，还归守故园[②]。

①卫足：《左传·成公十七年》："鲍庄子之智不如葵，葵犹能卫其足。"杜预注："葵倾叶向日，以蔽其根。" ②白日：指帝王。二句希冀帝恩惠及，得以赦还。

流夜郎途中作。自叹其不如葵，葵能倾日，故由日而语及帝王之恩。

上三峡

巫山夹青天[①]，巴水流若兹[②]。
巴水忽可尽，青天无到时。
三朝上黄牛，三暮行太迟。
三朝又三暮，不觉鬓成丝[③]。

①巫山：在今重庆、湖北两省市交界处，长江穿流其中，成为三峡，《水经注·江水》谓："自三峡七百里中，两岸连山，略无

阙处，重岩叠嶂，隐天蔽日，自非亭午夜分，不见曦月。”　②巴水：指峡中长江及今重庆东部流入峡中之水。　③黄牛：山名，在今湖北宜昌市西北八十里，长江穿流其下，亦称黄牛峡。《水经注·江水》：“江水又东经黄牛山下，有滩名曰黄牛滩。南岸重岭叠起，最外高崖间有石，形如人负刀牵牛，人黑牛黄，成色分明。既人迹所绝，莫得究焉。此岩既高，加以江湍纡回，虽途径信宿，犹望见此物，故行者谣曰：‘朝发黄牛，暮宿黄牛，三朝三暮，黄牛如故。’言水路纡深，回望如一矣。”

长流途中作于三峡，其时当在乾元元年冬末。逆水上行，船固迟滞，刑徒在身，更觉度日如年。末四句化用民谣，极贴切。

南流夜郎寄内

夜郎天外怨离居[①]，明月楼中音信疏。
北雁春归看欲尽，南来不得豫章书[②]。

①天外：喻极远。李白流夜郎而实未至夜郎，此处夜郎指长流终极地。　②豫章：郡名，即今江西南昌，时白妻宗氏寓居于此。

乾元二年(759)春作于长流途中。

早发白帝城[①]

朝辞白帝彩云间，千里江陵一日还。
两岸猿声啼不住，轻舟已过万重山[②]。

①题一作《白帝下江陵》《下江陵》。白帝城：在今重庆奉节县东。东汉初公孙述筑城自立，述自号白帝，因以为名。
②“两岸”二句：《水经注·江水》：“三峡七百里中……至于夏水襄陵，沿溯阻绝。或王命急宣，有时朝发白帝，暮到江陵，其间千二百里，虽乘奔御风，不以疾也。……每至晴初霜旦，林寒涧肃，常有高猿长啸，属引凄异，空谷传响，哀转久绝。故渔者歌曰：‘巴东三峡巫峡长，猿鸣三声泪沾裳。’”

乾元二年春行至夔州(即今重庆奉节县)遇赦后作。遇赦而还，悲极生喜，放舟大江之顷，欢喜雀跃之情溢于言表。第三句以猿声点窜其间，尤觉传神。清沈德潜云：“写出瞬息万里，若有神助，入‘猿声’一句，文势不伤于直。画家布景设色，每于此处用意。”(《唐诗别裁》)清施补华云：“中间用‘两岸猿声啼不住’一句垫之，无此句则直而无味，有此句走处仍留，急语仍缓，可悟用笔之妙。”(《岘佣说诗》)李白七绝,后人视为神品,而推此篇为第一。或以为此篇作于开元十三年白初出蜀时,则“千里江陵一日还”之“还”字未安。

自汉阳病酒归寄王明府[①]

去岁左迁夜郎道[②],琉璃砚水长枯槁。今年敕放巫山阳,蛟龙笔翰生辉光。圣主还听《子虚赋》,相如却与论文章[③]。愿扫鹦鹉洲[④],与君醉百场。啸起白云飞七泽[⑤],歌吟渌水动三湘[⑥]。莫惜连船沽美酒,千金一掷买春芳[⑦]。

①汉阳:即今湖北武汉市汉阳。唐时汉阳属淮南道沔州。王明府:汉阳县令,名字不详。　②左迁:谓贬官。古尊右而贱左,故称贬官为左迁。　③圣主:谓汉武帝。相如:司马相如,西汉辞赋家。《史记·司马相如列传》:“蜀人杨得意为狗监,侍上。上读《子虚赋》而善之,曰:‘朕独不得与此人同时哉!’得意曰:‘臣邑人司马相如自言为此赋。’上惊,乃召问相如。”二句以圣主拟肃宗,以司马相如自比,欲有用于当时。　④鹦鹉洲:在汉阳大江中,今已与岸相接。　⑤七泽:谓云梦七泽。古称云梦有七泽,约当今洞庭湖及洞庭湖以北一带。　⑥三湘:约当今洞庭湖以南湘

江流域一带。　⑦春芳：谓酒。唐人多称酒为春。唐李肇《唐国史补》卷下："酒则有郢州之富水，乌程之若下，荥阳之土窟春，富平之石冻春，剑南之烧春。"

遇赦后初抵江夏时所作。其时当在乾元二年夏。初被赦，即思有用于当世，欣喜自信之状溢于言表。

巴陵赠贾舍人①

贾生西望忆京华，湘浦南迁莫怨嗟②。
圣主恩深汉文帝，怜君不遣到长沙③。

①巴陵：郡名，即岳州，今湖南岳阳。贾舍人：即贾至，著名诗人。至字幼邻，天宝末曾官中书舍人。　②贾生：谓汉贾谊，文帝时，被召为博士，一年之中超迁为太中大夫，后谪为长沙王太傅，渡湘水，作《吊屈原赋》以自伤。二句以贾谊拟贾至，时贾至由汝州刺史贬官岳州司马。　③圣主：指肃宗。贾谊贬长沙，长沙在洞庭之南，去巴陵（岳州）又远五百余里，故云。

乾元二年秋自江夏至巴陵后作。两京收复后，肃宗处分官吏，对玄宗旧臣格外加一分猜疑。贾至是玄宗旧臣，因小故贬官岳州，处罚偏重；李白亦是玄宗旧臣，又兼永王从属，判流夜郎尤为过分。所以诗有同病相怜意，偏以颂美之词出之，暗致讥刺。

陪族叔刑部侍郎晔及中书贾舍人至游洞庭五首[①]

其　一

洞庭西望楚江分[②]，水尽南天不见云。
日落长沙秋色远，不知何处吊湘君[③]？

①李晔：唐宗室，乾元二年四月，以事忤宦官李辅国，由刑部侍郎贬岭南（今广东、广西一带）县尉。贾至：见前诗注。　②楚江：指长江。其地古属楚国，故云。楚江分，谓长江水西来，与洞庭水汇于岳阳后又东行。　③湘君：湘水之神。传说舜妃娥皇、女英死于湘江间，为湘水之神。

其　二

南湖秋水夜无烟[①]，耐可乘流直上天[②]？
且就洞庭赊月色[③]，将船买酒白云边。

①夜无烟：谓秋空澄净，水天相接。　②耐可：唐时俗语，犹云那可、安得。　③赊：预借。其时月未升起，故欲预先借得。

其　三

洛阳才子谪湘川[①]，元礼同舟月下仙[②]。
记得长安还欲笑，不知何处是西天[③]？

①洛阳才子：指贾谊，此处代贾至，至亦洛阳人。　②元礼：指东汉河南尹李膺。膺字元礼。李膺与郭太友善，膺由洛阳还故乡，至水边相送之车辆达数千辆，膺独与郭太同舟济河。时人羡之，谓如神仙。见《后汉书·郭太传》。此处借指李晔，谓其与晔同舟泛湖。　③“记得”二句：桓谭《新论·祛蔽》：“人闻长安乐，则出门而西向笑。”参见前《经乱后将避地剡中留赠崔宣城》诗注。西天：指长安。二句写其对长安思念之情。

其四

洞庭湖西秋月辉，潇湘江北早鸿飞。
醉客满船歌《白苎》[①]，不知霜露入秋衣。

①《白苎》：即《白苎歌》，南朝吴地民歌。

其　五

帝子潇湘去不还[①]，空余秋草洞庭间。
淡扫明湖开玉镜，丹青画出是君山[②]。

①帝子：即舜二妃娥皇、女英。相传舜南巡，二女随舜不及，堕于湘水，遂为湘水之神。　②君山：又名湘山，在洞庭湖中。

乾元二年秋作于巴陵。诸诗写与李晔、贾至泛湖清兴，兼抒天涯沦落之感，故于清旷宏阔中，往往透出凄婉之神、幽邈之思，在李白七绝中又别具一格。

陪侍郎叔游洞庭醉后三首[①]（其三）

刬却君山好[②]，平铺湘水流。
巴陵无限酒，醉杀洞庭秋。

①侍郎：即刑部侍郎李晔。见前首诗注。　②刬（chǎn）：同“铲”。君山：见前首诗注。

君山在洞庭湖东，岳阳楼又在君山之东。倘自岳阳楼上望湖，则君山横陈，浩渺湖水似因君山阻遏而不得畅流者，遂有“刬却”奇想。“巴陵无限酒”二句，与《襄阳歌》“遥看汉水鸭头绿”“此江若变作春酒”同，是诗豪与酒豪结合后又一奇想。

江夏赠韦南陵冰[①]

胡骄马惊沙尘起，胡雏饮马天津水[②]。君为张掖近酒泉[③]，我窜三巴九千里[④]。天地再新法令宽[⑤]，夜郎迁客带霜寒。西忆故人不可见，东风吹梦到长安。宁期此地忽相遇[⑥]，惊喜茫如堕烟雾。玉箫金管喧四筵，苦心不得申长句[⑦]。昨日绣衣倾绿樽[⑧]，病如桃李竟何言[⑨]？昔骑天子大宛马[⑩]，今乘款段诸侯门[⑪]。赖遇南平豁方寸[⑫]，复兼夫子持清论[⑬]。有似山开万里云，四望青天解人闷。人闷还心闷，苦辛长苦辛。愁来饮酒二千石，寒灰重暖生阳春。山公醉后能骑马[⑭]，别是风流贤主人。头陀云月多僧气[⑮]，山水何曾称人意？不然鸣笳按鼓戏沧流，呼取江南女儿歌棹讴[⑯]。我且为君槌碎黄鹤楼，君亦为吾倒却鹦鹉洲[⑰]。赤壁争雄如梦里[⑱]，且须歌舞宽离忧。

①韦冰：京兆人，李白故交，时为南陵（今属安徽）县令。②胡雏：指安禄山。天津：桥名，在洛阳。二句谓安禄山乱起，洛阳陷没。　③张掖：郡名，唐时属陇右道，即今甘肃张掖。酒泉：郡名，属陇右道，即今甘肃酒泉。　④三巴：指巴郡、巴东、巴西，今重庆东部一带。句谓其长流夜郎，因已于巫山遇赦，故云“窜三巴”。　⑤天地再新：指长安、洛阳两京收复。法令宽：指其遇赦。　⑥宁期：犹言未能料想到。　⑦长句：唐人称七绝以外之七言诗为长句。此处泛指诗歌。⑧绣衣：指侍御史。汉时侍御史着绣衣。绿樽：此指酒。樽，酒杯。句谓昨日曾与一侍御史饮酒。　⑨“病如”句：《史记·李将军列传》：“桃李不言，下自成蹊。”句谓其抑郁成疾，如无言之桃李。　⑩大宛马：西域大宛国所产良马，即汗血马。⑪款段：马行迟缓貌。此处喻劣马。诸侯：指江夏地方官吏。⑫南平：指南平太守李之遥。白在江夏与李之遥有诗酒交往，写有《赠从弟南平太守之遥二首》诗。豁方寸：心情为之一爽。方寸，指心。　⑬夫子：指韦冰。清论：议论清雅。　⑭山公：指晋人山简。山简醉后骑马事，见前《襄阳歌》诗注。　⑮头陀：寺名，在江夏黄鹤山上。僧气：僧人拘谨、清苦之气。　⑯棹讴：行舟时扣舷而歌。　⑰鹦鹉洲：在长江中，近汉阳。　⑱赤壁争雄：谓东汉建安十三年孙刘联军于赤壁败曹操事。赤壁，在今湖北嘉鱼县东北，或谓即今湖北武昌西之赤矶山。

上元元年（即乾元三年，四月改元上元，760）春由巴陵复抵江夏后作。自赦后已有一年，用世之念渐已消冷，故有此狂放悲怆之词。

江上吟

木兰之枻沙棠舟①，玉箫金管坐两头②。美酒樽中置千斛③，载妓随波任去留。仙人有待乘黄鹤④，海客无心随白鸥⑤。屈平词赋悬日月⑥，楚王台榭空山丘⑦。兴酣落笔摇五岳，诗成笑傲凌沧洲。功名富贵若长在，汉水亦应西北流。

①枻（yì）：船桨。木兰、沙棠：皆名贵木名，此以形容舟、桨华贵。　②玉箫、金管：极言乐器之名贵，此处代指乐妓。　③“美酒”句：三国吴人郑泉，博学有奇志，性嗜酒，尝曰：“愿得美酒满五百斛船，以四时甘脆置两头，反复没饮之，惫即往而啖肴膳。酒有斗升减，随即益之，不亦快乎？”（《三国志·吴志·孙权传》注引《吴书》）此句诗意即出于此。　④“仙人”句：传说费祎登仙，尝驾黄鹤返憩于江滨楼上，因名此楼为黄鹤楼。又有谓仙人为荀瑰或王子安者，其说不一。有待：有所等待，用《庄子·逍遥游》大鹏有待于大风始徙于南溟意，谓黄鹤不来，求仙则不可能。

⑤“海客”句：用《列子·黄帝》“海上之人有好沤鸟者”典故，详见《赠王判官时余归隐居庐山屏风叠》诗注。句谓隐逸者忘机狎物，小伎而已，只可纵适一时。 ⑥屈平：即战国楚诗人屈原。悬日月：谓屈原创作可与日月争光，永世长存。 ⑦楚王台榭：指战国时楚王游憩之所，如章华台、阳云台等。

上元元年作于江夏。此诗否定神仙，否定隐逸，睥睨功名富贵，独坚信文学事业可以永世长存，是李白遇赦后报国无路悲凉心情的另一反映。郭沫若云：《江上吟》“是酒与诗的联合战线，打败了神仙丹液和功名富贵的凯歌”[①]。其说极是。

天马歌[①]

天马来出月支窟[②]，背为虎文龙翼骨[③]。嘶青云，振绿发[④]，兰筋权奇走灭没[⑤]。腾昆仑，历西极[⑥]，四足无一蹶[⑦]。鸡鸣刷燕晡秣越[⑧]，神行电迈蹑恍惚。天马呼，飞龙趋[⑨]，目明长庚臆双凫[⑩]。尾如流星首渴乌[⑪]，口喷红光汗沟朱[⑫]。曾陪时龙蹑天衢，羁金络月照皇都[⑬]。逸气棱棱凌九区[⑭]，白璧如山谁敢沽[⑮]？回头笑紫燕[⑯]，但

① 郭沫若《李白与杜甫》，人民文学出版社1971版，第93页

觉尔辈愚。天马奔，恋君轩，駷跃惊矫浮云翻[17]。万里足踯躅，遥瞻阊阖门[18]。不逢寒风子，谁采逸景孙[19]？白云在青天，丘陵远崔嵬；盐车上峻坂[20]，倒行逆施畏日晚[21]。伯乐翦拂中道遗[22]，少尽其力老弃之。愿逢田子方，恻然为我悲[23]。虽有玉山禾[24]，不能疗苦饥。严霜五月凋桂枝，伏枥衔冤摧两眉[25]。请君赎献穆天子，犹堪弄影舞瑶池[26]。

①《天马歌》：乐府“郊祀歌辞”名。天马，即西域大宛国所产良马。据《汉书·武帝纪》，太初四年春，贰师将军李广利获大宛汗血马，武帝为作《西极天马之歌》。 ②月支：古西域国名。月支亦作月氏（zhī）。 ③“背为”句：谓天马毛色若虎，背若龙骨。 ④发：马额上毛。二句写马狂奔之状。 ⑤兰筋：马额上筋。权奇：非同一般。古代相马者谓马筋坚者为千里马。走灭没：谓迅跑如飞，若灭若没。 ⑥西极：极西之地。此处指马原产地西域一带。 ⑦蹶：颠仆。 ⑧鸡鸣：晨旦。晡（bū）：黄昏。句谓天马行走极快，早晨尚在燕地（北方）刷毛，黄昏已在越地（南方）进食。 ⑨飞龙：指马。马八尺以上得称龙。⑩长庚：太白星。臆：胸脯。凫：野鸭。古代相马者谓马目如明星、马胸挺直望之如双凫者为良马。 ⑪渴乌：古代刻漏计中之部件，铜为之，状如曲颈之乌。句谓天马尾流转如奔星，马首

矫昂状如渴乌。 ⑫口喷红光：古相马者谓马口中颜色红白如火者为良马。汗沟朱：谓马流汗如血。沟，汗流之处，在马前肩胛旁。据《汉书·西域传》，大宛国多善马，马流汗如血。 ⑬龙：天子之马。天衢：京师大道。羁金络月：谓以黄金及圆月状饰物络马头。二句以天马自喻其天宝初入翰林院事。 ⑭梭梭：威严貌。九区：九州。 ⑮“白璧”句：谓天马身价之高。 ⑯紫燕：骏马名。 ⑰竦（sǒng）：掣动马衔铃令马行走。句谓天马行空，迅疾异常。 ⑱踯躅（zhí zhú）：徘徊不进貌。阊阖：天之门，后以指京都宫廷之门。二句以天马徘徊不进、眷恋京都喻其赐金还山离开长安情景。 ⑲寒风子：古善相马者。逸景：良马名。二句谓天马境遇不佳，未能再逢知赏者。 ⑳崔嵬：高峻貌。峻坂：陡峭山坡。传说千里马不为人识，衰老时驾盐车上太行山，白汗交流，负辕不能上。见《战国策·楚策四》。 ㉑倒行逆施：谓天马待遇之苦。畏日晚：窃恐年老，余日无多。 ㉒伯乐：春秋时秦穆公时人，姓孙名阳，善驭马。翦拂：修剪马鬣，擦拭其尘垢。中道遗：中途遗弃。 ㉓田子方：战国时魏人，名无择，魏文侯曾师事之。《韩诗外传》：“田子方出，见老马于道，喟然有志焉。以问于御者曰：‘此何马也？’御曰：‘故公家畜也，罢而不为用，故出放之也。’田子方曰：‘少尽其力而老弃其身，仁者不为也。’束帛而赎之。” ㉔玉山：即昆仑山。传说昆仑山上有大禾，长五寻，大五围。 ㉕“严霜”二句：指其从璘衔冤判流夜郎。　㉖穆天子：即周穆王。瑶池：传说神仙居住之处。传说周穆王尝驾八骏，与西王母觞于瑶池之上。二句是求人举荐之词。

此诗以天马自况。先写其早年精力弥满、得意飞扬之状，次写其年齿衰老、遭人遗弃苦况，重点尤在后者。末二句求人汲引，已不复当年气概，显系暮年穷途低颜之辞。李白遇赦后，滞留江夏、巴陵等地，长达一年有余，意在得当地官府举荐，然迄无效应。此诗当为此期所作。

庐山谣寄卢侍御虚舟[1]

我本楚狂人，凤歌笑孔丘[2]。手持绿玉杖，朝别黄鹤楼。五岳寻仙不辞远，一生好入名山游。庐山秀出南斗傍[3]，屏风九叠云锦张[4]，影落明湖青黛光[5]。金阙前开二峰长[6]，银河倒挂三石梁[7]。香炉瀑布遥相望，回崖沓嶂凌苍苍。翠影红霞映朝日，鸟飞不到吴天长。登高壮观天地间，大江茫茫去不还。黄云万里动风色，白波九道流雪山[8]。好为庐山谣，兴因庐山发。闲窥石镜清我心[9]，谢公行处苍苔没[10]。早服还丹无世情[11]，琴心三叠道初成[12]。遥见仙人彩云里，手把芙蓉朝玉京[13]。先期汗漫九垓上，愿接卢敖游太清⑭。

①卢虚舟：字幼真，李白故交。安史之乱后曾官殿中侍御史。②楚狂人：指接舆。孔子至楚，接舆至孔子前歌曰："凤兮凤兮，何德之衰也！"讽刺孔子不知变通，一意从政。见《论语·微子》，又见《庄子·人间世》。 ③南斗：星宿名。古以南斗为浔阳分野，故云。 ④屏风叠：在庐山五老峰下。 ⑤明湖：指鄱阳湖。⑥金阙：庐山西南有石门，似双阙，壁立千仞，有瀑布泻出。 ⑦石梁：石状如桥梁。屏风叠近旁有三叠泉，水势三折，状如银河挂石梁。 ⑧九道：指九江。旧说长江至浔阳分为九道，故云。⑨"闲窥"句：据《浔阳记》，庐山东有一团石在悬崖，明净如镜，可以照人。 ⑩谢公：指南朝诗人谢灵运。灵运尝登庐山，有《登庐山绝顶望诸峤》诗。 ⑪还丹：道家炼丹之法，以九转丹再炼，化为还丹。 ⑫琴心三叠：道家语，谓修炼身心，达到心和气静境界。 ⑬玉京：道家语，为元始天尊居处。 ⑭汗漫：无边际、不可知之物。九垓：九天之外。卢敖：战国时燕人，秦始皇召为博士，使求神仙，亡而不返。太清：道家语，指天空极高处。道家以玉清、上清、太清为三天。据《淮南子·道应训》，卢敖游于北海，见一士人深目而玄鬓，泪注而鸢肩，丰上而杀下，轩轩然方迎风而舞。卢敖欲与此人为友，结伴游于北阴，此人笑曰："吾与汗漫期于九垓之外，吾不可以久驻。"此处以卢敖拟卢虚舟，而

以异人自比，意谓已愿与卢虚舟共同遨游太空。

上元元年秋离开江夏抵浔阳后作。求人汲引无望，精神上反一无束缚，故全作神仙语。首言“凤歌笑孔丘”，乃今日之我笑昨日之我，谓昨日之我尚汲汲于建功报国，一何可笑。以是观之，则神仙语亦全是反语。

豫章行①

胡风吹代马②，北拥鲁阳关③。吴兵照海雪④，西讨何时还？半渡上辽津⑤，黄云惨无颜。老母与子别，呼天野草间。白马绕旌旗，悲鸣相追攀。白杨秋月苦，早落豫章山⑥。本为休明人，斩虏素不闲⑦。岂惜战斗死，为君扫凶顽？精感石没羽⑧，岂云惮险艰？楼船若鲸飞，波荡落星湾⑨。此曲不可奏⑩，三军鬓成斑。

①《豫章行》：乐府“相和歌辞”名。 ②代马：古有代国（今山西东北部及河北西北部一带），多产名马，称代马。句谓安禄山之乱。 ③鲁阳关：关名，战国时称鲁关，汉时称鲁阳，故址在今河南鲁山县西南。 ④吴兵：此指唐政府在吴地征调之兵。海雪：谓鄱阳湖水波。 ⑤上辽津：水名，在今江西南昌西北。

⑥“白杨”二句:《豫章行》乐府古辞有“白杨初生时,乃在豫章山”句,此二句由此化出。 ⑦休明:政治清明,社会安定。闲:同“娴”,熟练。二句谓己原是和平时期普通百姓,并不熟习作战之事。 ⑧石没羽:用汉李广事。《西京杂记》卷五:“李广与兄弟共猎于冥山之北,见卧虎焉,射之,一矢即毙。……他日,复猎于冥山之阳,又见卧虎,射之,没矢饮羽。进而视之,乃石也,其形类虎。退而更射,镞破竿折而石不伤。余尝以问扬子云,子云曰:‘至诚则金石为开。’” ⑨落星湾:即鄱阳湖西北之彭蠡湾,传说有星坠此,因以名之。 ⑩此曲:即《豫章行》古曲。

上元元年秋冬间作于豫章(今江西南昌),时白妻宗氏寓居于此。此诗以乐府旧调写时事。时安史残部仍据中原,而吴地有征调之苦,李白在豫章亲见征夫与其父母离别场面,遂以《豫章行》古题写时事,是他用心巧妙处。又,诗中既有别离之苦,又有征夫勇赴国难豪言壮语,体现了诗人同情人民又渴望早日平靖中原的复杂感情,正与杜甫安史之乱中《新婚别》《垂老别》《无家别》等诗情绪相同。

江上赠窦长史[1]

汉求季布鲁朱家[2]，楚逐伍胥去章华[3]。万里南迁夜郎国[4]，三年归及长风沙[5]。闻道青云贵公子，锦帆游戏西江水[6]。人疑天上坐楼船，水净霞明两重绮。相约相期何太深，棹歌摇艇月中寻。不同珠履三千客，别欲论交一片心[7]。

①长史：州郡僚佐。窦长史，名字不详。　②季布：秦末楚人。朱家：秦末鲁人。皆为气任侠，有名天下。季布先为项羽将，数困辱高祖。汉立，高祖悬赏搜求季布，季布匿朱家处。朱家为季布说情，高祖乃赦季布。见《史记·季布栾布列传》。　③伍胥：即伍子胥，名员。楚平王诛子胥父伍奢及兄伍尚，子胥逃楚奔吴。见《史记·伍子胥列传》。章华：楚国台名，此处代楚国。以上二句，以汉宽缓与楚严苛喻己无辜判流。　④夜郎国：汉时古国名，此处代指其流放地夜郎。　⑤长风沙：在今安徽安庆东江边。三年：指自乾元元年初赴夜郎至本年（上元二年）初，合计恰整三年。　⑥西江：长江。长江自今安徽境内北折至江苏镇江，此段流势呈南北向，向有江西、江东之称。　⑦珠履客：谓贵客。战国时楚国春申君门下士号称三千，上等客皆着珠履。二句谓已与窦长史非寻常主客之交，而别有深挚之情。

上元二年（761）初自浔阳沿江东下游历金陵时作于途中。自本年起到李白病终，诗人足迹皆在金陵、宣州、当涂一带。

赠升州王使君忠臣①

六代帝王国②，三吴佳丽城③。
贤人当重寄④，天子借高名。
巨海一边静，长江万里清⑤。
应须救赵策，未肯弃侯嬴⑥。

①升州：乾元元年（758）改江宁郡置，即金陵（今江苏南京）。使君：谓州郡长官。　②六代：指孙吴、东晋、宋、齐、梁、陈六朝。　③三吴：古以吴郡、吴兴、会稽为三吴，即今江浙一带地区。　④重寄：犹言寄托重任。　⑤“巨海”二句：上元元年十一月，淮西节度副使刘展叛乱，陷升、润、苏、常等州。十二月，刘展乱平。二句即指此事。　⑥侯嬴：战国魏人，魏公子信陵君窃符救赵，即用侯嬴之策。二句以侯嬴拟己，谓目下仍是多事之秋，希望王忠臣荐引自己。

上元二年作。颂美地方官吏，目的仍在希望有所作为。此即是李白暮年最后一次出游目的所在。

对雪醉后赠王历阳[1]

有身莫犯飞龙鳞[2]，有手莫辫猛虎须[3]。君看昔日汝南市，白头仙人隐玉壶[4]。子猷闻风动窗竹[5]，相邀共醉杯中绿。历阳何异山阴时，白雪飞花乱人目。君家有酒我何愁？客多乐酣秉烛游[6]。谢尚自能《鸲鹆舞》[7]，相如免脱鹔鹴裘[8]。清晨鼓棹过江去[9]，千里相思明月楼。

①王历阳：历阳县令，名字不详。历阳：即今安徽和县，唐时属淮南道和州。②“有身”句：《韩非子·说难》：“夫龙之为虫也，柔可狎而骑也；然其喉下有逆鳞径尺，若人有婴之者，则必杀人。”③“有手”句：《庄子·盗跖》：“疾走料虎头，编虎须，几不免虎口哉！”以上二句谓其从璘事，触犯了龙虎（帝王）之威。④“君看”二句：用费长房事。长房，东汉汝阳（故址在今河南商水西北）人。市中有一老翁卖药，悬一壶于座，市罢即跳入壶内。长房于楼上见之，知为非常人，因向其学道。见《后汉书·方术列传》。⑤“子猷”句：用晋王子猷居山阴，夜大雪，乘兴访戴逵事。屡见前注。⑥秉烛游：谓及时行乐。乐府《西门行》古辞有“昼短苦夜长，何不秉烛游”句。⑦谢尚：晋人，善音乐，博综众艺。司徒王导曾有胜会，谢尚即席为《鸜鹆舞》。见

《晋书·谢尚传》。鸲鹆（qú yù）：鸟名，即八哥。《鸲鹆舞》当是仿鸟飞翔之状。句以谢尚拟己，谓其当今日胜会亦可忘形歌舞。⑧相如：西汉辞赋家司马相如。司马相如居贫，曾以所着鹔鹴裘就市中换酒。见《西京杂记》。鹔鹴（sù shuāng）裘：以鹔鹴羽所制之裘。句指王历阳对其有所馈赠。　⑨鼓棹：指划船。

上元二年冬游历阳时作。

宣城见杜鹃花[①]

蜀国曾闻子规鸟[②]，宣城还见杜鹃花。
一叫一回肠一断，三春三月忆三巴[③]。

①杜鹃花：又名映山红，春季开花。　②子规鸟：又名杜鹃，暮春则啼，啼声似曰“不如归去”。　③三巴：指巴郡、巴东、巴西。此处代指蜀中。

思乡情绪之强烈，为李白诗中往昔所无有。当是暮年所作。白暮年游历金陵一带时，曾到过宣州，应是此期所作。末两句连用三“一”字、三“三”字，使思乡之情弥见激烈，又不显雕琢之工，“如谣如谚”（《唐宋诗醇》评语），是后人难以企及处。

闻李太尉大举秦兵百万出征东南，懦夫请缨，冀申一割之用，半道病还，留别金陵崔侍御十九韵[①]

秦出天下兵[②]，蹴踏燕赵倾[③]。黄河饮马竭，赤羽连天明[④]。太尉仗旄钺[⑤]，云旗绕彭城[⑥]。三军受号令，千里肃雷霆[⑦]。函谷绝飞鸟，武关拥连营[⑧]。意在斩巨鳌，何论鲙长鲸[⑨]？恨无左车略[⑩]，多愧鲁连生[⑪]。拂剑照严霜，雕戈鬘胡缨[⑫]。愿雪会稽耻[⑬]，将期报恩荣。半道谢病还，无因东南征。亚夫未见顾[⑭]，剧孟阻先行[⑮]。天夺壮士心，长吁别吴京[⑯]。金陵遇太守[⑰]，倒屣欣逢迎[⑱]。群公咸祖饯[⑲]，四座罗朝英。初发临沧观[⑳]，醉栖征虏亭[㉑]。旧国见秋月[㉒]，长江流寒声。帝车信回转，河汉复纵横[㉓]。孤凤向西海，飞鸿辞北溟[㉔]。因之出寥廓，挥手谢公卿。

①李太尉：指李光弼。上元二年五月，李光弼为河南副元帅、太尉，兼侍中，都统河南、淮南、荆南、浙东等八道行营节度。秦兵：指长安派出之兵。请缨：自请受命击敌之意。西汉时，终军被派往南越，行前曾说："军自请愿受长缨，必羁南越王而致之阙下。"长缨即长绳。一割："铅刀一割"之省辞。东汉班超受命出使西域，行前曾说："况臣奉大汉之威，而无铅刀一割之用

乎？”是自谦其才能薄弱如铅刀，但尽其所能，未尝不可一用之意。崔侍御：名字不详，据诗意，崔某其时为润州刺史。 ②秦：指长安。天下兵：犹言倾天下之兵力。 ③燕赵：指安史叛军盘踞之地，当今河北、河南一带。 ④赤羽：军旅旗帜上之羽饰。以上二句极言唐军之盛。 ⑤太尉：指李光弼。旄钺（yuè）：军中仪仗。旄为饰以旄牛尾之旗帜，钺为方形大斧。 ⑥云旗：指各色旗帜众多，远望如云霓。彭城：郡名，即今江苏徐州，唐时属河南道。宝应元年（762）四月，李光弼军进驻彭城。 ⑦“三军”二句：谓李光弼治军整肃。《旧唐书·李光弼传》：“光弼御军严肃，天下服其威名，每申号令，诸将不敢仰视。” ⑧函谷：关名，在今河南灵宝。武关：关名，在今陕西丹凤县东南。函谷、武关皆长安门户，二句谓李光弼兵力所及及卫护之功。 ⑨巨鳌：指安、史叛军。长鲸：指浙东袁晁农民义军。 ⑩左车：指李左车。左车为秦汉际人，初在赵，封广武君。汉使韩信、张耳率兵击赵，左车向赵王献计断绝汉兵粮道，未被采纳，赵于是为韩信所破。赵破后，左车归附韩信。韩信用其计谋，复取得燕地。事见《史记·淮阴侯列传》。 ⑪鲁连：即鲁仲连，战国齐人。详见前《齐有倜傥生》（《古风五十九首》其十）诗注。 ⑫雕戈：刻镂之戟。鬘胡：粗而无文理。缨：帽带。鬘胡缨：武士装饰。二句谓其手持剑戟，武士装饰，准备去从军。 ⑬会稽耻：春秋时吴败越，越王降于会稽，后以会稽耻代国耻。此处指发生于浙东一带之袁晁起义。　⑭亚夫：指汉将周亚夫。此处代李光弼。⑮剧孟：汉洛阳人，以任侠著名。汉文帝时，吴、楚兵反，周亚夫用剧孟之策，平定吴、楚。事见《史记·游侠列传》。此处以剧孟自比。　⑯吴京：谓金陵。金陵曾为三国孙吴都城，时称建业。⑰太守：当指崔侍御。唐时金陵属润州，太守即为润州太守。⑱倒屣：谓主人接客之盛情。古人家居，脱鞋席地而坐。闻有佳宾至门，急于出迎，将鞋倒穿。　⑲祖饯：送行饮酒。　⑳临沧观：在今南京市西南劳劳山上。　㉑征虏亭：在今南京市南，为东晋征虏将军谢石所建，故名。　㉒旧国：指金陵，即今南京。㉓帝车：星宿名，即北斗。河汉：银河。二句以天象作比，谓四方乱必平，唐政权必获巩固。　㉔孤凤、飞鸿：李白自喻。

宝应元年（762）秋作于金陵。此年秋，台州人袁晁率众起义，攻陷浙东诸郡，民疲于赋敛，多归附之。李光弼遣兵击袁晁于衢东（今浙江衢州一带）。李白当时或在宣州一带，闻李光弼军道出江南，往投，因病不果，退还金陵。此诗即作于与金陵群官告别时。此前诸家，皆以为此诗作于上元二年（761）秋，李光弼与安史残部作战时。其说不妥，约略有三：李光弼与安史残部作战，战场均在中原，而诗题曰“出征东南”，地望不合；诗云“天夺壮士心”“无因东南征”，说明李白投军路线亦为东南。李光弼军在中原作战，李白投军路线应为正北或东北，方向显然不合；

诗中又提到李光弼军彭城（徐州）情况，据史籍，李光弼军进驻彭城已在宝应元年（见《资治通鉴·唐纪》宝应元年），时间亦不合。另外，此首与下首（《献从叔当涂宰阳冰》）时、地、事结合极密切，可参看。

献从叔当涂宰阳冰[1]

金镜霾六国[2]，亡新乱天经[3]。焉知高光起[4]，自有羽翼生？萧曹安岘屼[5]，耿贾摧欃枪[6]。吾家有季父，杰出圣代英。虽无三台位[7]，不借四豪名[8]。激昂风云气，终协龙虎精[9]。弱冠燕赵来[10]，贤彦多逢迎。鲁连善谈笑，季布折公卿[11]。遥知礼数绝，常恐不合并[12]。惕想结宵梦，素心久已冥[13]。顾惭青云器，谬奉玉樽倾[14]。山阳五百年，绿竹忽再荣[15]。高歌振林木，大笑喧雷霆。落笔洒篆文，崩云使人惊[16]。吐辞又炳焕，五色罗华星[17]。秀句满江国，高才掞天庭[18]。宰邑艰难时，浮云空古城[19]。居人若薙草，扫地无纤茎[20]。惠泽及飞走，农夫尽归耕[21]。广汉水万里，长流玉琴声[22]。《雅》《颂》播吴越[23]，还如泰阶平[24]。小子别金陵，来时白下亭[25]。群凤怜客鸟，差池相哀鸣[26]。各拔五色毛，意重太山轻[27]。赠微所费广，斗水浇长鲸[28]。弹剑歌《苦寒》[29]，严风起前楹。月衔天

门晓[30]，霜落牛渚清[31]。长叹即归路，临川空屏营[32]。

①当涂：今属安徽。阳冰：即李阳冰，字少温，赵郡（今河北赵州）人，时为当涂县令。善辞章，尤工小篆，有名于当时。②金镜：喻治世之道。霾（mái）：昏翳。六国：指战国时亡于秦之齐、楚、燕、韩、赵、魏。 ③新：王莽篡汉，建立新朝。天经：天之常道。 ④高光：谓汉高祖及汉光武帝。 ⑤萧曹：指汉初萧何、曹参。二人辅佐刘邦平定天下。峣屼：不安貌。 ⑥耿贾：指东汉初耿弇、贾复。二人辅佐刘秀平定王莽之乱。欃（chán）枪：彗星，此处喻王莽。 ⑦三台：即三公之位。古以太尉、司徒、司空为三公。 ⑧四豪：指战国时孟尝君、平原君、信陵君和春申君。 ⑨“激昂”二句：《周易·乾》卦：“云从龙，风从虎。”古人以为龙为水蓄，云是水气，故龙吟则云出。虎是威猛之兽，风是震动之气，故虎啸则风生。二句谓阳冰威猛有气概。⑩弱冠：谓二十岁。燕赵：指今河北之地。阳冰籍贯赵郡，赵郡古属燕赵之地。 ⑪鲁连：战国齐人。季布：秦末楚地人。二人皆任侠使气，有名当时。此以拟阳冰。折公卿：指以言语折服公卿。 ⑫礼数绝：谓与人结交不拘名位品第。二句意谓虽然知道阳冰与人结交不拘礼节，但因无缘，常恐不得聚合。 ⑬惕想：犹言无时不想念。素心：本心。二句谓其久怀思念阳冰之心而不能如愿，不由得有失望之感。 ⑭青云器：喻高尚之材。

玉樽：代酒。以上二句自谦，谓己并非高尚之材，却错受阳冰款待。 ⑮山阳：汉县名，故址在今河南修武西北。三国魏时，阮籍、嵇康、山涛等七人游于竹林，号为竹林七贤。阮咸为阮籍之侄，亦参与竹林之游。竹林之游在魏元帝景元年间，至唐肃、代时约为五百年。二句以阮籍拟阳冰，以阮咸拟己。 ⑯“落笔”二句：谓阳冰书法之妙。 ⑰炳焕：光明显著。五色：谓五色彩云。二句赞阳冰辞章之美。 ⑱掞（shàn）：盖、压之意。⑲“宰邑”二句：谓阳冰任当涂令在安史之乱后，时局艰难。⑳“居人”二句：写当涂户口萧条，居民稀少。薙（tì），除草。㉑惠泽：仁政。飞走：飞禽走兽。二句谓阳冰善于治理，惠及百姓，当涂渐见繁荣。 ㉒广汉：此指长江。琴声：指精于治理。相传孔子学生宓子贱为单父宰，身不下堂，鸣琴而治。见《吕氏春秋·察贤》。 ㉓《雅》《颂》：《诗经》有《雅》《颂》，后以称盛世之乐。句谓阳冰德政之声传遍江南之地。 ㉔泰阶：星名。泰阶三星，古人以为三星平即天下太平。 ㉕白下亭：在金陵，滨江。 ㉖群凤、客鸟：指金陵群官与己。差（chā）池：不齐貌。《诗经·邶风·燕燕》：“燕燕于飞，差池其羽。”二句谓金陵群官同情其遭遇。 ㉗“各拔”二句：谓金陵群官对己有所馈赠。㉘“赠微”二句：意谓己如涸辙之长鲸，所赠甚少，不敷使用。㉙《苦寒》：即《苦寒行》，乐府曲调名，其辞备言行役遇寒之苦。㉚天门：即天门山，在当涂西南大江边。详见前《望天门山》诗注。 ㉛牛渚：即牛渚矶，在当涂北。详见前《夜泊牛渚怀古》诗注。以上二句谓其自金陵赴当涂水程。 ㉜屏营：惶惧不安貌。

宝应元年冬初李白自金陵至当涂时作。据李阳冰《草堂集序》，李白往依李阳冰后不久，病危，于病榻上将手稿付阳冰作序，其时在“宝应元年十一月乙酉”。此首与前首时、地、事联系紧密，此首作时既明，则前首作时不待言而亦明。

游谢氏山亭[①]

沦老卧江海，再欢天地清[②]。病闲久寂寞，岁物徒芬荣。借君西池游，聊以散我情。扫雪松下去，扪萝石道行。谢公池塘上，春草飒已生[③]。花枝拂人来，山鸟向我鸣。田家有美酒，落日与之倾。醉罢弄归月，遥欣稚子迎[④]。

①谢氏山亭：在当涂青山谢朓故宅。南宋陆游《入蜀记》卷三：“青山南小市有谢玄晖故宅基……环宅皆流泉、奇石、青林、文篆，真佳处也。由宅后登山，路极险巇，凡三四里许，至一庵，庵前有小池曰谢公池，水味甘冷，虽盛夏不竭。” ②“再欢”句：唐代宗广德元年（763）春，史朝义兵败穷蹙，自缢于林中。安

史之乱自安禄山起（安庆绪杀安禄山，史思明杀安庆绪，史朝义又杀史思明），至史朝义死，前后共历八年。“再欢天地清”即指此事。　③谢公：指谢灵运。灵运《登池上楼》诗：“池塘生春草。”二句用此意，隐含其已久病渐起之意。　④稚子：唐李华《故翰林学士李君墓志》：“有子曰伯禽、天然。”今人詹锳以为此处稚子即指天然。可备一说。

广德元年（763）春病起后作于当涂。前此诸家俱以为李白卒于宝应元年（762）冬，根据就是李阳冰《草堂集序》中“临当挂冠，公又疾亟，草稿万卷，手集未修，枕上授简，俾予为序……时宝应元年十一月乙酉也”这一段话。其时李白虽已“疾亟”（病危），却并未就此病逝。李阳冰又当“挂冠”（离任），李白“疾亟”后情况如何，他并不知道。据此诗可知，李白大病之后渐已复苏，而李白之卒年，亦当延后一年。

九日龙山饮①

九日龙山饮，黄花笑逐臣②。
醉看风落帽③，舞爱月留人。

①九日：谓九月九日重阳节。龙山：在当涂东南十二里。

②黄花：菊花。 ③风落帽：用晋孟嘉九日登山落帽事。孟嘉为桓温僚佐。九月九日，温宴龙山，僚佐毕集。有风至，吹嘉帽堕落，嘉不自觉。桓温命人作文嘲嘉，嘉作文答之，其文甚美，四座叹服。见《晋书·孟嘉传》。

广德元年重阳节作于当涂。

临路歌[①]

大鹏飞兮振八裔[②]，中天摧兮力不济。
余风激兮万世，游扶桑兮挂左袂[③]。
后人得之传此，仲尼亡兮谁为出涕[④]？

①《临路歌》：唐李华《故翰林学士李君墓志》"赋《临终歌》而卒"，即此篇。路，为"终"字之误。 ②八裔：八方。 ③扶桑：神木名，传说日出其下。左袂（mèi）：左袖。 ④"后人"二句：据说鲁哀公十四年（前481），鲁人猎获麒麟。孔子以为麟为祥瑞之兆，而出于乱世，为之泣下。诗意谓己如大鹏，中天而摧，时无孔子，遂无人为之出涕以表同情。

临终前作。唐代宗广德二年正月，曾下诏各地举荐"堪御史、谏官、刺史、县令者”，李白曾被召为左拾遗。唐刘全白《故翰林学士李君碣记》云：“代宗登极，广拔淹瘁。时君亦拜拾遗。闻命之后，君亦逝矣。”可知李白之逝与代宗诏为先后发生之事。约而计之，李白之卒约在广德元年冬，享年六十三岁。王琦云：“太白尝作《大鹏赋》，实以自喻，兹于临终作歌，复借大鹏以寓言耳。”大鹏高飞，中天而摧，李白悲剧形象即在于此。而悲剧命运之酿成，在于不公正社会对杰出人才的埋没与戕害。